目　录

商务谈判导论

shangwu tanpan daolun

万友根 编著

合肥工业大学出版社

图书在版编目(CIP)数据

商务谈判导论/万友根编著.—合肥:合肥工业大学出版社,2006.
ISBN 978-7-81093-389-6

Ⅰ.商... Ⅱ.万... Ⅲ.贸易谈判 Ⅳ.F715.4

中国版本图书馆CIP数据核字第037250号

商务谈判导论

万友根 编著　　责任编辑 方立松

出 版	合肥工业大学出版社	版 次	2006年6月第1版
地 址	合肥市屯溪路193号	印 次	2010年1月第2次印刷
邮 编	230009	开 本	880毫米×1230毫米 1/32
电 话	总编室:0551-2903038	印 张	9.125
	发行部:0551-2903198	字 数	237千字
网 址	www.hfutpress.com.cn	印 刷	合肥工业大学印刷厂
E-mail	press@hfutpress.com.cn	发 行	全国新华书店

ISBN 978-7-81093-389-6　　定价:16.00元

第一章 商务谈判概述

谈判，在许多人的心目中是一个既熟悉又陌生、既通俗而又神秘的字眼。打开电视，翻开报纸，我们经常可以看到国际国内各种各样的谈判场面：美英首脑会谈、中美贸易谈判、中英关于香港问题的谈判等等。似乎贸易谈判、政治谈判等多是国家元首或外交家们的事情，离我们很遥远。其实不然，随着改革开放和社会主义市场经济体制的建立，各种形式的谈判正向我们的生活贴近，尤其是商务谈判正在向每一个经济角落渗透，并成为企业经济活动中最重要的组成部分。那么，究竟什么叫做商务谈判？为什么要进行商务谈判？商务谈判的基本属性及构成要素又是什么？本章将从这些最基本的问题开始，进行研究和分析，以使大家对商务谈判的基本面貌有一个概括的认识。

一、商务谈判的基本涵义

（一）商务谈判的定义

商务，简单地说，就是商业事务。它泛指某一具体的交换买卖活动，属商品经济的范畴之一。无论是国内商业活动，还是国家之间的贸易活动，其具体过程都可称之为商务。

商务谈判，概括地讲，就是指企业为了自身的需要和利益与其他企业、社会团体或个人就有关商品买卖、资金借贷、房屋租赁、联合经营、索赔与理赔等所涉及的商业具体事务进行洽商、相互协调，并取得一致意见的信息交换过程。商务谈判寓于交换活动之中，成为交换活动的一个组成部分，表现了人与人之间、经济组织与经济组织之间的交换关系。

从这一定义，我们可以看出，商务谈判起码应该包括这样三个基本要点：

一是商务谈判必须有两方以上的人员参加，并且其中至少有一方是企业。只有一方人员参加是不能构成谈判的。因为在有关事务上存在分歧是商务谈判的基本前提，只有一方参加，就失去了这一前提，因此，无法构成谈判关系。另外，如果参加谈判的各方中没有一方是企业，那么谈判就不是本书所立足研究的企业商务谈判，而是其他类别的谈判。

二是企业与参加谈判的其他各方之间在需要或利益上存在着一定的冲突。这种冲突也具体反映在有关事务的分歧上，如商品买卖中，买卖双方在价格、交货期限、运输形式上的分歧等。如果企业与其他各方在利益上完全一致，在有关事务上毫无歧见，就用不着谈判。

三是商务谈判的过程实际上也就是企业间或企业与其他各方间相互交换信息的过程。没有信息的交换，参加谈判的各方也就无法了解彼此间的共同利益和分歧，也就不可能寻求到解决问题的方式和方法。在现代社会中，除了面对面地进行谈判外，还可以借助于现代化的通讯联络手段进行商务谈判，比如通过电话、电报、传真、邮件和信函等形式来进行谈判。

（二）商务谈判的性质

商务谈判的基本属性主要表现在以下几个方面：

1. 商务谈判是不同的经济主体，在商务活动中，为了维护各自的经济利益，通过谈判形式确立、变更、发展相互的商务关系，或者消除相互冲突和分歧而达到一致所进行的一种积极行为。它又表现为三点：

（1）需求及其满足是商务谈判的基础。人是物质的，物质的存在需要一定的条件。人为了生存和发展也需要一定的条件，需求是人类生存和发展的本源动力。需求和对需求的满足，也是商务谈判的共同基础和动力。如果不存在尚未满足的需求，人们便不会进行谈判。谈判的前提是双方都希望得到这些东西，满足自己的利益要求，否则，一方会对另一方的建议或要求充耳不闻，双方也就不会有任何讨价还价的谈判行为发生。

（2）矛盾和差异是商务谈判的前提。人们本来就生活在矛盾的世界中，没有矛盾也就没有社会。同时，在这个矛盾的社会中还充满了各种各样的差异。正是人们在观点、基本利益和行为方式等方面出现了不一致，人们才需要进行谈判，并希望通过谈判的方式寻求解决矛盾、缩小差异的途径。当然，并不一定有差异和存在经济利益的分歧或矛盾就必然会产生谈判。产生谈判的条件之一是两方或多方出现了既相互联系、又相互差异或冲突的状况。如某甲企业生产的产品急需推销，乙企业认为这些产品对自己企业的生存和发展很有利或者说很重要，这就构成了双方的联系；同时，两企业又都是独立自主的商品生产者和经营者，他们之间的商品买卖关系又构成了相互差别和冲突，甲企业总想使自己的产品卖一个好价钱，获取较大的利润，而乙企业则千方百计想要以较低廉的价格购买到自己称心如意的好产品，以得到更多的经济实惠。怎样达成自己的目的呢？如果既维护本身的利益，又考虑对方利益，这就要借助于谈判来解决。谈判是人们调停争端，维护共同利益的最佳手段。

（3）独立和平等是商务谈判的条件。只有当双方关系呈现出相对独立性和平等性时，才能形成谈判关系。并不是人们在经济利益等方面出现了有一定联系的差异，就必定会产生谈判现象。如奴隶和奴隶主，他们之间就不会出现谈判现象，因为奴隶只是奴隶主“会说话的工具”，他们不可能拥有独立的人格，也不可能拥有与奴隶主相平等的地位，他们只能被驱使、被压迫、被剥削。由此可见，形成谈判的另一个重要条件，就是作为谈判的各方，必须在物质力量、人格、地位等方面均获得相对独立和对等的资格，否则，很难构成真正意义上的商务谈判行为。

2. 商务谈判也是有关各方观点互换、信息与感情交流、磋商、协议、互惠互利的活动过程。它主要表现为三点：

（1）商务谈判是双方或多方观点互换的活动过程。由于人们的思维方式、文化素质等的不平衡，也由于人们心理发展状况所呈现出的不同层次和水平，决定了人们在追求的需要和所维护的基本利益方面的不一致。一些人所要维护的基本利益，可能和另一些人想要追求的正相反。当一些人希望自己需要的基本利益得到另外一些人理解或接受的时候，就需要进行观点交换，即参加谈判的各方通过陈述自己的观点并通过观点交换，寻找出双方所具有的共同点，并以此为基础，就双方的不同点进行进一步的磋商、谈判，直至最后达成协议。

（2）商务谈判是双方信息与感情交流的活动过程。在谈判时，各方既要阐述自己的想法或意见，也要听取对方的想法和意见，然后进行不断的磋商，争取双方意见和想法趋于一致。所以，他们之间就有一个如何把自己的信息传递给对方，同时又把对方的信息接收过来的问题，如果没有双方的信息传递和交换，也就无所谓谈判。同时，作为具有丰富感情的人，商务谈判过程也必然成为双方感情交流的过程。随着谈判过程的逐步发展，双方谈判者的情绪和感情变化是不可避免的，然而，优秀的商务谈判者却能够（或者说应该做到）尊重对方的人格尊严和感情，并能够克制自己的情绪而避免感情用事。

（3）商务谈判也是双方通过磋商、协调达成互惠互利的过程。商务谈判不同于一般的政治谈判，应贯彻互惠互利的原则，谈判的结果应该是对大家都有利，而不是如一般人所理解的，谈判的结果必然是一方为赢，一方为输。商务谈判应贯彻“双方都是赢家”也即“双赢”原则，如果一方将自己的绝对利益建立在对方的绝对损益基础上，即将自己企业的“幸福”建立在对方企业的“痛苦”之上，谈判结果是不符合商务谈判的目的的，如此谈判也是绝对没有必要的。事实上，在实际谈判中，有许多类似的例子，比如，由于企业的环境和条件不同，你所坚持的某一条款，对自己企业来说可能是至关重要的，而对对方企业来说则可能是无关紧要的；你所放弃的某一条款，对自己企业来说无关紧要，但对于对方企业来说，则可能是至关重要的，如此种种，为什么双方不能互惠互利、互通有无、互相合作、共同发展呢?

（三）商务谈判的基本要素

谈判要素是指谈判的构成因素和内部结构。商务谈判活动，不论其简单或复杂程度如何，都必须包含一定的基本要素，比如谈判主体、谈判客体、谈判目标、时间、地点等。只有当这些要素同时存在时，才能构成一个完整的、具有实际效应和约束力的商务谈判过程。一般地说，商务谈判的基本要素有如下几个方面：

1. 谈判主体。它又可以具体细分为关系主体和行为主体两个部分。关系主体是在商务谈判中有权参加谈判并承担谈判后果的自然人、社会组织以及其他能够在谈判或履约中享有权利、承担义务的各种实体。行为主体则是实际参加商务谈判的人，是通过自己的行为直接完成谈判事项磋商的行为者。两者既有联系又有区别，说其联系主要是指：（1）无论何种谈判的关系主体的意志和行为，都需要借助于谈判的行为人来表示或进行，没有任何一种谈判可以仅有谈判的关系主体，而没有行为主体。

(2) 在自然人与自然人或自然人与团体、组织间的商务谈判中，有时自然人不委托他人代表自己参加谈判，此时谈判的关系主体同时也是谈判的行为主体。即谈判的后果承担是通过自己的具体行为来完成的。(3) 在谈判的关系主体与行为主体不一致的情况下，谈判的行为主体只有正确反映谈判关系主体的意志，在谈判关系主体授权范围内所发生的谈判行为才是有效的，由此而产生的谈判后果，关系主体才能承担。

谈判的关系主体与行为主体的主要区别是指：(1) 谈判的关系主体直接承担谈判的后果，而行为主体不一定承担谈判后果，只有在两者一致情况下，谈判的行为主体才承担谈判的后果。(2) 谈判的行为主体必须是有意识、有行为能力的自然人，而谈判的关系主体则不然，它既可以是自然人又可以是国家、组织或其他的社会实体。

对谈判主体的研究和认识是很有必要的，因为谈判主体是谈判的基本前提，主体不明，或者没有主体，也就无所谓什么谈判了。同时，在谈判中还要认真研究或考查对方的关系主体与行为主体是否合格的问题，如果谈判的关系主体不合格，便无法承担谈判的后果；如果未经授权，或超越代理权等的谈判行为主体也容易造成使关系主体难以承担或拒绝承担谈判后果的现象发生。在现实商务谈判中，由于忽视了事先考查己方或他方的主体资格，而使谈判最终归于无效，并遭受经济损失的事例时有发生。尤其是在国际商务谈判中，更应加倍慎重，一般都要求对方提供必要的证件和材料。如自然人身份方面的证件，法人资格方面的证件和资信方面的证件，代理权方面的证件，技术设备项目引进谈判中涉及履约能力方面的各种设备、设施、技术证明等。有的还可以通过委托中国国际信托投资公司、中国银行信托咨询处，或通过我国驻外使馆和国内谈判过同样项目的单位或个人等来考查了解，以避免盲目谈判而造成上当受骗、劳民伤财等不良后果。

2. 谈判客体。谈判客体是指谈判的议题和各种物质要素，又称交易标的物。它是商务谈判的具体对象和主要内容。没有客体，没有交易标的物，双方交易的目的便无法实现。现代商务谈判的标的物，除了具有客观实体的商品外，具有价值和使用价值的虚拟商品也可以充当标的物，如资金、技术、劳务、信息等。总之，涉及交易双方利益的一切问题，都可以成为谈判的议题，都可以通过协商、谈判来解决，都属于谈判客体的范畴。

3. 谈判意向与行为。谈判意向是指交易双方在正常的经济交往中具有与对方进行交易谈判的意愿和欲望。它受交易目的和客观条件与环境的支配，交易双方参与交易活动，各有其特有的目的，但他们的动机则都是相同的，即相互需要，否则，他们不可能走到一起来，达成共同的谈判意向，完成共同的谈判行为。谈判行为是指谈判双方的行为主体围绕谈判事项所进行的信息交流和观点磋商。就谈判意向与谈判行为两者而言，一般来说，先有意向而后有行为，意向支配行为，行为服务于意向。如果说商务谈判主体指的是"谁来谈"，商务谈判客体指的是"谈什么"的话，那么，商务谈判的谈判意向与行为则是指"为什么谈"和"怎么谈"的问题。需要说明的是，谈判行为是商务谈判最实质、最具体的过程，在这个过程中，交易双方都总是在尽力地讨价和还价，并根据自己的谈判目的，不断地调整和改变自己所提出的初始条件，谋求与对方条件的大体一致，最终形成双方都能够接受的一致意见，即使是在短短数秒钟内所完成的极其简单的口头协商交易过程中，这种洽商行为也在悄悄地发生，只不过时间短些，行为隐蔽一点而已。

4. 谈判时间、地点、方式。谈判时间即交易双方根据各自的需要所共同约定的具体磋商的日期。谈判时间一般没有具体的限制，只要双方共同约定，共同遵守即可，它可能长至一两个星期，也可能短至两三分钟，这要根据谈判内容的复杂程度、双方各自期望值的趋近程度、交易数额的大小、交通及通讯条件等因素来决定。谈判地点即交易双方所共同约定洽商的地域环境，通常而言，一般有三种情况：一是客座谈判，即谈判地点约定在谈判对手所在地进行的商务谈判。如果是国内商务谈判，它可能是同一国家的不同城市，同一城市不同的办公地点，只要不是在自己企业所在地点或办公楼内所进行的谈判，均可视之为“客座谈判”。如果是国际商务谈判，“客座”在某种意义上讲也可以说在“海外或国外”即谈判地点选定在谈判对手所在国家或地区的某个城市或某个地方。二是主座谈判，即谈判地点约定在自己企业所在地所进行的商务谈判，当然，它包括在自己所居住的国家（地区）、城市或办公所在地。总之，主座谈判没有离开自己所熟悉的工作生活环境，没有离开谈判人为之服务的国家（地区）、机构或企业，是在自己做主人的情况下所组织的商务谈判活动。三是客主座轮流谈判，即谈判地点在谈判过程中进行互换的商务谈判。可能先在对方所在地，后在己方所在地；也可能先在己方所在地，后在对方所在地。或者谈判地点选择某一个中立国家（地区）或第三者城市和地点由双方共同承担谈判事务的商务谈判。谈判方式即交易双方通过什么形式进行谈判，是直接约定面谈，或是通过电话、信函、传真等进行谈判。

谈判时间、地点、方式主要解决商务谈判事务“在什么时间谈”、“在什么地方谈”、“通过什么方式谈”的问题。

5. 谈判结果。谈判结果是指谈判双方通过谈判最终所达成的协议成果或最后的结论。不论谈判最终是促成双方交易的达成还是造成交易关系的破裂，都是谈判所引发的结果。当然，谈判结果受到许多主、客观因素的影响，有些甚至非常出乎意料，这里我们暂不作详细分析。我们只是强调，假若谈判双方至少有一方对对方所提出的条件最终不明确是接受还是拒绝，那么，这个谈判行为就还没有完成，也就还有可能继续进行下去。

通过以上分析，对商务谈判的基本构成要素我们可以用以下公式进行表示：

商务谈判＝谈判主体＋谈判客体＋谈判意向与行为
＋谈判时间、地点、方式＋谈判结果

需要说明的是，这里只是对商务谈判活动构成要素所作的一般性分析，而对于某一具体的谈判活动而言，还可能包含有其他要素，在此不再一一赘述。

二、商务谈判的产生与发展

（一）商业的产生与发展

前文我们曾讲，商务，简单地说就是商业事务，它泛指某一具体的交换买卖活动，属商品经济的范畴。商务谈判，就是企业为了自身的需要和利益与其他企业、社会团体或个人就有关商品买卖、资金借贷、房屋租赁、联合经营、索赔与理赔等所涉及的商业具体事务进行洽商，相互协调，并取得一致意见的信息交换过程。它寓于交换活动之中，成为交换活动的一个组成部分。

那么，显然商务谈判的产生与发展与商业的产生与发展是密不可分的，也可以说是相伴而生、相伴而行、相互制约、相互促进、共同发展的。商业的产生与发展离不开商务谈判，而商务谈判技能与水平的不断提高，反过来又推动着商业的发展。因此，我们分析研究商务谈判的产生与发展不得不首先从商业的产生与发展开始。

商业是人类社会中最古老的行业之一。它从产生至今已有几千年的历史。在我国，原始社会解体时期，就已经出现了以物易物的交换活动。比如，著名的舜作为部落首领，就很善于进行对外交换活动。当时交换的目的尚是以其所有而易其所无，并非为了牟利，也还没有商人出现。在奴隶社会形成初期的夏代，随着物资交流的发展，交换活动开始脱离生产，成为部落贵族发财牟利的手段，一些专门承担交换职能的买卖人，渐渐成为专业商人。进入公元前 16 世纪的商代，以专业和牟利两大标志为特征的商业及其从业者——商人，得到进一步的发展。在奴隶主贵族的驱动下，被派遣专门从事商品贩卖活动的奴隶管家和奴隶以商人的身份把商业活动进一步“人格化”，开辟了第三次社会大分工，推动着商业成为独立的社会经济部门，并使这一行业向纵深的社会化方向发展。

国外商业的出现与发展，与商业部落的活动密切相关。腓尼基就曾被马克思称赞为卓越的商业民族，他们远在公元前 3000 年就开始了商业活动。当时主要进行东方手工制品和西南方矿产、染料等产品的交换以及奴隶的贩卖。这个部落以经营商业为主，其商船航行于地中海并最早越出地中海进入大西洋。在古印度，贸易主要掌握在商人种姓——吠舍手里。公元前 6 世纪，耆那教兴起，教徒们因为受巫术礼仪限制，不能杀生并奉行苦行主义，因此，只能在固定地点经营商业。欧洲的犹太人也是一个著名的商业民族。公元前 6 世纪，犹太教第一圣殿被摧毁，犹太人被放逐巴比伦。以后，大多数犹太人从事国际和地区间的贸易活动，后来又转向信贸事业。

事实充分证明，商业的产生是历史进步的标志，商业经济活动的进步意义主要表现在两个方面：一方面，商业活动节约了社会劳动时间，“一个商人……可以通过他的活动，为许多生产者缩短买和卖的时间，因此，他可以被看作是一种机器，它减少力的无益消耗，或有助于腾出生产时间”。从社会再生产角度来看，流通时间缩短，可以增加生产时间；买卖资金的加速周转，可以缩短商品转化为货币的过程，节省流动资金或增加扩大再生产的投资。另一方面，商业经济活动扩展，把越来越多的商品生产者、经营者和消费者纳入商品市场之中，社会分工的日益发展，商品交换的辐射力加强，使部门之间、城乡之间的经济联系越来越密切，结果促使社会劳动生产率的提高和社会生产力的发展。

（二）商务谈判的产生与发展

商务谈判作为交换活动的重要组成部分，在整个商业发展的过程中起着重要的信息沟通与信息交换作用，没有谈判，也就不会有交换，也就不会有商业，很难想像没有谈判的交换活动是一种什么样的活动，在没有声音、没有信息传递的世界中又怎样去进行各项商业活动，怎样去达成交易的目的。当然，在原始的商品交换阶段，商务谈判也必然是原始的、极其简单的。后来，随着社会的不断进步，商品经济的不断发展，商务谈判的形式、方法与手段也日益进步起来，直至达到今天的水平。

从另一个角度讲，人是社会关系的总和，人类的活动总是体现为一种社会活动，一个人的活动总是与他周围的人发生关系。这种关系是多种多样的、复杂的，而且在不断地变化和发展。人们之间的关系一致的情形是相当偶然的，完全的一致是不存在的，而大多数时候都处在相互矛盾的状态之中，有时隐蔽缓和，有时激烈尖锐。这些矛盾的解决必须通过一定的方式和途径来完成，如竞争，甚至诉诸武力乃至发动战争等等。但这些方式并不是最理想的，而且这些方式还常常造成矛盾双方的两败俱伤。因此，在使用以上方式之前，双方都力图寻求一种更完美的途径来谋求双方矛盾冲突的解决。通过种种尝试，人们发现了洽商和谈判的方式，由此，谈判作为一种社会活动的产生，是由于它是一种协调人们之间关系，尤其是发生冲突关系时的最基本也是最有效的手段。

当最初人们之间直接的经济关系并不复杂的时候，谈判多用于社会集团之间的政治、军事、外交等的冲突上，直至现代也依然是解决这些领域问题的一个主要手段。毫无疑问，人们之间的经济关系也同其他社会关系一样，时常会产生矛盾和冲突，于是谈判便很自然地生存和发展于经济生活之中，用以调整人与人、人与经济组织、经济组织与经济组织之间的物质利益关系。随着社会化大生产以及商品经济的发展，经济关系集中体现于市场交换关系上，经济洽商也就主要表现为商务谈判了。因而，商务谈判活动的产生乃是来源于交换关系的矛盾，它成了协调人们之间、经济组织之间市场交换关系的重要手段。

（三）商务谈判的发展趋势

随着市场交换关系范围的扩大化、内容的深入化、程序的复杂化，商务谈判将呈现以下发展趋势：

1. 谈判行为的普遍化。由于利用谈判途径解决交易中利益冲突具有许多方便之处，因此，在市场上参与交易的人们愈来愈多地愿意利用它了解对方，达成与对方交易利益上的一致，并谋求双方长久、稳固、友好的交易关系。于是商务谈判行为将普遍化于交换活动之中，商务谈判对于交易活动将愈来愈重要而受到重视。

2. 谈判策略的艺术化。由于交换活动的范围的扩大，交易双方经济利益的冲突将日益复杂，并以新的方式反映和暴露出来。显然，简单、生硬的谈判方式已经不能达到克服这些冲突的目的，谈判者必须将谈判策略艺术化，力求通过精湛的谈判技巧排解对方的冲突情绪，满足对方谈判心理等各方面的需要，促使谈判一举成功。

3. 谈判人员的组织化。早期的商务谈判大多局限在货物贸易方面的范围内，谈判的标的物非常明确，检验与接收的技术要求不高，其他各种交易条件也容易确定，整个谈判过程常常只需要一个人就可以完成。而现代商务谈判的领域已经扩大到除货物贸易谈判外，还包括了资金、技术、劳务、信息等方面，交易的条款繁多而复杂，这些都给谈判增加了很大难度。尤其是大型的、综合性的、一揽子的商务谈判活动持续的时间长，涉及的范围广，必须成立谈判小组，由各方面的专家组成，分工协作处理谈判中的有关事务。

4. 谈判过程的约束化。通过长期的商务谈判实践的总结，许多国家以及国际性经济组织都力求把成熟的经验、方法、程序、原则加以理论化、条文化、法律化，用以指导和约束愈来愈普遍的商务谈判活动正常而有效地进行。

三、商务谈判的基本特征

商务谈判作为经济领域中的一种活动，必然具有与经济发展密切联系的特征，正是这些特征把商务谈判与其他领域如政治、文化、军事、科技、日常生活中的谈判区分开来。同时，随着我国社会主义市场经济体制的建立，企业作为国民经济的细胞逐步成为自负盈亏、自主经营、自我约束、自我发展的独立的经济实体，商务谈判主要是在企业经济活动中开展，企业是商务谈判产生、存在和发展最基本的环境和条件。无论是通过市场来购买生产经营活动所需要的各种原料、材料和资源，还是通过市场销售其产品或劳务，在这些活动中，任何企业一方面必须与其他企业、社会团体、个人进行合作，另一方面又不得不在合作中进行竞争，以确保自身利益不受侵害。正是基于这种状况，商务谈判活动具有下列基本特征：

（一）商务谈判的经常性特征

因为企业的生产经营活动是连续不断的，采购、生产、销售环环相扣，循环往复。这就决定了商务谈判是企业经常进行的活动。事实上，各企业的采购、销售是日常业务活动，一刻也不能停止，否则生产经营就无以为继，利益就会受到损失。与之相伴随的购销谈判，以及由此产生的资金借贷谈判、公关广告谈判等也就成为日常进行的工作。另外，随着社会分工的发展，企业之间的经济依赖性越来越强，没有哪一个企业可以不依赖别的企业而独立于世，没有哪一个企业可以拥有别的企业所拥有的全部人才、资金、信息和技术，因此，对外交往，进行业务洽商必然成为每一个企业所不容忽视的重要工作和经常性的工作。

（二）商务谈判的双重竞争性特征

在商务谈判中，企业不但要与谈判对手展开竞争，而且还要与同行业的其他企业竞争。例如，甲企业在向乙企业推销某种机器设备的谈判中，一方面与乙企业在价格、交货期限、保证期等交易条件上讨价还价，力争达成对自己有利的协议；另一方面还需要考虑生产同种产品的其他企业可能采取销售策略乘虚而入，并采取相应的措施加以认真防范，以保证乙企业购买自己的产品。这种双重竞争性是由企业追求利润的动机和市场竞争机制所决定的。企业的根本目的是追求利润，这促使企业在商务谈判中去尽可能地争取有利于自己的谈判结果。而市场经济的竞争机制则造就了同行企业间为争取生存空间——市场份额的竞争。

双重竞争性使企业的谈判人员腹背受敌，既担心自己提出的交易条件过低，会影响本企业的经济利益，又担心提出的交易条件过高，会导致同行竞争者“第三者插足”，抢走生意或客户。这种状况促使商务谈判人员时刻保持高度的警惕和对对方企业的宽容与忍让，从而成为使谈判能够顺利进行下去的最好契机。

（三）商务谈判的双重动机性特征

现代企业参加商务谈判主要受两种动机的支配：一是追求短期利益的动机，即企业希望在本次谈判中尽可能多得好处；二是追求双方良好关系的动机，即企业希望与谈判对手企业保持良好的关系。这种良好的关系对企业的长期利益有着重大影响，一个企业无论与供应商还是与客户保持长期稳定的良好业务关系，对其获得信息、稳定销路和货源、降低成本、提高产品质量和竞争能力都是至关重要的。日本及欧美的大企业早已清醒地认识到了这一点，在我国，随着公共关系学的传播，企业也越来越重视与自己的供应商、金融机构、客户之间的关系。所以，追求双方良好关系的动机，实质上就是追求长期利益的动机。

在商务谈判的双重动机支配下，企业在谈判中往往在短期利益和长期利益之间进行某种平衡。短期利益和长期利益在一定程度上是相互矛盾的。企业要追求短期利益，势必采取强硬的策略，进行激烈的讨价还价，这样会伤害双方的良好关系，有损于长期利益。企业要追求长期利益，就需要维护双方融洽的关系，在谈判中势必要给对方一些实惠，放弃一部分短期利益。企业既不可能不顾短期利益，也不可能完全不考虑长期利益。因此，它只能在两者之间寻求某种平衡。

其实，很多谈判策略就是根据双重动机设计的。另外，企业在谈判中经常表现出似乎很矛盾的行为，例如，一方面热情地接待对方，似乎双方是多年的老朋友；另一方面，在有些问题上又据理力争，寸步不让，又好像是冤家对头，这实际上就是双重动机的具体体现，是符合逻辑的。

（四）商务谈判的法律性特征

现代企业的诞生、消亡，以及它的各项活动都是在法律和政策的规范下进行的。因为法律规范来源于一定社会生产关系所决定的企业行为规律，既是竞争中的企业创造力和主动性充分发挥的标准法度，又是竞争中的企业之间机会均等、公平较量不受非法侵害的保证，同时也是任何企业所必须接受其约束的行为规则。

作为企业经济活动之一的商务谈判也必然如此，这主要表现在：

1. 商务谈判的主体必须是合法的，如《企业法》就是通过立法来确认、保护企业作为商品生产经营者应有的地位和权利，约束企业的日常经济活动符合国家法律制度的规定。

2. 商务谈判的客体必须是法律和政策所允许的，国家法律和政策明令禁止的物品不允许作为商务谈判的客体进行交易。如毒品、武器、珍贵文物及国家专控、专营和指令性计划内分配的商品等。

3. 商务谈判的内容受有关法律政策的规范。如《经济合同法》就规范了商务谈判的一般内容，谈判达成的协议，经双方签字后，即成为有法律约束力的文件，企业双方必须认真履行和严格遵守。如果某一方不能够履行合同，不守信用或是具有其他违法行为，另一方即可通过一定的法律程序寻求解决的方法。

（五）商务谈判的综合性特征

商务谈判就其本身的特征而言，它既是一种经济活动，又是一门科学、一门艺术和一种技能。

作为一种经济活动，商务谈判是企业在各种对外交往过程中，如采购、租赁各种资源、推销企业产品、承担各种劳务时不可缺少的环节和工作。它起着满足企业需要、维护企业利益、开拓企业市场、树立企业形象的作用，是企业经营活动的有机组成部分。

作为一门科学，随着社会的不断进步和发展，商务谈判正在成为一门独立的、新兴的学科，它运用经济学、心理学、社会学、管理学、公共关系学、逻辑学、价格学、竞争学等学科的成果，集中研究企业从事商务谈判活动的一般规律、科学方法和手段，并将随着时间的推移逐步走向完善与成熟。

作为一门艺术和一种技能，商务谈判要求谈判人员具有各方面丰富的知识、各种实际应变能力和娴熟的谈判技巧。尤其大型综合内容的商务谈判是由多方人员参加的一项十分复杂的活动，既要处理有关事务方面的问题，又要处理人际关系方面的问题。因此，谈判人员除了必须具备商务、技术、金融、法律、心理学、社会学、管理学、公共关系学、社交礼仪、文化习俗等多方面的知识以外，还必须具有较强的分析能力、判断能力、观察能力、表达能力、沟通技巧、运用谈判策略的能力、信赖别人和为人所信赖的能力，并知道何时使用和怎样使用上述能力等等。

第二章 商务谈判的地位、意义和作用

党的十四大明确提出我国经济体制改革的目标就是建立社会主义市场经济体制，为此，企业要转换经营机制，政府要转变职能，市场体系要建立和完善，企业将真正成为自主经营、自负盈亏的独立的经济实体，并在市场经济的海洋中谋求生存和发展。本章将着重介绍商务谈判与社会主义市场经济体制改革的关系，商务谈判与企业生存、发展和竞争的关系，以及在社会主义市场经济条件下商务谈判的地位、意义及作用。

一、商务谈判与市场经济体制改革

（一）传统封闭的经营管理模式不可能为商务谈判营造适宜的环境和条件

从历史发展规律来看，我们知道商务谈判与商品交换关系之间有着内在的、本质的联系。也就是说，商务谈判是随着商品经济的产生而产生，随着商品经济的发展而发展。商品经济的规模、范围、深度等特点，制约着商务谈判的规模、范围和深度等状况。反过来，商务谈判科学性程度的提高又通过有效地协调好市场交换关系而促进商品经济的迅速发展。

然而，建国后很长一段时间，由于我们奉行的是高度集中的、以指令性计划为主的计划经济体制，在很大程度上违背了客观存在的经济规律，极力否定我国经济中的商品经济属性，甚至把商品经济与市场经济看作是资本主义的东西，由此出发，主观地控制和压抑了市场在组织整个社会经济生活中应发挥的作用，企业丧失了应有的、独立的经济实体地位，成为行政机关的附属物。同时忽视了职工自身的物质经济利益，人为地淡化了人与人、经济组织与经济组织之间的经济关系，计划手段成为处理经济关系最主要的杠杆，国家对企业的产、供、销等各项经济活动实行全部计划管理，企业既不需要担心产品的销路，也不需要担心原材料的来源，企业的生存发展与企业领导者个人乃至全体职工没有直接的利害关系，干多干少一个样，干好干坏一个样，干与不干一个样。他们既没有发展企业的内在动力，也没有需求企业发展的外在压力；既不注重靠技术创新来推动生产的发展，也不注重根据市场的需求来改进产品规格，提高产品质量，更没有必要去搞什么商务谈判，他们的主要精力只是集中在向上级计划部门申请更多的资源（人力、物力和财力资源），并想方设法要求主管部门减少企业的计划产值和生产任务的活动上。在这种环境条件下，商务谈判既不可能充分展开，也没有必要去展开，既不可能在各项经济活动中占有较重要的地位，也不可能发挥其应有的作用。这种传统的封闭式的经营管理模式和以指令性计划乃至行政命令为主的经济体制严重束缚了企业经营者的手脚和严重影响了广大职工生产积极性的发挥，实际上成为捆绑企业手脚的无形绳索。而国家计划行政机关对维护和贯彻这种计划经济体制而制定的一套行政办法，实际上已成为把企业与市场分割开来的无形墙壁；不按价值规律办事的计划价格等则成为企业运行的蒙眼布，它使企业看不清市场的真正需求，也是企业在无为和混沌中消磨度日的催眠剂。

（二）市场经济体制的建立给商务谈判注入了新的活力，带来了新的生机

市场经济最积极的作用就在于：它能够对社会资源进行较为合理的配置，对市场供求进行有效的调节，对技术创新进行最大的刺激。市场经济使千百万人千方百计地去填补社会空白，不会让社会有任何短缺，它让千百万人千方百计地寻求利用一切资源的办法，不让任何资源闲置。它通过供求变动和价格涨落的信息，使千百万人在趋利避害中促进生产要素向高效率流动，从而，使生产要素实现高效率的配置，实现社会整体经济利益的提高。

市场经济为什么会有如此的神通和如此的效应呢？这还要从市场经济运行的基本性质谈起：

首先，市场经济是一种平等经济。这种平等性表现在市场活动的主体即厂商或企业方面，是他们市场地位的平等性。也就是说，市场不承认厂商们社会地位的差别，不承认任何超市场的经济和政治特权，而只贯彻市场经济的基本规律——价值规律所要求的等价交换原则，而等价交换是以交换双方具有完全平等的权利为条件的。也就是说，主要由厂商、企业或商品的“监护人”之间平等相处，并在平等的原则下从事各项经济活动。这种平等性表现在市场活动的客体商品或劳务方面，则表现为它们交换价格的等一性。也就是说，市场不承认商品或劳务的个别劳动的耗费，不允许不等价的占有。各商品或劳务只在市场上通过彼此间的换位比较和实现着自身所耗费的劳动的价值，这一过程是严格遵循价值规律要求的。一旦两种商品或劳务的交换得以发生，则表明它们间具有相等的价值，体现着相同的劳动消耗。

其次，市场经济是一种自主经济。市场经济运行的直接目的在于追求尽可能多的物质经济利益。因而，各商品或劳务在市场中进行价格比较与衡量的结果，表现为它们各自的“监护人”

即厂商或企业的特殊的经济利益，而这种特殊的经济利益要求商品的生产者和经营者都必须成为独立的经济实体，从而能够自主地处理其全部的生产经营活动，充分体现自己的意志。没有这种自主的意志关系，市场经济也就不成其为市场经济。马克思曾指出：为了使物品作为商品发生关系，“商品监护人必须作为有自己的意志体现在这些物中的人彼此发生关系，因此，一方只有符合另一方的意志，就是说每一方只有通过双方共同一致的意志行为，才能让渡自己的商品，占有别人的商品”。显然，市场经济是与等级依附、行政命令、人身强制等关系不相容的，它要求参加市场经济活动的企业或个人具有生产经营活动的自主性和自由性，拥有作为商品生产者所应有的一切权利。要求企业双方处理矛盾与冲突的方式是通过平等的、自主的互相洽商与协议的办法来解决。

第三，市场经济是一种竞争经济。对尽可能多的价值实现的要求，导致了市场经济活动主体间的竞争的必然性。而“只有通过竞争的波动从而通过商品价格的波动，商品生产的价值规律才能得到贯彻，社会必要劳动时间决定价值这一点才能成为现实”。这种竞争表现为多种形式，体现在多个方面。竞争把作为各类商品或劳务的化身的“监护人”们摆在同一天平上，既赋予他们同等的权利——除非由于他们自身的缘故，这种权利不会被剥夺，又促使他们用最有效的方式去发挥这种权利。否则，他们就会在竞争中被淘汰而丧失这种权利。由竞争所形成的商品生产者在经济生活中的优胜劣汰，同机会共风险的状况，体现了市场经济条件下经济活动的严肃性与机会均等性，体现了企业之间为生存发展而互相矛盾又互相依赖的关系。

第四，市场经济是一种开放经济。利益主体的多元化和社会分工决定了市场经济的开放性。这种开放性表现在它的自动调节性和兼容性上，它依据反映其内在要求的一系列经济信号，如价格水平、供求差率等迫使市场活动主体不断调节其生产组织形式、经营方式、工艺应用程度、企业及产品结构，从而实现各种资源的最优化配置。市场经济的开放性还表现在市场应该向所有的商品生产者、经营者、购买者开放，向所有的不同所有制的企业开放，向所有的地区，包括内地与外地、国内与国外开放等。尤其从人类社会历史的发展角度看，商品生产和商品交换一是越出地区的界线，形成统一的国内市场，进而越出国家的界限，形成国际市场；二是这种超越国界的商品流通，形成并推动了国际分工、生产的专业化乃至整个世界经济的发展。自由的、开放的国际交换不仅实现了各种资源的节约，即每个国家都专门生产在成本上比其他国家更低的产品，然后进口比自己国家更便宜的商品或服务，而且创造了更大的市场，更加有利于发挥大批量生产的优越性。所有这些，只靠某个企业或某个国家市场是难以容纳的，如果搞闭关自守、放弃开放，那就意味着放弃进步，放弃发展，放弃富强。国与国的开放如此，地区与地区的开放如此，企业与企业的开放亦是如此。

正是由于市场经济的这些基本性质和特征决定了商务谈判活动的基本性质和特征，正是由于社会主义市场经济体制的建立，推动了我国商务谈判活动的迅猛发展，市场经济是商务谈判活动产生发展最适宜、最优越的环境和条件。

二、商务谈判与企业竞争发展

市场经济体制的建立，不仅推动了商务谈判活动的迅猛发展，从深层意义上讲实则是为企业的生存和发展开辟了广阔的天地。当然，与此同时也给企业带来了新的风险和危机，企业怎样才能正确驾驭谈判之舟在市场经济的海洋中任意遨游，并驶向胜利的彼岸是一个非常值得认真研究的问题。

（一）生存、发展与企业竞争

竞争，是自然界和人类社会普遍存在的现象，也是人类在生存与发展的斗争中，普遍存在着的一种实践活动，是推动社会前进的一种力量。生物的进化、人类的进步、社会的发展都离不开竞争。达尔文的《进化论》所揭示的生物界的“物竞天择，适者生存”规律正是自然界存在着各种竞争的真实写照。但是，生物之间的相互竞争是盲目的、无意识的，而人类社会的竞争却是有目的和有意识的。市场经济条件下，竞争更具有突出的意义和作用，无论你是何性质的企业，不管你有怎样的社会政治背景，只要你进入市场，就必然被卷入激烈的市场竞争漩涡。竞争可谓是无处不在、无时不有、无所不包。显然，在社会主义市场经济条件下的企业与资本主义的企业竞争无论在竞争的性质、竞争的目的、竞争的范围还是在竞争的方法、竞争的手段上都有着本质的不同和巨大的差异。它不像资本主义企业竞争充满了血腥、暴力和欺诈，为了满足个人私欲、达到个人目的，可以不择手段，但是优胜劣汰的竞争规律却是必须共同遵守的，否则，社会经济就难以发展，企业经营管理水平就难以提高。

市场竞争迫使每个企业和每个商品生产经营单位都必须面临成功与失败的双重选择，在这里没有情面、不讲关系、没有保护伞，优胜劣汰作为一种强制手段，迫使每个生产经营者必须采用先进技术、降低产品成本、提高产品质量、改善服务态度，并按照市场需求组织生产，迫使每个生产经营企业务求以最小的消耗去获取最大的经济效益，并持续不断地向更新的高度攀登，企业要免遭“劣汰”的命运，就必须更加勤奋和努力，不断地开拓和开发新的市场，不断地超越和赶上其他企业。只有这样企业才能永远立于不败之地。

（二）正确驾驭谈判之舟为企业竞争服务

通过竞争，那些技术先进、设备精良、产销对路、管理水平较高的企业得到了壮大和发展，而那些技术落后、设备陈旧、产品老化、经营管理不善、严重亏损的企业则必然遭到失败乃至破产，最终在竞争中被淘汰。这是不以人的意志为转移的客观经济规律，无论你是愿意也好，不愿意也好，都是难以改变的。

企业生存、发展、壮大或者企业的衰败、破产以致被无情淘汰，其影响因素固然是多方面的，但有一点是绝对不可以被忽略的，那就是是否能够正确驾驭好谈判之舟为企业竞争服务，是否能够正确处理好企业与外部环境的各种关系。

一个企业的生产经营以至生存和发展，不仅受企业内部各种条件的限制，也受外部环境的各种条件所制约。企业实现再生产的先决条件是：必须面对市场，开展一系列成功的社会交往活动，通过这种活动开拓横向的、纵向的经济联系，以求与外界建立起一种长期稳定、不断发展的合作关系。这个“外界”既包括用户（顾客）、原材料供应者、商品推销网点、联营单位、协作厂家、同行企业，也包括国家计划部门、财政部门、物价部门、税收部门、工商管理部门、科研部门、交通与金融部门等等。只有与这些部门、单位、企业和个人建立起一种长期稳定的友好合作关系，才能使企业周而复始，在复杂多变的各种经济活动中具有稳定的信息来源、物资来源、资金来源、人才来源、技术来源等，也才能够使自己的产品和劳务顺利地通过市场进入千家万户。即使你的产品再好，但与世隔绝，忽视对外交往，不能正确运用商务谈判这一有力的武器去开拓市场，也是无济于事的。只有加强与外部的社会活动，广交朋友，利用商务谈判注重市场开拓，才能够取得各方面的支援，收到事半功倍的效果。只有恰当地、正确地驾驭好谈判之舟，才能使企业在市场经济的海洋中逢凶化吉、兴旺发达。

总之，企业外部环境是一个浩瀚的巨大系统，它是企业生存的空间，也是企业家活动的舞台。俗说话："谋事在人，成事在天"，这个"天"就是外部环境。企业的发展离不开良好的外部环境。可以说，良好的对外关系是企业的一笔财富。现在，人们关注更多的是企业内部的管理方法与手段，企业的社会交往与对外商务谈判尚未提到应有的重要位置。现代企业处在一个错综复杂的关系网之中，处理好企业外部的各种关系已成为企业现代化管理的高级职能。企业外交与对外谈判已成为企业管理现代化的一个重要内容，成为提高企业竞争能力的一条新途径。

（三）商务谈判与企业家素质

企业家是人类社会中对外交游最广、接触人最多的职业之一。处理好对外关系，掌握好高超的对外商务谈判技能是企业家的重要本领。当然，那种弄虚作假，靠吹牛拍马、行贿诈骗行事的行为不属于企业家外交品质的范畴。

企业家作为企业经营管理的专门家，不仅需要经济学家的头脑、政治家的气概、战略家的眼光、军事家的果断，而且还应具有外交家的品质、知识和能力。概括地说，企业家从事对外商务谈判应具备的基本素质主要包括以下几个方面：

1. 较高的思想政治水平。企业家的思想政治水平决定着他的对外交往和商务谈判水平的高低。只有不断提高其思想政治水平，才能从纷繁的外部信息中理出经纬来，才能不失时机地展开主动的、活跃的、积极的外交谈判攻势。思想糊涂、政策观念淡薄的人很难正确把握有利的外交谈判时机，很难取得有效的商务谈判成果。

2. 扎实的理论知识功底。现代企业商务谈判活动是一种比较复杂的活动，必须以科学的理论和方法为指导。作为企业对外商务谈判活动的职业要求，企业家或商务谈判人员应拥有较广阔的知识面和较精深的专业知识储备量。如果是参加国际商务谈判，有条件的还应至少精通或熟悉一门外语，只有这样，在谈判中才能驾轻就熟，左右逢源，应变自如。企业商务谈判工作是一种十分艰辛的工作，有时甚至关系到企业的生死存亡，稍有不慎就会给企业造成不可挽回的重大损失，因此，要求谈判人员必须具有科学的态度和认真负责的精神，切不可光凭经验，甚至光凭感情和直觉来做。

3. 娴熟的语言和文字表达能力。能写会说是企业家或商务谈判人员从事对外交往活动的两项基本传播技巧。企业家不必是口若悬河的雄辩之才，但他必须具备相当的口语能力。一个人的口头表达能力强，可以产生吸引人、打动人、说服人、给人以极大好感的神奇作用。企业谈判人员不必是“倚马之才”，但他应具备一定的笔墨功夫。一个不能写作或是文字能力较差的企业家或商务谈判人员实则等于失缺了一只手臂或折断了一条腿，行动受到约束，有些事只能是心有余而力不足，只好是望洋兴叹。更有甚者，还会因为笔下之误让人家钻了空子，讨了便宜，而自己却只能是抱憾终身。

4. 良好的人际关系。商务谈判工作实际上是一种与人交往的工作，无论你所面对的是什么样的组织，什么样的机构，甚至什么样的国家，最终都要通过一定的谈判代表，即人来完成谈判工作。所以，良好的人际关系，是企业家或商务谈判人员应具备的另一基本素质。企业家在对外交往中结成各种人际关系，不仅对人的行为产生影响，而且对企业也会产生积极或消极的作用。企业家的人际关系能力如何，必然要影响到企业的形象、声誉和知名度。企业家处理人际关系的较高水平和技巧，是保证企业建立和发展良好外部关系的关键环节。

5. 敏锐的洞察力和勇于开拓进取创新的能力。企业之间的商务谈判，实际上从某种意义上讲也是一场智力与能力的较量。在谈判过程中发生争执、冲突、僵持、风险、投机、利用甚至欺骗等都是客观存在的。要想获得谈判成功，占据谈判的有利形势，就必须具有非常敏锐的洞察力，不被假象所迷惑，经常保持清醒的头脑。就这一点来讲，对谈判人员和企业家的要求与新闻记者的要求是一样的。同时，谈判人员或企业家还必须具备对新事物、新情况的敏感性，对企业所处环境的灵敏嗅觉，以促使企业审时度势，及时采取应变措施。企业对外交往不是以一种机械的简单重复的形式来开展的，需要不断以新颖的形式来联络和吸引外界组织、其他企业与社会公众。缺乏创新精神，墨守成规，因循守旧，是不能成为一名合格的企业商务谈判人员的。

6. 吸引人的个性和不卑不亢的仪表风度。企业家在对外交往与商务谈判活动中应该正直、热情、机智、幽默、不卑不亢、有自己特有的气质与风度。在这一点上，周恩来总理堪称是我们学习的楷模。美国前国务卿基辛格博士在回忆录中曾写道，和周恩来交谈简直是一场紧张愉快的智力竞赛和深邃的精神享受。他知识渊博，头脑敏锐，极富有逻辑性与幽默感，具有外交家的风范，在各方面都显示出卓越的能力和潇洒的风格。由此看来，具有鲜明的个性和端庄的仪表风度将会对企业外交和商务谈判产生多么重要的影响，将会在人们记忆中留下多么深刻和美好的印象。

三、商务谈判的意义和作用

随着市场竞争的不断加剧，企业要想求生存、求发展，就必须认真做好两点：一是对内强化管理；二是对外改善经营。在经营方面，原材料采购、企业产品销售、银行资金借贷、专业人才招聘、技术项目的引进、土地使用权的买卖、协作联合经营、公关广告、信息咨询等等无一不需通过谈判来完成。成功的商务谈判，不但能减少支出、增加收入，保证企业生产经营活动的正常进行，而且能够帮助企业与供应商、客户，银行、合作伙伴以及其他公众建立和巩固良好的关系，树立企业良好形象，占领和开拓市场，从而对企业的长期利益和企业的发展壮大作出贡献。

纵观企业的发展历史，我们可以看到企业走过了从注重管理到注重经营与管理并举的过程，伴随这一过程，企业商务谈判及其理论研究受到越来越多的重视。现在在西方企业界，各级经营管理人员普遍要接受商务谈判的培训，有关谈判的书籍也备受青睐，成为十分畅销的书籍。这从一个侧面证明了商务谈判的地位在不断提高。我国自从以市场为导向的经济体制改革以来，企业家逐渐认识到了企业商务谈判的重要性和必要性。他们在从事经营活动的过程中日益感到商务谈判知识和技能的贫乏。为此，有识之士早在上世纪 80 年代初便开始编译谈判方面的书籍，这些书籍的出版受到了普遍的欢迎。目前，我国大部分省市的企业主管部门在培训所辖企业的经营管理人员时也把《企业商务谈判》列为必学科目之一。另外，许多大专院校也都先后在企管专业、营销专业、经管专业等经济类专业开设了类似的课程。从上述现象可以看出，企业商务谈判在我国也日益受到重视。

那么，是什么原因导致企业商务谈判受到普遍的关注和越来越多的重视呢？概括地说，这是由于市场竞争日趋激烈促使企业商务谈判的作用不断扩大的结果。从具体方面说，我们认为企业商务谈判所具有的作用主要有以下几点：

1. 商务谈判是达成交易的桥梁

在市场经济条件下，任何一个企业要维持正常的生产经营活动，都必须采购或租借生产经营中所需要的各种资源，包括土地、资本、劳动力、原材料、能源等，同时，必须把生产出来的产品或服务销售出去，也就是说企业要不断进行各种交易活动。在这些交易活动中，由于利益、需要、看法的不同，交易双方总会出现这样或那样的意见分歧。只有消除分歧，达成一致意见，成交才有可能。市场经济讲求平等互利、自愿让渡，因此，消除分歧唯一可供选择的方法就是谈判。所以，企业商务谈判是解决交易双方分歧，达成交易的必由之路。

从另一角度看，商务谈判的结果——协议的执行，也直接形成谈判双方经济利益的得失，成功的谈判常常是使交易的双方都获得较为满意和大体一致的利益，那种损人利己、靠蒙混欺骗，所谓“一锤子”的买卖行为不符合商务谈判最基本的原则。当然，在最初的谈判过程中，谈判双方所提出的交易条件无不是有利于自己一方，或者说有意过分强调自己的利益，正所谓“买者喊低价，卖者喊高价”。但这只不过是一种策略，虚晃一枪而已，因为双方都清楚地知道，最后交易很难按照任何一方提出的初始条件来达成。这样做，无非是为自己在谈判中留有一定的余地。双方这种共同的交易心理及其所形成的行为的相互作用，导致了交易双方在利益上的平衡，也正是基于这种原因，才使得交易双方能够走到一起，坐到一起，最后达成一致。所以说商务谈判也是联结双方从分歧走向合作的桥梁。

2. 商务谈判是开拓市场的重要手段

市场是企业的生存空间，企业的一切经营管理活动都必须以市场为导向，面向市场，适应市场，开拓市场。企业商务谈判是开拓市场的重要形式之一，它从三方面起到开拓市场的作用。

首先，成功的商务谈判能够扩大销售，促进客户更多地购买本企业的产品或服务。在商务谈判中，通过谈判策略和技巧的运用，使客户对本企业产品或服务的长处有充分的认识，消除客户对产品或服务存在的误解，从而增强客户购买本企业产品或服务的信心和决心，增加购买的数量。一家南方生产家用抽油烟机的工厂，生产中需要一种叫作气敏元件的部件，俗称电子鼻，用于自动开关系统。这种元件的技术指标之一是反应幅度，以电压变化的大小表示。该厂认为，反应幅度越大越好。而实际上，反应幅度只要达到一定程度就能够满足实用要求，过大不但没有实际意义，相反还会提高成本并使其他技术指标受到影响。该厂的几家供应商，为获得更多的订单，争相投其所好，提高反应幅度。然而，山西太原的一家生产该元件的厂商，却没有这样做，他们通过选派得力的谈判人员向该厂详细说明是非曲直，并通过谈判赢得了该厂的信任，达成了双方的交易，扩大了自己产品的销量。

其次，成功的商务谈判，可以与客户进行广泛的信息和感情交流，增进彼此的了解和信任，也是建立良好人际关系的重要途径。固然，要想长期取信于客户，使其不断购买本企业的产品，那么产品的质量、性能、价格、售后服务等是至关重要的。但是谁也不能讳言，企业人员与客户之间的人际关系起着重要作用。人非草木，孰能无情，处于暖融融的友好气氛之中，心理轻松、挥洒自如，这也是每一个企业商务谈判人员都为之向往的交易环境。正如一位著名企业家所言：了解和信任比什么都重要，良好的人际关系才能促使你企业的成功。香港亿万富翁李嘉诚先生年轻时曾为一家橡胶制品企业的推销员，在多年的业务交往活动中与客户建立了良好的个人关系，销量一直很好。这使其他竞争者非常眼红，并图谋用高薪把李先生挖走。李先生的老板知道此事后，马上提拔李先生为业务经理，并给他 20% 的分红。因为，这个老板知道，李嘉诚先生与客户所建立的良好个人关系是他企业兴旺发达的一部分，如果李嘉诚走，肯定会把企业的一部分客户一起带走，从而也就会把企业的兴旺发达带走。所以，要想使企业继续兴旺发达，他就不能没有李嘉诚。从这个例子，我们不难看到人际关系在业务交往中的作用，而商务谈判正是提供了这样一个人与人交往的机会，因而，它也是建立良好人际关系的重要途径。

第三，成功的商务谈判可以树立企业形象和良好的信誉，并通过社会舆论向社会公众传播，直接或间接地起到开拓市场的作用。在商务谈判中，谈判人员的衣着外表，言谈举止，精神风貌，待人接物直接或间接地反映了企业的素质、经营思想、经营宗旨，向对方传递着企业形象和信誉的信息，而且这种传递是面对面的直接传递，生动形象、直观鲜明，比新闻媒介、公关广告等形式更富有感染力。企业的形象和信誉一旦为对方人员所认同，它还会向更大的范围传播。因此，商务谈判是展现企业面貌的一个重要途径，通过本企业谈判人员良好的表现，具有树立企业形象和信誉的作用。企业的形象和信誉及其传播具有促销作用，这一点人尽皆知，自然不必赘述。

3. 成功的商务谈判可以显著提高企业的经济效益

首先，商务谈判有助于企业的生存和发展。购进生产经营所需的各种资源、销售产品或服务并维持一定的市场份额，是企业生存和发展的必要条件。企业只有得以生存和发展，才有经济效益可言。而企业商务谈判正是企业采购销售的必要的和重要的环节和手段，所以，商务谈判为企业获得经济效益提供了必要的前提和条件。

其次，商务谈判可以维护企业的利益，避免不应发生的损失。由于种种原因，在双方交易中，对方的报价往往会有很大的虚头，如果不通过谈判，而轻易或贸然接受对方的报价，那么，一方必定会为此蒙受不应有的重大利益损失。比如，在对外贸易中，我国有一家企业计划从日本商人那里进口某种成套机械设备，通过谈判发现日商的报价中辅助设备和零备条件部分所占比例超过一般水平很多，当我方谈判人员对此提出异议时，日本商人不得不重新修改报价，仅此一项就为我方节约了一笔可观的外汇支出，从而维护了我方的正当利益。

第三，成功的商务谈判可以最大限度地开发谈判利益，使双方的需要获得更大更好的满足。在商务谈判中，双方通过充分的信息交流，使隐藏在双方立场背后的真正利益和需要得以浮现，再通过双方人员的共同努力，创造性地构思，有可能设计出能够最大限度满足各方利益和需要的方案。如果以此“最佳方案”作为最后的成交条件，谈判利益便得到了充分的开发。这里所说的“最佳方案”是指这么一组交易条件：一方面它能够最大限度地满足本企业的利益或需要。例如，在交货时间、交货方式上符合本企业生产经营的需要。另一方面，在不影响本企业利益的条件下，它能够最大限度地符合对方的利益和需要。例如，一家商业企业从一家工业企业购进一批棉被，一开始商业企业提出一次交货，但是通过双方进一步的谈判，发现如果改为分批交货，一方面会增加工业企业的费用，另一方面会增加商业企业的利益，并且后者大于前者。于是他们决定，采用分批交货的方式，而且商定工业企业由此增加的费用由商业企业负担。显然，这样做的结果是，工业企业没有利益损失，而商业企业却得到了更多的好处。这是开发谈判利益的典型事例，类似的情况在商务谈判中比比皆是。因此，通过谈判是可以增加谈判双方利益的。

第四，通过谈判有可能拓展交易和合作的空间，使双方在更大的范围内合作，增进彼此的利益。在商务谈判中，双方有可能在某些问题上难以取得一致意见而出现谈判僵局，这是一件坏事。但是，这也往往是扩大交易范围的契机。遇到这种情况，如果双方坦诚相待，各诉难处，充分沟通，有可能激发新的思想火花，导致谈判内容和交易范围的扩大，使问题迎刃而解，同时也增进了彼此的利益。比如，河南安阳糖烟酒公司与贵州一有名的酒厂在1988年达成的“以酒还贷”协议说明了这一点。当时，名酒走俏，不但价格上扬，而且货源紧张。当安阳糖烟酒公司到这家酒厂要求购货时，酒厂业务谈判人员面有难色。但是通过进一步的洽谈沟通，双方发现酒厂急需扩大生产规模，改善生产工艺，提高产品产量和质量，而资金紧张无从筹措，而安阳糖烟酒公司却有大量资金闲置。于是双方灵机一动，议定由公司向酒厂贷款，而酒厂则用酒以低价折算逐步偿还贷款。结果，公司利益有很大增加，而酒厂也解决了自己资金不足的难题，可以说是各取所需，皆大欢喜。由此，双方还在以后的继续合作中建立了稳固的良好关系。

4. 商务谈判有利于约束双方认真履行各自的权利和义务

在现货交易中，通过短暂的谈判和一番讨价还价之后，买卖双方即按约履行各自的义务，并获得某种相应的权利。双方履行义务迅速准确，发生纠纷极少，没有“夜长梦多”之忧。但是，通过商务谈判而达成的交易活动有相当一部分都是属于期货交易的范畴，尤其是劳务、技术、资金等的转让与合作，双方履行义务都有一个较长的时间范围，难免会有一些日后争端或说不清楚的事情发生。为尽量避免这种不愉快导致的交易双方在感情上或经济利益上的损害，也为有效防止在交易活动中任何一方不履行义务，最好的方式是通过商务谈判并以实施谈判的最终结果——签订经济合同，对交易双方加以法律上的约束。

商务谈判的直接结果是交易双方同意就某项交易活动达成协议，签订经济合同，在协议或合同中就交易的各项具体内容作出明确规定，阐明交易双方各自的权利和义务。如果是国际商务谈判尚需选择一定国家、地区或国际性经济组织制定的有关交易法规作为约束双方履约的强制性措施。在严格的商务谈判活动中，谈判任何一方的行为或表示都具有一定的法律意义，并受到某种程度的约束。发盘、还盘、接受、询盘等谈判行为都必须严格按照一定的要求、程序来进行，并对以后的谈判活动产生影响和发生作用，不可以随心所欲，忘乎所以，想怎么的就可以怎么的。任何不负责任的言语或举动都可能成为对方的把柄，给自己以后的行为造成不利，使企业蒙受不必要的经济损失。

5. 商务谈判可以提高和改进交易双方企业的经营管理水平

商务谈判是企业经营管理活动的一部分，科学地进行商务谈判可以有效地提高企业的经营管理水平。企业管理活动主要是对企业经营活动进行计划、组织、指挥、监督和调节，这些具体行为都离不开谈判。目前，我国各类企业的经营计划除了接受国家宏观经济计划的粗线条的指导外，大部分计划内容的具体制订或落实都是利用谈判途径，都是通过与其他企业或其他经济组织之间所发生的经济联系来保证计划的执行，也就是通过商务谈判所签订的协议或合同来完成的。

在谈判活动中，双方可以发现和借鉴对方在经营管理上的先进经验，分析寻找本企业经营管理中存在的问题，从而制定有效的措施加以克服。从另一个角度来说，商务谈判除了协调谈判双方的业务行为外，也是各自经济实力的对比，具体表现为经营活动上的竞争、管理能力上的较量。有竞争、有较量就能使自己的各项管理活动得到改进和提高，也是学习和借鉴对方经验的极好机会。

第三章 商务谈判的原则、分类和程序

要想取得商务谈判的成功，必须要有一个正确的指导思想，并遵循商务谈判的基本原则和一般程序，这是由商务谈判的性质和特征决定的。除此之外，还必须了解各种不同类型的商务谈判所具有的不同特点，以便从一般中把握特殊，把谈判的指导思想、基本原则和一般程序灵活地运用于具体的洽谈活动之中。

一、商务谈判的指导思想

商务谈判的指导思想是企业商务谈判人员根据自己的经验和对谈判的认识而形成的用于指导谈判行为的基本思想。由于指导思想贯穿于整个谈判过程，决定着谈判目标、方案、计划、策略的制定和实现，体现于各项具体工作和行为之中，所以指导思想正确与否直接关系到谈判的成败与否。

指导思想是人们的主观意识，也是在对谈判认识的基础上形成的。由于人们在认识上存在着差别，不同的人在从事商务谈判时往往持有不同的指导思想。概括起来，指导思想一般可归结为三种，一是“战而胜之”；二是“委曲求全”；三是“双方都是赢家”。我们认为第三种“双方都是赢家”才是唯一科学正确的指导思想。下面我们对上述三种指导思想分别作出分析和评述。

1. “战而胜之”的思想

所谓“战而胜之”就是在商务谈判中要想尽一切办法战胜对方，把对方打败，从而来保证我方利益的实现。持有这种思想的人认为，谈判就是瓜分固定的利益，对方多得，就意味着自己少得，此消彼长，因此，他们往往把商务谈判看作是一场争夺地盘，甚至你死我活的对抗性战斗，不惜采取各种手段，甚至阴谋诡计，来取得胜利。在他们看来，自己不这么做，对方也会这么做，如果果真这样，那么自己必败无疑。这种谈判者在谈判中经常表现出非常强硬的态度，坚持顽固的立场，不愿倾听对方的陈述，拖延谈判时间，使用欺诈手段，不遵守自己的承诺等特点。

这种指导思想对谈判的认识是错误的。首先，谈判利益不是固定不变的。事实上，通过双方人员的深入谈判能够使原先预见的利益扩大。这一点在讲谈判作用时已经做过分析，此处不再重复。其次，这种指导思想只看到了眼前利益，而没有看到长远利益。最后，这种指导思想忽略了企业形象的重要性，这与现代的企业经营观念背道而驰。

“战而胜之”的指导思想不但在理论上是错误的，而且在实施上也会带来严重的后果。第一，难以达到谈判目标。在“战而胜之”思想指导下，谈判者往往采取强硬的态度，拼命固守立场，不考虑变通，缺乏灵活性，不愿意考虑对方的需要，得寸进尺，事事抢先。这极易导致对方的反抗心理，进而针锋相对，如法炮制，结果很可能使谈判变为争吵，导致谈判破裂，谈判目标也就无从实现。

第二，谈判缺乏效率。在这种思想指导下，谈判人员不是去进行有效的沟通，不是去探讨各自的真正需要，不是去共同构思契合双方利益的方案，而是在立场上讨价还价。立场上的讨价还价必然会出现“此消彼长”的局面，使谈判真正变成一场争夺地盘的战斗。既然是战斗，谁也不想认输，都想保持自己的立场不变，或都想以立场上较小的让步换取对方更大的让步。双方都持有如此愿望，可想而知，双方要达成交易，即取得一致的立场是多么困难。即使双方最后取得了一致，那也是旷日持久的消耗所得，毫无效率可言。

第三，难以维持双方的良好关系。这也许是最为严重的一个的后果。双方良好的关系是重要的，有时甚至比某次谈判的利益还要重要。但是，在“战而胜之”思想指导下难以维持这种关系。一方面是由于斗争中产生的对抗情绪会破坏双方的友谊，另一方面是因为在这种思想指导下，谈判者还经常使用威胁高压手段和欺骗手法。且不说这些手段被对方识破后将不起任何作用，即使得逞，也会给对方留下极坏的印象。特别是，欺骗手法不管是事中还是事后被发现，都将使双方的友谊、信任荡然无存。对方要么不再与你打交道，要么在以后的交易中会采取报复行动，最终使你为之付出代价。

2. “委曲求全”的思想

这种指导思想认为在谈判中有必要牺牲一些己方的利益，以避免双方激烈的冲突和谈判的破裂。“委曲求全”者认为，谈判双方在利益上是相互冲突的，这种冲突具体体现在双方立场上的差别。要想取得一致协议，双方就必须相互在立场上作一些退让，在利益上作一些牺牲。否则，势必会导致谈判破裂，关系紧张。这就是“委曲求全”思想的理论基础。

在谈判前，“委曲求全”者往往制定出较低的目标，以避免在谈判时与对方产生激烈的冲突。在谈判中，他们又表现得宽容大度，和气有礼，过于诚实，以主动退让来换取融洽的气氛，推动谈判的进展。因此，这种指导思想能够使谈判时间缩短，提高谈判效率，避免双方关系的恶化。但是，其缺点也是非常明显的：

首先，这种指导思想难以维持己方的正常利益。如果对方采取了“战而胜之”的指导思想，那么，己方的主动退让将会被视为软弱可欺，对方会得寸进尺，步步紧逼，从而可能会使己方的正常利益遭到重大损失。有人可能会认为，如果对方不是“战而胜之”者，其结果就不会这么糟。实不尽然，开始对方正如你所想，不是“战而胜之”者，但是“委曲求全”思想指导下的行为很可能诱发对手转向“战而胜之”的谈判思想，正所谓弱者可欺。

其次，这种指导思想难以充分开发谈判利益。要充分开发谈判利益，双方必须进行充分的沟通，积极探寻各方的需要以及满足需要的各种方案，这是一种极富创造性的活动。然而“委曲求全”者在思想上要求不高，只图达成协议，在行动上遇到冲突就以退让的方式解决，而不是去想办法使双方的利益都得到满足，或巧妙地契合双方的利益。因此，他们不具有进行创造性活动的动力和勇气。即使对方一开始有些强烈愿望，但是由于己方的这种态度，也会使对方降低或抛弃原有的想法。更何况，对方的利益因已方的主动退让已步步得到满足，他又何必要挖空心思去构思能够契合双方利益的方案呢？所以，“委曲求全”的思想是不可能充分开发谈判利益的。

从上面的分析可以看出，“委曲求全”的指导思想也是不可取的。那么究竟应该选择什么样的指导思想呢？这就是“双方都是赢家”的谈判哲理。

3. “双方都是赢家”的思想

“双方都是赢家”的思想认为谈判者应本着平等互利的精神，在进行充分沟通的基础上，共同努力探寻既能满足双方正常利益，又能充分开发谈判利益的谈判结果，最终使双方都感到是谈判的胜利者。

这种指导思想的理论基础可概括为两点：

第一，谈判双方的利益不是完全冲突的。谈判双方的利益依据其是否相互对立可以划分为三种：一是共同利益，在这种利益上，双方是一致的，没有冲突的。例如，厂家与中间商之间在销售上都希望商品畅销，都希望协议能够顺利执行，都希望与对方保持稳定的关系等。二是不同利益，这种利益双方既不一致也不相互冲突，如买方更希望得到货物，而卖方更希望得到钱，又如经销者希望改善商品包装以便于运输、储存和分销，而供货者不想负担由此而增加的费用。三是冲突利益，双方在这种利益上是相互冲突的，例如价格的高低、质量的优劣等。共同利益和不同利益往往大于冲突利益，正是如此，才促使双方走到一起谈判，也正是因为如此，交易才有可能达成。因此，在谈判中，应进行充分的沟通，探明双方的利益所在，然后一起想办法维护共同利益，契合不同利益。做到了这一点，就为解决冲突利益创造了良好的气氛，双方不会因小失大，在冲突利益上过于争执而导致谈判破裂。

第二，尊重对方的利益是实现己方利益的重要保证。己方的利益依据其实现的时间可分为短期利益和长期利益。短期利益指的是存在于某次谈判中的利益，价格、数量、质量、罚则等都是影响短期利益的因素。一般来说，获得这种利益是参加谈判的最根本的目的。长期利益存在于双方的关系之中，双方关系的好坏影响着这种利益的大小。如果双方在谈判中能够建立并维持良好的关系，例如相互信任、相互尊重、互有好感等，那么双方在将来就会继续交往，从而为双方都带来利益。如果在谈判中对方基本的、正常的短期利益得不到尊重，或是无法实现，对方就会退出谈判，那么，己方的短期利益也将无从实现，同时，也会影响己方的长期利益。尊重对方利益的意义远不止此，更重要的是在己方短期利益不受损害的前提下，在尽力促使对方短期利益得到最大的满足，使对方也成为谈判的赢家，只有这样才能赢得对方的信任、尊重和好感，为己方的长期利益的实现奠定一个好的基础。特别是当今市场竞争日趋激烈，这一点就显得尤为重要。

由此可见，“双方都是赢家”的思想比“战而胜之”和“委曲求全”的思想看得更深、看得更远，更能保证谈判目的的实现。我们认为“双方都是赢家”的思想是一种比较先进的指导思想，也是一种比较切合实际的指导思想，在实践中应该大力提倡。

二、商务谈判的基本原则

商务谈判的基本原则是规范谈判行为的基本准则，是指导思想的具体化。指导思想比较笼统和抽象，不利于贯彻和落实，因此有必要从中引出更为具体的行为准则。“双方都是赢家”的指导思想可以具体分为以下几项基本原则：

1. 信实原则

信实原则要求谈判者讲求信用，诚实可靠。坚持这一原则是达成交易，取得理想谈判结果的重要前提。谈判双方要达成交易，特别是取得能够充分开发谈判利益的谈判结果，离不开彼此间的相互信任、有效而充分的沟通，更离不开双方的密切合作和共同努力。讲求信用、诚实可靠是建立信任的基石，而信任、诚实又是进行有效沟通、共同努力不可缺少的条件。在谈判中人的态度、情绪是有感染力、相互影响的。只要我们诚诚恳恳，实实在在，信守诺言，不但会获得对方的信任，而且会使对方以同样的方式加以回报。

为贯彻这一原则，谈判者应做到以下几点：首先是守信；其次，不轻许诺言，此为守信的重要保障，轻诺必然导致寡信，最终将失信于人；最后要做到诚实，不欺诈，不搞骗局，以诚相待，这是取信于人的积极方法，也是有效沟通的必要条件。

但是，“守信”并不是说一经许诺，就一定不可以收回，不可以改变。这里的关键是不轻易许诺，许诺后应尽可能去遵守。

需要强调的是随着谈判的深入或进一步的考虑，如果发现原先的许诺对己方不利，或对双方都不利，应及时向对方阐明理由，取得对方的谅解，重新对许诺过的内容进行磋商，即使已经达成协议，也可以重新开谈，切不可片面理解“守信”。

“诚实”也不意味着要“和盘托出”，乃至泄露企业机密。“诚实”的要义在于不欺诈、不设骗局，不去谋取非法利益，不去损害对方的正常利益。例如，对方希望你的产品具有某项附加功能，而你的产品实际上不具备，你为了达成交易促使对方购买，就信口告诉对方有这项功能，这就是欺骗。如果对方一旦发现你在说谎，这笔交易绝无达成的可能，并且会影响以后的交往。如果你在询问了有关情况之后，这样劝说对方：“你要求的这项附加功能实际用处不大，而且这项功能还会使产品价格大为增加，你为一个没有多大用处的附加功能而增加支付，实在是不合算。但是如果你执意要求这项功能，我们可以为你专门设计生产。”这既符合“诚实”原则，又起到了说服对方放弃要求的作用，同时由于站在对方的立场上为对方着想，也赢得了对方的好感和信任。这个例子也从一个侧面说明了“诚实”是取信于人的积极方法。

2. 互利原则

任何商务谈判都必须致力于探索满足各方需要的方法，促进各方利益实现的途径，而不能只顾自己的利益，忽视对方的需要，这就是互利原则。互利原则既是市场经济的要求，也是现代经营思想和观念的具体反映。

坚持互利原则首先要求谈判者判明双方的各种利益或需要。谈判就是为了寻求满足各方利益的方法，如果彼此不知道对方的利益或需要所在，谈判必然陷入盲目的境地。利益和需要往往隐藏在立场的后面，不易觉察。因此，探明立场背后的利益就成为谈判者必须做的一项工作。

坚持互利原则的第二条要求是，双方共同开发和维护彼此间的共同利益。任何一次商务谈判或多或少都存在着共同利益。既然是共同利益，双方就应当齐心协力地进行维护。共同利益不仅仅是被动地存在于谈判之中，而且是可以通过双方共同努力而加以开发和扩大的。

坚持互利原则的第三条要求是，努力契合双方的不同利益。正是由于双方在利益上的差别，在需要上侧重点的不同，才使双方成为谈判伙伴，同时也为达成交易提供了前提。如果双方的利益完全相同，那么双方之间就不是谈判关系；如果双方的利益完全是冲突的，那么，双方也就很难达成一致协议。契合双方的不同利益是谈判中最富创造性的工作之一，也是反映谈判者水平高低的一个重要方面。在谈判中要想较好地契合双方的不同利益，谈判者就必须具备广泛的知识、较强的思维能力和较好的协调人际关系的能力。

坚持互利原则的第四条要求是，用公平的办法解决双方的冲突利益。不管你如何去开发和维护双方的共同利益，如何巧妙地契合不同利益，但是，最终你还是要面对双方利益冲突的残酷事实——价格的高低。维护共同利益所需费用的分担，契合不同利益的程度都包含着双方的利益冲突。如果冲突利益不能很好地解决，就可能因小失大，导致谈判关系的破裂，或者因过于争执而影响双方的关系。为避免这些问题，最好采用公平的办法来解决冲突利益。这种办法之所以有效，是因为：第一，双方在冲突利益上相互作出妥协让步，不是屈于对方的压力，而是服从于公平，这使双方的“面子”得以保护。如果不采用这种办法，即使主谈人想作出妥协让步，也会由于担心自己的上级、同事的指责，担心对方把自己视为软弱可欺等“面子”问题而犹豫不决；第二，公平本身具有很高的权威性，比起谈判者的“宏论”更有说服力，更易于为双方所接受。市场价格、惯例或先例、法律、权威机构制定的标准、成本等都可作为公平的标准。

3. 注重利益原则

互利原则要求判明利益，维护共同利益，契合不同利益，公平地解决冲突利益，这就暗含了另一重要原则，即注重利益原则。注重利益原则要求把谈判的重点放在利益上而非立场上。注重利益促进谈判取得成功，注重立场导致谈判步履维艰。

所谓利益是指企业生产经营上的各种需要，而立场是实现企业利益的方式，具体表现为谈判人员所提出的交易条件，即报盘。不言而喻，谈判是为了解决利益问题而非立场。但是，在商务谈判中很多人把大量的时间花在立场上，在立场上讨价还价，使谈判进展缓慢，甚至出现僵局。如果把重点放在利益的调和上而非立场的调和上，就会更容易达成协议。这是因为：第一，调和立场上的对立是件困难的工作。困难之一是，谁也不想让步；困难之二是，很难找到一个令双方都满意的妥协点。例如，卖方坚持三个月交货，而买方坚持两个月交货，你很难在这两个立场之间找到一个为双方愉快接受的交货时间。第二，把注意力放在立场上往往束缚人们的思维。任何一种利益一般都有多种实现的方式。人们只是采取了其中的一种方式，而且往往是最明显的方式，但不一定是最好的方式。在立场上讨价还价，实际上就把人的思维局限在了一种方式上，谈判人员此时只是想着如何固守自己的立场，如何说服对方向自己的立场靠拢，而无暇考虑别的方式或立场。如果越过对立的立场，探寻背后的利益，再从利益出发就有可能找到符合双方利益的其他方式或立场。例如，卖方坚持三个月交货，由于缩短交货时间就需要加班加点进行生产，这会增加人工成本，使利润减少。交货期定为三个月可以满足这种利益，双方承担增加的人工成本同样可以满足这种利益，也许对方急于得到货物而不在乎这点费用呢？可以考虑分批交货的方式。总之抛开对立的立场，从双方的利益出发考虑问题，往往能顺利达成一致。要不一开始就不要提出立场，直接从双方的需要和利益谈起。第三，在对立立场背后所存在的共同利益。共同利益常常大于冲突利益，当双方越过对立的立场，把眼光放在利益上时，会看到更多的一致性，而不仅仅是对立和冲突，这将有助于推动矛盾双方从对立走向合作。

4. 宽容原则

企业商务谈判的主体尽管是企业和其他组织，但是，具体完成谈判工作的却是人——企业或组织的代表。人有喜怒哀乐，七情六欲，谈判人员也不例外，他们不仅把企业或组织的需要和利益带进了谈判，而同时把他们个人的情绪、情感、价值观念、自尊、性格、爱好、需要等也带进了谈判。如果对“人性”处理不当，就会造成人际关系紧张，阻碍谈判的顺利进行。相反，则会加速谈判的进程。宽容原则就是用于处理谈判中“人性”问题的基本准则。它要求谈判者心胸宽广，以礼待人，克制忍耐。谈判中，做到宽容对方并不是一种容易的事，但经验表明这是必须要做到的事。具体说来，必须要做到以下几点：

首先，要尊重对方。不管双方的分歧有多大，争论多么激烈，都要尊重对方的人格，以礼相待，切不可进行人身攻击，更不可谩骂动粗。其中的道理应该是很明白的。对方的自尊一旦受到伤害，他会动用一切手段，包括牺牲其组织的利益，进行自卫，谈判就会转为一场人际关系的冲突，达成协议就变得十分渺茫，维持双方的良好关系、树立本企业的良好形象就更谈不上了。

其次，要心胸宽广。在谈判中，对方可能有失礼之处，甚至可能采用一些不符合一般价值观念、道德观念的做法或策略。对于细节问题，要做到宽容大度，不斤斤计较；对于重要问题，一经指出，只要对方愿意纠正，也应给予原谅，不计前嫌。唯有这样，才能顾全大局，保证企业利益的充分实现。

再次，要容忍对方的不同看法。在谈判中，不能因为对方有与自己的不同看法而怒气冲天，或横加指责，或拒绝讨论。由于利益、价值观念、背景、考虑问题的角度不同，双方对同一问题往往持有不同的看法，这是正常现象，毫无动气之由，况且这样做也无济于事，只能增加冲突。即使对方的看法确实是错误的、荒谬的，那也可能是人家的真实想法，因此，也应给予重视，给予讨论，并在讨论中循循善诱，加以纠正。

最后，要克制忍耐。由于种种原因，对方可能会来一个情绪暴发，大动肝火，此时己方更应冷静，保持克制，让对方尽情发泄。心理学研究表明，情绪宣泄之后，人会变得比较平静和理智，心情自然也会变得轻松愉快，从而也会增强承受能力，所有这些对双方谈判来讲，并不完全都是坏事，它可能在某种程度上有助于谈判的顺利进行，同时，自己的理智和冷静也会赢得对方的敬意。相反，如果不能克制自己，谈判就可能变成“口水”战，最后不欢而散。

三、商务谈判的基本类型

不同类型的商务谈判形式尽管有许多共性，但是也存在差别。我们有必要在认识共性的基础上进一步认识各种谈判类型的特殊性。一是为了更加深入具体地理解企业商务谈判；二是为了在实践中更好地贯彻谈判的指导思想和基本原则，灵活地运用谈判策略，提高商务谈判的成功率。对商务谈判活动进行分类可依据许多标志来进行，但并非每一种分类都具有实际意义，因此，我们仅就日常经济活动中经常使用到的几种分类情况介绍如下：

1. 按经济内容不同进行划分

商务谈判按照经济内容的不同可划分为价格谈判和成本谈判两种形式。

价格谈判是指以寻求“公道”价格为主要议题的企业商务谈判，也是日常经济生活中最为普遍、最为常见、最为基本的商务谈判形式。这种类型的谈判以谈判客体（即合同标的）的

“价格”，如商品价格、贷款利率、场地或设备的租金等为磋商的主要内容，双方试图找到一个公平合理的“价格”。在这里“价格”除了指单价以外，还指与单价有关的其他因素，例如在商品买卖中，折扣、运费和保险费的划分，保证期限，质量等级，售后服务等，这些因素都影响到商品价格的高低。

价格谈判的客体多属于批量生产的商品或大量经营的项目，有比较统一的市场，双方对市场价格和市场行情都比较了解。谈判人员在谈判中所谓寻求公平合理的“价格”，也无非是以市场价格为基础，作出一些微小的调整，很难有较大的突破，换句话说，市场行情对谈判中的“价格”起着决定性的作用。例如，当行情看涨时，尽管买主知道，“价格”高出成本很多，有高额利润存在，但他也只能使卖主在“价格”上略微作出一些让步。因为，卖主此时处于强有力的地位，求购者甚多，他可能轻而易举地找到其他买主。相反，行情不景气时，尽管卖主报出的“价格”已经很低，对方仍有可能大幅度压价。此时，买主处于有利的地位，他知道，卖主销售不畅，产品积压，资金短缺，急于销售。所以在价格中，“价格”的高低主要取决于市场行情，只要双方了解必要的市场信息，而且这也是很容易做到的，“价格”的成交水平与双方的期望与市场价格就不会有太大的出入。

价格谈判的另一特点是比较容易筹划，对谈判人员技术方面的素质要求不高。作为买主，凭借过去的经验，以及谈判时的市场行情，就可以确定谈判目标。作为卖主，由于谈判客体是批量生产或经常经营的，所以成本、利润都心中有数，在每次谈判时不需要另行收集资料研究分析，就可以制定出谈判目标。由于双方不需要对谈判客体的生产方法、所需要的材料、生产工艺、管理费或经营过程中的细节和支出等涉及“价格”的成本因素作分析，所以不需要较多的技术力量作为支持。商业企业的购销、工业企业批量生产的产品销售、商业银行的贷款等领域的谈判多属于价格谈判。

成本谈判是指对最终卖价涉及的各组成要素都要进行议定的企业商务谈判。在成本谈判中双方共同议定生产经营过程，确定各种成本费用的支出，制定技术标准，最后确定价格水平。以工业产品为例，双方在谈判中需要共同商议产品的设计、生产过程，生产工艺、原材料及零部件的选购，各种费用的标准及分担，最后确定最终价格。

成本谈判具有如下特点：

第一，谈判客体多属于工程建设、特殊设备、特殊服务等。例如，铁路、桥梁、机场、港口、大型发电设备、高级宾馆的内部装饰等。这些项目都具有独特性，没有完全的统一制作标准，也没有完全一样的先例。因此，需要双方就设计、成本，甚至包括技术标准等进行磋商和议定。

第二，需要进行大量的谈前准备工作。这是由谈判内容的复杂性和谈判客体的独特性所决定的。影响成本的因素是众多的，从大的方面看，技术标准、设计方案、制作方案、制作单位的运转效率都与成本有关。从成本构成上看，成本包括材料费、人工费、间接费用、一般行政管理费用等四大项。价格则由总成本加上适当的利润所构成。在成本谈判中，双方要商议影响成本的各种因素，要核定材料费、人工费，要议定间接费用，以及一般行政管理费用和利润的比例。而且对双方来讲，都没有现成的资料可供参考。所以，谈判人员在谈判前必须留有充分的时间收集各种资料，掌握有关知识，进行深入细致的研究分析，并精心设计谈判方案和计划，才能在谈判中应付自如，处于主动地位。否则，只能倾听对方对各种问题的阐述意见，做一名优秀的听众。

第三，对谈判者的素质要求较高。成本谈判的关键在于双方对成本进行分析和磋商。在专用设计的交易中，谈判涉及到设计、技术、材料选用、零部件制造和选购，以及如何安排生产等诸多问题，设计是否合理、是采用标准零件还是定型零件、零件寿命是否超过整体寿命、加工精度等都是影响成本的重要因素。

在建筑工程和其他劳动密集的定约承办服务的谈判中，人工成本的计算、材料总量的确定等是谈判的主要内容。总之，这类谈判就是围绕着如何计算成本和如何监督成本这些难题展开的。显然，要求谈判者必须具有较高的素质，特别是生产技术方面的素质，有些甚至必须邀请有关方面的技术专家参加，才能够顺利完成谈判任务。

2. 按地区范围不同进行划分

商务谈判按照地区范围的不同可划分为国内谈判和国际谈判两种形式。

国内谈判指的是双方当事人都是我国的法人或其他经济组织。国内商务谈判其他过程和行为都比较简单，谈判双方易于了解对方各方面的情报，在经济利益上不存在根本的冲突，大多数谈判对手都体现出相互合作、共同促进的精神，国内有关经济法规自然成为双方谈判活动的法规依据，另外，双方谈判行为较易受到行政方面因素的影响等。

国际谈判指的是双方当事人分别属于两个不同国家的法人经济组织。国际商务谈判过程较为复杂繁琐，谈判双方难于对谈判对手的全部情况都进行详细了解。在谈判冲突中双方不易妥协和作出让步，只看重自己一方的利益，谈判常常受到一国政府外交政策以及谈判者文化、风俗、习惯的约束；另外，约束国际间商务谈判法律的选择也是一个相当棘手的问题。因而，同国内商务谈判相比较，国际商务谈判更容易破裂，约束双方谈判行为的法律也并不具有完全的强制性，容易出现违约行为和软化谈判协议的正确执行。

随着我国经济体制改革的不断深化，对外开放的进一步扩大，国际间经济贸易往来日益频繁，国际商务谈判正在成为许多国内企业，特别是享有直接对外贸易权的企业所不可缺少的一项重要业务活动。国际谈判与国内谈判相比较具有以下显著特点：

第一，双方的文化背景不同。各国人民都有自己的历史文化、语言文字、风俗习惯、宗教信仰、道德观念、思维方式。因此，在国际谈判中，可能会遇到更大的沟通障碍，会出现更多的分歧、误解和偏见。对此，谈判人员一方面要有充分的心理准备，不要惊慌失措；另一方面要积极采取措施尽可能地做到有备而战。具体而言包括：其一，在谈判前要充分了解对方的文化习俗、宗教信仰等方面的情况，这对于克服文化障碍具有重要的作用。例如，日本人认为直视对方的眼睛是失礼的，而阿拉伯人则把这看成是尊重对方。只要我们事先了解到这类问题，谈判中就能够避免误会、失礼所带来的问题。其二，展开公关活动，向对方介绍我们的文化，以促进其对我们行为方式、思想观念的理解。其三，当双方出现严重分歧、不愉快时，应放宽视野，仔细分析是否是由文化摩擦引起的。其四，要克服偏见。偏见会增加误解，误解会加深偏见，这样恶性循环，会使谈判很难进行下去。例如，事先就认为对方是小气鬼，喜欢斤斤计较，在谈判中，当对方提出某项建议时，马上就会联想到这家伙又在谋取什么好处，而不愿意把对方的建议听完，或只注意该建议对我方的不利之处，这种倾向反过来又进一步强化了原先的偏见，你会沾沾自喜："哦，幸亏我有先见之明，没有上当，以后更得提防一点!"这样一来，如何去开发双方的谈判利益呢？在国内，对外国人总是抱有种种偏见，如，美国人热情豪爽，德国人严肃认真，日本人斤斤计较等，必须克服偏见，坚持具体问题具体分析的方法。其五，要尊重对方的文化，光了解还不够，还要学会尊重对方的文化。各国人民都为自己的文化而自豪，你不能伤害对方的民族自尊。

第二，谈判内容繁多。由于双方处于不同的法律体系下，加上距离遥远，可变性因素较多，所以国际贸易有着很大的潜在风险，双方在谈判中要对很多问题进行深入细致的磋商，并逐项写进合同协议之中，以此来降低各自的风险，维护各自的利益。比如：技术标准、货物包装、商品价格、交货日期、保险范围、商品检验、支付方式、索赔条件、不可抗力、仲裁等都在详细谈判之列。

第三，需要专门的知识。进行国际谈判除了必须具备该项谈判项目内容专业方面的知识之外，还必须详细了解我国对外贸易方面的政策和法规、国际贸易法规和惯例、国际金融等方面的常识。另外，还应熟悉或掌握谈判国的语言等。

第四，谈判费用较高。国际谈判不论是通过书信、电话、电报、传真还是以面对面的形式进行，其谈判费用都比国内谈判要高得多。特别是面对面的谈判，双方中至少有一方必须远离国门到异域他乡，仅差旅费一项就十分可观，因此，在准备进行国际谈判时，一定要慎重选择谈判的形式、地点等，明确规定谈判的时间和内容，以尽量降低谈判的费用。

3. 按组织形式不同进行划分

商务谈判按照组织形式的不同可划分为一对一的谈判和小组谈判两种形式。

一对一谈判是指参加谈判的各方都只有一个人的谈判。一般来说，这种形式的谈判内容简单，易于作出决策。它的优点在于节省谈判费用，包括路费、食宿费、接待费等；便于沟通，由于参加谈判的人数少，所以，谈判人员的心理压力小，更容易畅所欲言，有利于把握成交时机，由于每一方只有一个人，在时机成熟时不需要与其他人商议，就可以当机立断拍板成交；最后，不易泄密。

一对一谈判的主要缺点是：第一，不适合进行复杂内容的谈判；第二，遇到疑难问题无人商量；第三，容易忽略对方传递的信息或暗示。因为一个人的注意力总是有限的，特别是当集中精力考虑某一问题时，往往注意不到对方态度和举动的微妙变化，或有意传递的暗示信号，而这些往往又是非常重要的信息。

小组谈判是指各方由两个以上人员参加的谈判形式。小组谈判形式的主要优点是：第一，有利于高质量地完成谈判任务。企业商务谈判一般要涉及到业务、财务、技术、法律等方面的问题，但是很难找到一个具备上述各方面专业知识的谈判通才。即使企业有这样的通才，由他一人代表企业参加较为复杂的商务谈判也会遇到难以应付的某种局面。在谈判中，他既要提出自己的交易条件，阐明自己的理由和观点，又要观察对方的反应；既要认真倾听对方的陈述，又要筹划如何回答对方提出的问题，并做好记录；既要注意对方论证中的漏洞，又要设法说服对方改变某些观点和看法，而又不被对方抓住自己的把柄；既要整理分析记录，又要准备向上级汇报请示，等等。一个人很难有充足的精力和时间把上述各项工作都处理得恰到好处。由多人参加谈判，这些问题相对来说就容易处理得多，它不但容易调集各方面的人才，而且可以进行合理的分工；不但可以有条不紊地进行各项谈判事务工作，而且可以利用集体的智慧对疑难问题进行深入而全面的分析，取得理想的谈判效果，尤其是对于内容复杂的谈判项目，显得更为重要。

第二，可以实施更多的谈判策略。许多谈判策略的运用是需要两人以上才能够完成的。例如“双簧表演”、“伙伴不合作”等，单靠一人是不行的。所以，谈判小组中各个谈判成员间的互相配合也是谈判策略的有效运用，这是取得理想谈判效果的有利因素而不能忽视。当然，要充分发挥小组谈判的优势，还必须做到明确分工、统一指挥、团结协作，而不能自相矛盾、各行其是。

4. 按交易标的物不同进行划分

商务谈判按照交易标的物的不同可划分为货物贸易谈判和非货物贸易谈判两种形式。

货物贸易谈判的标的物是存在客观实体的、具有使用价值的、双方可用以直接进行交换的商品。货物贸易谈判的标的物容易明确，谈判条款的其他附加条件比较简单，谈判的重点是价格条款，谈判协议的履行检验标准也较明确。大多数商务谈判都属于货物贸易谈判，并且谈判的成功率也相对较高。

非货物贸易谈判是指谈判的标的物并非是具有实体的商品的商务谈判。它包括技术贸易谈判、劳务贸易谈判等等。非货物贸易谈判是现代商务谈判发展的一个新领域。在现代社会，交易的客体不仅是商品，而且还包括企业的许多无形资产的转让，或者说企业的无形资产也成为商品用于交换买卖活动。随着新的科学技术的发明与使用对社会经济发展的影响愈来愈明显、愈来愈重要，非货物贸易谈判在整个商务谈判中的地位会更明显、比例会更大。相对来说，非货物贸易谈判的标的物比较复杂，难于明确，谈判过程的困难较大，需要具有业务技术专长的专家参与谈判，其附加条款也较多。在整个谈判中，卖方一般具有较强的谈判实力。

5. 按所属部门不同进行划分

商务谈判按照所属部门的不同可划分为民间谈判、官方谈判、半官半民的谈判三种形式。

民间谈判主要是指参加商务谈判的代表所属企业为私营企业，其企业本身业务活动并不涉及政府活动，或者说交易的内容纯属两个或多个私营企业经济利益的谈判。民间谈判的主要特征是：第一，灵活性强。由于私营企业是老板当家，谈判中的条件可以很快由个人作出，而不必经过许多程序，如技术条件，由于涉及的是企业利益的回收问题，因此，企业作出技术保证完全是独立的，不必请示政府；再如价格条件，只要符合企业赚钱盈利的目标，企业代表自行决定即可。第二，重私交。民间谈判中，私交表现非常突出，关系好则交易成功的希望就大，反之则难。如私营企业的领导在决策时常说："若是某先生这么说，那我们就采纳"或者是"只要是您在负责谈交易，我们一定努力配合"。这些都反映了"私交"对交易决策的影响。第三，计较多。私营企业以生存为大，而生存在于利益，所以，在民间谈判中处于第一位的是双方的利益得失，而政治、社会、国家与民族等方面的利益处于从属地位。

官方谈判是指由政府出面组织的谈判，或者交易企业属政府管辖（资本和法人代表来自政府）且有政府代表参加的商务谈判，以及所有执行政府间科技合作和经济贸易合作意向下的谈判，均属官方谈判。官方谈判的主要特征是：第一，谈判级别高。因为官方商务谈判多是要事、大事，要处理的商务贸易问题又多与国家的政治、经济、国防、外交等有关，所以，参加或主持谈判的代表均有较高的级别。第二，保密性强。由于利益攸关，官方谈判的各方对谈判的保密性要求很严，尤其是国际商务谈判很容易涉及到国际市场利益问题。为避免不必要的争端和麻烦，谈判开始前，双方都会明示保密要求及保密的具体条文。第三，人员素质高。官方谈判代表大多身系重任，位居高职，其见识、修养均决定了其自控能力较强，为体现企业或政府的形象均会很谨慎地参与或引导谈判，他们表达意见往往在坚持中又递给对方“回击的可能性”，在反驳中又会有“由衷的理解”，很少出现像政治谈判中那样的言辞犀利、态度冲动。他们深知，互相掏钱做生意，大家只能在一起好言相商，强权政治不适用于商贸活动。因此，在官方谈判中，对谈判者的形象、风度与素质要求较高，因为这些也都直接影响到企业、政府甚至国家的形象、声誉以及谈判的效果。

半官半民谈判系指谈判者所负担的谈判任务涉及政府和私营企业双重利益，或指由政府代表和企业代表共同参加的商务谈判。这类谈判多涉及企业重大的国际经贸活动，它的成败不仅直接对企业关系重大，而且会对政府的经济、外交政策等带来一定的影响，因此，促使政府关心并参加该项谈判，或由政府委托某个企业以该企业名义组织谈判，政府仅选派代表跟踪、监督或参与谈判。这种谈判的主要特征是：第一，制约条件多，因谈判内容将涉及到企业和政府的双重利益，因此，在谈判中必须瞻前顾后、两头掂量，不能忽视任何一方的利益，也不能仅考虑某一方的问题，这样无形之中加大了谈判的难度。第二，回旋余地大。因为多一方代表参加，必然会多一份力量、多一份承受能力。比如，因技术水平的限制，民间企业可以求助参与谈判的官方代表去处理，资金短缺可由政府出面解决等。第三，以大局为重。半官半民的商务谈判当然应该兼顾双方的利益，但也应以大局为重，以政府、国家、民族利益为先，而不应过分考虑企业自身的利益得失，从长远利益看，与国与民有利，与企业长远发展也必然有利，企业应识大体、顾大局。

四、商务谈判的一般程序

我们知道，商务谈判是一门艺术，灵活性则是这门艺术的集中体现，每一类商务谈判都有自己的特点，每一次商务谈判都有不同的主客观条件。因此，在客观上，不存在一个固定不变的谈判过程，在主观上，我们自然不能期望制定出像电视机使用说明书那样详尽的谈判操作程序。企业商务谈判的一般程序是指进行商务谈判的基本步骤，它是从大量企业商务谈判实践中总结概括出来的，可视为商务谈判的基本规律之一。虽然不能说遵循了这一程序，就一定能够取得理想的谈判结果，但是，如果违背了它，则必然招致损失。商务谈判的一般程序主要包括四个阶段，即谈前准备阶段、开局阶段、磋商阶段和签约阶段。

1. 谈前准备阶段

古人云："凡事预则立，不预则废。"对企业商务谈判来说尤其如此，这主要是因为商务谈判是一项既重要又复杂，既灵活又具体的工作，没有准备没有计划势必会出现混乱；同时，这项工作具有不可逆向的特点。在谈判中，我们不可以说"不行，我们这边出了一些问题，让我们重新开始，再来一次"。在谈判中，谈判人员的一举一动、一言一行，一旦失误，其损失和造成的影响是很难消除的，不可逆性使谈判的准备工作显得尤为重要。在实践中，人们往往仓促上阵，而事后才认识到“如果我们事先有所准备，结果也不至于这么糟”。

谈前准备工作主要包括制定谈判目标、确定谈判方案、编制谈判计划及举行模拟谈判等内容。

(1) 制定谈判目标

谈判目标是谈判所要达到的结果，制定谈判目标在商务谈判中具有特殊的意义。首先，制定谈判目标的过程就是收集资料、分析研究客观条件的过程。谈判目标必须既反映企业生产经营上的需要，又要切实可行。为此，谈判人员需要了解企业目前有哪些需要，收集和分析市场竞争状况、对方的情况以及自身的谈判实力，预测本次谈判可能取得的结果，评价预测结果是否能够满足本企业的需要，并决定是否有必要进行这次谈判。如果决定谈判，这一过程有助于谈判人员认清谈判的形势，为后面的准备工作和正式谈判提供认识基础。如果决定不谈，这一过程也有助于企业了解市场、了解对方、了解自身的情况，为今后改善经营管理提供努力的方向。

其次，谈判目标是谈判人员行动的重要依据。努力实现谈判目标是谈判工作的中心任务，因此，谈判计划的制定，在谈判过程中策略的选择和调整都必须以谈判目标作为重要依据。另外，谈判目标也是谈判人员在最后判断是否签约的标准。

再次，谈判目标是影响谈判人员态度的重要因素。谈判目标过低，就不会起到激励谈判人员的作用；谈判目标过高，又会在谈判中导致更多的困难，甚至使谈判人员产生对上级的不满，有时还会站在对方的立场上，向自己的上级施加压力，要求调整目标，无论哪种情况对企业发展都是不利的。

最后，谈判目标也关系到谈判双方的长期利益。谈判目标是我方利益和需要的具体体现，同时也直接关系到对方的利益和需要。如果制定目标时只考虑自己，不顾对方利益，即使我方实现了这样的目标，也必将伤害双方的良好关系，使企业的长期利益受到影响。

（2）确定谈判方案

谈判方案是上级领导就某次谈判提出的具体要求，包括谈判目标、谈判期限、谈判人员及其分工和职责、汇报制度、经费支出等内容。商务谈判是企业的一项经常性的具体工作，上级管理者不可能直接担负这项工作，必须委派下级人员去完成。为了保证谈判人员能够高效地完成任务，必须确定科学、合理、正确的谈判方案，并按照方案认真组织谈判，同时做到目标明确、工作有序、有章可依、有案可稽。

（3）编制谈判计划

编制谈判计划是企业谈判人员根据谈判目标要求，为实施上级领导下达的谈判方案而准备采取的一系列措施和行动部署。其主要内容包括谈判策略、有关的数据和资料、议事日程、谈判地点、各种行政管理事务的准备和安排等等。

（4）举行模拟谈判

模拟谈判是真实谈判的预演，由己方人员扮演对方，站在对方的立场上与己方谈判人员展开谈判。其目的在于检验谈判计划是否周密可行，以及提高谈判技巧。模拟谈判接近真实的谈判，可以有效地检验谈判计划，发现不易觉察的漏洞，是完善谈判计划的最佳方法。举行模拟谈判也为初次参加商务谈判的人员提供了一次难得的实践机会，有助于他们认识和了解谈判，训练和提高谈判技巧，从而减少在实际谈判中的失误。

2. 开局阶段

开局是正式谈判的开端，从时间上看是指从双方人员走进谈判室到话题转入实质性谈判的一段时间。在开局阶段，双方相互问候、介绍、闲谈、阐明各自的总立场，讨论确定议事日程，而不涉及具体谈判内容，或实质性问题。

开局可能只有短短的几分钟，甚至几秒钟，但是在谈判中却有着相当重要的地位。所有的谈判都是在某种气氛中进行的，有时谈判气氛冷淡、对立、紧张，有时松弛、拖沓、散漫，有时热烈、积极、友好，有时平静、严肃、认真。显然，不同的谈判气氛对于提高谈判效率，取得圆满结果有着重大的影响。而谈判气氛就形成于开局阶段。

在开局阶段，谈判人员相互从对方的衣着、体态、谈吐、表情以及其他一切可以觉察到的外部表象获得大量的信息，通过潜意识的分析加工，给对方作出初步评价，即第一印象。谈判人员根据第一印象作出某种判断，进而采取和调整自己的行为和态度。双方根据第一印象作出的判断、采取的行为和态度就构成了谈判气氛的基础。

某种气氛一旦形成，在以后的谈判中就比较难以改变。因为第一印象是强烈的、深刻的，在以后的谈判中，如果没有引人注目的事件发生，是不容易改变的。所以以第一印象为基础的开局气氛对以后的谈判气氛有着重大的影响。我们应重视开局，把它作为一个重要的阶段看待，而不能因为开局不涉及实质内容而草率行事。

3. 磋商阶段

磋商阶段是谈判的实质性阶段，从双方涉及谈判内容开始，到双方能够看清谈判结果为止。在这一阶段，双方通过意见交换，磋商讨论，逐渐使谈判前景明朗化。这是谈判的关键性阶段，谈判是趋向达成协议还是走向破裂，在此阶段即可见分晓。

磋商阶段可划分为四个更小的阶段，即摸底阶段、回顾总结阶段、商讨阶段、交易明确阶段。这四个阶段并不是泾渭分明的，而是相互重叠相互交叉的。但是，在实践中，我们可以根据当时所进行的主要工作判断出谈判处于什么阶段，知道谈判处于哪个阶段，可以使人们集中精力解决该阶段的问题，从而保证谈判有条不紊地进行。

摸底阶段的主要工作是询价、报价或立场陈述，搞清对方的真实打算。在摸底阶段，谈判人员致力于搞清楚对方的立场、立场背后的利益、对方在哪些方面可能作出让步、让步的程度有多大等问题。

回顾总结阶段是指本方人员内部举行的对摸底阶段的回顾总结会议。其主要内容是讨论分析在摸底阶段获得的信息，初步判断有无可能达成协议，以及确定下一步的行动计划。

商讨阶段是双方调整立场的阶段。既然双方有分歧、有差距，那么要想取得一致协议，就必须调整各自的立场，要么在立场上作出让步，要么变换立场。否则，谈判不会取得任何成果。在该阶段，主要的任务是探寻解决双方分歧，或满足双方利益的办法，并努力使双方的分歧缩小。

在艰苦的商讨阶段之后，洽谈的每个问题都已经过深入的讨论，各方在所有交易条件上的最后立场已基本清楚，谈判结果已经可以预见，此时谈判就应转入交易明确阶段。交易明确阶段的主要工作是协调双方的最后立场。

4. 签约阶段

在磋商阶段，大部分问题已经解决，成交即在眼前，这时谈判就进入了最后的阶段，即签约阶段。在签约阶段的主要工作是：最后的让步、起草合约、举行签约仪式等。

在双方完全取得一致时，应组织本方人员作最后的回顾总结，看一看是否有被遗漏的问题，评估一下谈判目标的实现程度，并确定下一步的谈判战术。这里需要说明的是，第一，最后回顾必须放在双方完全取得一致之前进行。如果放在其后进行，就有许多不利之处，一是如果发现有遗漏问题，就必须重新举行一轮谈判。己方难以启齿提出这种要求，因为此时双方都在心理上认为下一步是起草协议，即将口头达成的一致意见转化为文字。要求重新磋商有节外生枝之嫌。另外，己方人员向对方申明自己遗忘了某一问题，也会担心自己的形象，担心对方认为自己无工作能力而受到嘲讽。第二，对方有可能拒绝重新举行一轮磋商，即使对方勉强同意，由于要求是己方提出的，无形之中就为双方人员造成了己方有求于对方的印象或错觉，在心理上对方将处于优势，己方有可能在谈判中作出较大的让步，而对方得到更多的利益。所以要记住签约阶段是以最后回顾开始的，而最后回顾则是在双方还有一两个问题没有取得一致时进行的，不能望文生义地理解为“最后的回顾”。

第四章　商务谈判环境

任何企业的商务谈判活动，都是在一定的商务谈判环境中进行的，并且不可避免地受着环境因素的制约。如果它是国际间的商务谈判，那它受环境因素的制约将更为显著。只有同周围的环境相适应、相协调，企业的商务谈判活动才能得以顺利展开，并实现其预期的目标。

企业的商务谈判环境有微观环境和宏观环境之分。微观环境包括企业本身的状况、谈判中间人、交易对方企业的状况、谈判竞争对手等，它们直接影响着企业谈判目标的能否实现。微观环境在很大程度上又受到宏观环境的影响。我们在此讨论的商务谈判环境也正是就企业的宏观环境而言。它是由那些影响和支配企业商务谈判活动的各种社会和自然的因素构成，主要包括政治法律环境、经济环境、社会文化环境和地理环境等宏观商务谈判环境的种种不可控因素。

一、政治法律环境

（一）政治法律环境的内涵

商务谈判，尤其是国际商务谈判作为一种跨国商务活动，不仅要受到各类国际法、国际惯例、国际条约、国际协定的约束，还要受到交易双方所在国的法律的制约，这便是国际商务谈判的法律环境。此外，国际经济法最基本的一个原则是国家对本国范围内的自然资源及一切经济活动拥有充分的永久性的主权。一国的政治主张，各项政策措施的推行都是一种主权行为。各国对其境内的外国资本的活动可能抱有许可、鼓励、支持或限制、非难的态度；各国的对外经济政策都可能随着国内国际政治、经济的形势的变化而改变。这便是国际商务谈判的政治环境。政治与法律又是相互联系的，法律是政治的一个重要组成部分，而政治的维护、政策的推行主要又是以法律的形式来实现的。在对外经济活动方面，各国的国内立法是维护本国政治、经济、利益的直接体现，国际法律规范的达成则是共同利益协调的结果。政治、法律环境是国际商务谈判的外部不可控因素之一。

1. 政治环境

一国的政治环境主要是指该国的国家结构、政治体制、政党制度、现行执政党信奉的政治哲学、政策倾向以及国内各利益集团及其影响政府的能力等等方面。

（1）国家结构。国家的基本结构是单一制还是复合制。单一制国家以中央集权为特征，各地方行政区绝对服从中央政府的领导。全国有统一的宪法、法令，可以在全国范围内进行广泛一致的活动。目前世界上的大多数国家属这种类型。复合制的国家又分联邦制国家和邦联制国家两种类型，原南斯拉夫、捷克斯洛伐克属邦联制国家，而美国则是典型的联邦制国家。在复合制的国家结构中，联邦各州都有相当独立的行政管辖权和立法权，可以颁布、实施适合本地区需要的特殊的地方法规。国家结构决定了市场的某些特性。相比之下，在单一制的国家中，各项贸易法规、商业政策较为统一、直观，容易把握，国内市场的统一性也较强，便于谈判的展开。在复合制国家里，各种法规、政策琐碎繁多，地方之间也有很大的差异，具有更大的易变性和不可控性，增加了谈判的难度。

（2）政治体制。即一国家政府的基本结构和基本组织形式、政府类型是属于民主政治还是专制政治。专制政治包括君主专制和独裁制，目前只有非洲、亚洲和拉丁美洲少数国家属于专制的政治制度。民主政治又可以具体分为君主立宪制和民主共和制两种。

（3）政治党派。资本主义国家的政治体制同政党是分不开的。不同的政党有不同的政治主张、政策纲领。一个国家的政党体制，各个党派尤其是现行执政党的性质及所持政纲，对于国家政策和政府行为起着决定作用，影响着政府对外国商业活动所持态度以及各项经济、贸易政策的具体实施。

（4）利益集团。在当代西方国家，除了政党而外，各种利益集团也具有很大的政治影响力。利益集团，又称院外活动集团、压力集团，它是社会上各行各业具有共同利益的人们或对某些问题有共同主张者，为促使政府维护其切身利益或实现其主张而形成的集团、组织。利益集团的形式既可以是实业界组织，也可以是劳工组织。例如，美国实业界的主要代言人、最大的企业集团——全国制造商协会，代表了13000多个制造业公司。它就是由具有共同利益的企业主、资本家组织而成的。劳联—产联则是全美最大的劳工组织。利益集团还可能是由社会不同阶层中具有某种特殊共同利益者组成的或者谋求各种社会福利的集团，例如为维护消费者利益的消费者利益集团，要求消除环境污染、维护生态平衡的环境保护组织等。

随着利益集团的发展，它在美国以及西方各国的政治作用越来越明显，在某些方面甚至超过了政党的作用，成为影响国家政治、经济的重要力量。

企业国际商务谈判的政治环境除了以上所说的这些方面，还包括交易双方所在国的政治关系如何；两个国家是敌视还是友好；是否建立了正式外交关系，签订了友好条约；两国关系受政治制度的影响如何等等。所有这些因素对于国际商务谈判都会有很大的影响。

2. 法律环境

法律环境是国际商务谈判所面临的最复杂的环境因素之一。从广义上来说，国际商务谈判作为一种国际商务活动，是属于国际经济法的范畴。因此，它的活动可能会受到国际经济法的影响和制约，这就是广义的法律环境。狭义地看，国际商务谈判的法律环境主要是指与商业和市场经济活动密切相关的国际经济法律规范的总和。具体与国际商务谈判有关的法规有：合同法、买卖法、海商法、税法、专利法、商标法、票据法、保险法、外汇管理法、商事仲裁法等等。

国际商务谈判法律环境的构成既有国际法渊源，又有国内法渊源。

首先，从国际法渊源看，它包括了国际间双边或多边的国际条约，国际组织的协定、决议以及国际惯例。为调整国际经济贸易关系，世界各国签订了大量双边或多边的条约。国际组织也订立了很多与经济贸易有关的协定，这些协定、条约对于签约国和国际组织的成员国都具有普遍约束力。即使对于那些不承担法律的约束责任的非签订国、非成员国也有很大影响。目前，在国际上影响较广的多边条约和协定有：《国际货物销售合同公约》、《保护工业产权国际公约》、《国际海上货物运输公约》、《解决国家与他国国民间投资争议公约》、《欧洲共同市场条约》等等。国际惯例则是在国际经济活动中逐渐形成的习惯性规范条例。国际惯例虽不具有普遍的法律约束力，但由于长期在国际经济交往中约定俗成并得到公认，所以在国际商务活动中一经援用，对双方当事人也有法律约束力。同国际商务活动有关的国际惯例主要有《华沙—牛津规则》、《国际贸易术语解释通则》、《商业跟单信用证统一惯例》等等。

从国内法渊源来看，国际商务谈判的法律环境主要是指各个国家调整对外经济贸易关系的涉外经济法规。具体包括对外贸易法、外国投资法、海外投资保险法、外汇管理法、涉外经济合同法、涉外税收法等等。此外，对国际商务谈判有着直接重大影响的还包括交易对方所在国有关限制性商业行为、保护工业产权、保护消费者利益等的法律规定。

（二）政策稳定和政治风险

1. 政策的稳定性

每个国家的政策都会随着国内外政治经济形势的变化以及国内社会经济发展的需要而有所调整、改变。绝对稳定的政策是没有的。这里所指的政策稳定是某一政策的相对长期性、连续性和可预见性。交易双方国家的政策稳定性对企业商务谈判具有极其重要的意义。政策不稳定使得商务谈判环境复杂多变而难以预测，企业难以选择适宜的谈判战略，商务谈判也因而面临着较大的政治风险。

影响国家政策稳定性的因素很多。它主要取决于一国整个政治气候的稳定性、政府结构变化和各党派轮流执政的状况、政府更迭对国家政策的冲击程度等方面。另外，一国是否确立和坚持长期的社会经济发展目标，以及是否具有民族主义排外倾向，对于国家政策的稳定性也有重大影响。

2. 政治风险

政治风险是指从事涉外商务谈判的企业由于各种政治因素的影响而遭受损失的可能性。政治风险的直接根源在于国际形势变化、国家之间关系的变化、交易对方所在国国内政治环境的动荡不安以及政府政策的不稳定性等等。

（1）政治风险来自有关国家关系恶化、国际形势变幻不定方面的因素。例如，1979 年美伊关系紧张，美国政府查封伊朗在美的财产以及伊朗政府采取报复行动，使许多美国、伊朗公司、银行蒙受了巨大损失，而且许多欧洲公司也遭到同样命运。

（2）国际商务谈判一方所面临的政治风险可能来自谈判对方所在国国内政治局势的动荡。如工人大规模罢工、国内发生政变以至于内战等等。

（3）政治风险可能来自一个国家在其领土上所行使的主权管辖行为，又称为主权风险。这主要是由于国家对外经济贸易政策的改变，政府行使新的主权行为，包括外国公司的财产的被没收、征用和国有化等风险。

（三）国家对生产要素进出口的控制

生产要素主要包括资本、技术、生产原料、资本货物和劳动力等。国家对生产要素进出口的控制实际也就是对生产要素在国际间流动的管制。

1. 国际投资管制

这里所说的国际投资主要是指国际私人直接投资。国际投资管制主要是指投资东道国对资本流入的保护与限制，以及投资母国对资本输出的鼓励和保证。这些又是通过有关的国际投资法律体系加以确认和实现的。国际投资法律体系包括外国投资法、外汇管理法、外资企业法、海外投资保险法以及双边投资保护协定和国际上的多边投资保护公约。

外国投资法、外资企业法是投资东道国外资政策的体现。它确立了外国投资者的法律地位并调整外国投资者与本国的关系。

海外投资保险是许多发达的资本输出国家普遍实行的一种国内保险制度。它的目的在于鼓励本国资本输出，保护海外投资的安全和利益。

目前，许多资本输出国同资本输入国订立了双边投资保护协定，保证对对方国家的海外投资者实行无差别待遇和国民待遇原则。它作为国内投资保险制度的补充，对于协调国际投资关系，保护本国海外投资利益具有重要意义。

2. 国际技术转让管制

科学技术在国际间的流动主要是通过国际技术转让方式进行的，它已经逐步成为国际经济活动的一个重要方面。然而，无论是技术输入国还是输出国，都要从本国的政治、经济利益出发，对国际技术流动实施一定的管制。

（1）从技术输入国的角度来看，引进外国先进技术的目的是要使本国的生产能力和技术水平得以迅速提高，缩小与经济发达国家的差距，增强本国产品的国际竞争能力。因此，很多国家都鼓励外国技术输入。但是，引进的外国技术又必须与本国现有生产能力和技术水平相适应。输入过时、落后的技术或者一时难以有效吸收利用的过于超前的技术，都不利于输入国生产力的发展。为了使输入的技术发挥最大效益，大多数输入国都加强了国家干预，以国内立法的形式对技术输入实行一定程度的管制。各国的技术输入管制法都明确规定了技术转让交易双方当事人的资格、允许输入的范围，以及具体输入过程中所必须履行的法律程序。对于任何一项技术转让交易，都要经由特定的审批机构，从经济、技术、法律等方面进行审查。对技术输入的管制是和鼓励相结合的，但是由于技术输入国在国际技术贸易中所处的不利地位，管制往往多于鼓励。具体还要看这个国家在不同时期的经济发展政策。

（2）技术输出国基于本国的政治、经济利益考虑，对于技术输出也实行一定的管制。技术输出对于输出国有着潜在的不利影响。技术输出的结果可能使外国与本国的技术水平差距缩小，本国原有的技术垄断地位和市场竞争优势受到威胁，先进技术产品所面临的国际竞争加大。此外，当本国的先进技术，特别是军事技术、尖端技术流向政治上不友好的国家和军事敌对的国家时，还可能危及国家安全，不利于外交政策的推行。技术输出管制主要是通过技术输出国的国内立法加以实施。另外，还可以通过几个国家协调一致以多边出口管制的形式进行。

3. 产品进出口管制

世界各国对产品进出口都采取各种形式加以管制。管制的目的在于保护本国幼稚产业的发展，保护本国市场免受外国廉价商品冲击，同时又为了提高本国产品竞争力，鼓励出口，争取在世界市场上占有更大的份额。产品进出口管制包括进口管制和出口管制两方面。

（1）进口管制措施主要分两大类，即关税壁垒和非关税壁垒。关税壁垒不仅包括普通进口税，还有进口附加税，以及基于某些特殊目的而征收的反补贴税、反倾销税、差价税等等。非关税壁垒是除进口关税外的一切限制进口的法律或行政措施。两者的目的都是为了保护本国市场，对外国商品的进口施加障碍。

（2）在出口管制方面，鼓励性措施要多于限制性措施。这是世界各国的一般状况，但也不排除在特定的时期特定的范围内有严厉的出口限制。

（3）产品进出口管制具有多边协调性的特点。世界各国签订了很多双边、多边贸易条约和贸易协定，以调整各国对外贸易政策。目前，最具有影响力的就是《关贸总协定》，该协定在很大程度上协调了各国对外贸易政策，有力推动了国际贸易的发展。

二、经济环境

商务谈判所处的经济环境主要是指所谈标的在国内、国际市场上的地位，具体表现为谈判标的处于垄断地位、供大于求、供不应求三种情况。同时，宏观国际经济气候，如美元的升贬值、股票市场的涨落等都会对合同的成交起较大影响。

（一）标的处垄断地位

谈判的标的在同行业市场中，如在品质、数量、市场占有率等各方面都拥有绝对优势。如日本的彩电、冰箱、录像机等家用电器在其销售上占有世界市场的绝对优势。在这种情形下，买卖谈判中的形势就不同。谈判双方围绕着垄断的形势决定交易的水平。一方代表会坚持“垄断的不可谈判性”，另一方代表会在“累计垄断回收利益”上做文章，力争可谈判性。谈判由表及里，先从垄断的形势出发，充分分析双方地位本质后才可以有机会讨价还价，否则，谈判是没条件的。仍以日本家电交易谈判为例，录像机技术，在某种意义上讲日本居有垄断地位。在交易中日方厂家谈判人员会在垄断中以“技术深度”来设防，一层层讨价还价，甚至不允许谈判，使交易的谈判人常处于僵局中。谈判另一方，无法在光学系统、磁录像系统、机械系统中的每一个部件的制作技术上谈判，只有先从“垄断”态度上谈。其谈判特点表现为：谈判不就事论事而立足在“垄断技术”的政治影响上，以及宏观双边经济利益的得失上。

（二）标的供大于求

在商品滞销时，或标的物处于激烈竞争之中，谈判一方的“推销”力与另一方的“选择”性都很强。结果是一方极力宣传其标的的优点，然后争利；另一方则会以“货比三家择其优”为条件，迫使对方降价或让利。

（三）标的求大于供

在商品畅销时，或标的物处于竞争均势中，谈判人会谨慎考虑供求配对，选择适合的供家或买家。他们均认为在这“求大于供”的经济条件下彼此能够平衡。如某个商品同时有几个买家，也有几个供家，他们各有千秋，那么互相选择合适的对手，谈判成功的概率会更高。若不能互相平衡，谈判双方就会缺乏共同语言，条件也无法匹配。

（四）宏观经济形势

货币的汇率变化、股市的涨跌、通货膨胀的升降、国家经济增长率的大小，均为国际商务谈判的经济背景。这些背景条件可以帮助谈判人在谈判中对谈判目标是否变化进行计算，也可以成为预测对方条件范围的参照，如从股市变化即可判断上市企业的状况及行业的状况。宏观国际经济形势的变化对劳动力费用、综合材料费用、生产风险及标的成本均有影响。

三、社会文化环境

（一）社会文化要素

社会文化是人类在创造物质财富过程中所积累的精神财富的总和，它体现着一个国家或地区的社会文明程度。社会文化因素主要通过影响谈判者思想和行为，间接地影响企业的商务谈判活动。社会文化所包含的内容很多，这里主要讨论与企业商务谈判关系较为密切的社会文化因素。

1. 价值观念

所谓价值观念是指生活在某一社会环境下的多数人对事物的普遍态度或看法。生活在不同社会环境下，人们的价值观念不同，因此，商务谈判的策略也应有差别。例如，日本人与多数东方人将群体、团体放在首位，所以日本企业在商务谈判时，往往强调协作和谐，发挥谈判人员的整体力量；相反，美国人和多数西方人则注重个体和个人的创造精神，所以美国企业在商务谈判时，往往鼓励谈判人员敢于开拓、创新，显示个人的才干。

2. 民族传统

民族传统指一个国家整个民族的文化传统与风俗习惯。这些文化传统和风俗习惯对商务谈判影响除表现在直接成交物需求的差异上，还表现在商务谈判人员相互交往的行为和方式上。一旦违背了这些文化传统和风俗习惯，会给一方谈判人员心理和精神上造成伤害而作用于谈判活动本身。

世界上各个国家的民族传统差异比较显著，但也是容易适应的，只要谈判人员在谈判活动进行前充分了解谈判对手有关这方面的情况，做好准备，在谈判过程中注意尊重对方的民族传统，就不会因此给谈判带来什么障碍。

3. 宗教信仰

宗教信仰对商务谈判也有一定影响，特别在一些信奉宗教的国家和地区，其影响力更大。据统计，世界上共有基督教徒 10 亿人左右，伊斯兰教徒 7 亿多人，天主教徒 5.8 亿，印度教徒 4.7 亿，新教徒 3.4 亿，佛教徒 3 亿。经营出口商品的企业必须了解市场上兴什么、忌什么，否则会触犯宗教禁忌，失去市场机会。如伊斯兰教徒主要分布在亚洲南部、东部和西部，他们每天朝圣。比利时一位地毯商向东南亚国家输出地毯时，在地毯上装置特殊指南针，指针正指圣城麦加，因而产品深受欢迎。而我国某鞋厂将布鞋出口中东国家，因鞋底花纹图案类似“真主”字样，触犯了“真主独一”的信条，受到伊斯兰教徒的严厉指责。

4. 亚文化群

在同一国家和社会文化中，因宗教、民族等多种因素的影响，使人们的价值观念、风俗习惯等表现出不同的特征，而具有相同特征的人们就是亚文化群。亚文化群又包括民族、宗教、地理、语言四种亚文化群。不同亚文化群的谈判对手，其生活方式、爱好、禁忌、消费习惯等各不相同。

（二）沟通文化差异的方法

世界各地区、国家和民族间的文化差异是可以沟通的，显然这种沟通和理解将大大利于其间的各方面的交往。

要想克服各地区文化间的障碍，沟通其差异，必须做到：

第一，丢掉偏见和成见。即丢掉对某一文化固有的、一般化的看法，尤其是错误的、不公正的看法，这是沟通本国文化与他国文化差异最基本的方面。偏见和成见是沟通异国文化差异的最大障碍。任何一国的文化无论其多么悠久、灿烂，必有其局限性，而所有国家的文化，也都会有其合理的方面，因此要从了解他国文化、吸取他国文化长处的目的出发去认识他国的文化。

第二，克服语言障碍，了解他国人民的生活准则和生活习惯。语言沟通是文化沟通的工具，而对生活准则和生活习惯的了解是文化沟通的主要内容。

第三，要认识到他国文化背景的形成具有本身的规律性，你不能改变这种规律性，或者违背这些规律性，而要善于运用，适应这些规律性。

第四，准确理解别人的心理和行为，才容易准确表达你所要表达的相应的心理和行为。在具体的谈判活动前，要把了解对手的文化背景作为准备工作的一部分来进行。

（三）各国文化差异对谈判的影响

1. 美国人的谈判风格

很多研究谈判理论方式的著作中，都称美国人性格的特点是：外露、坦率、真挚、自信、热情、说话滔滔不绝和追求物质上的实际利益，富有冒险和竞争精神等。美国人自信而善于施展策略，若对手同样是自信和多谋时，他会肃然起敬，更易于谈判。由于大国的地位，美国人在心理上气势逼人。由于民族、文化混杂，由于国家的年轻，他们语言表达直率，爱开玩笑，有时甚至达到不尊重对手的地步。

美国人自信且精力充沛，在谈判中往往迅速地把谈判引向实质阶段。一个事实接一个事实地讨论，把物质利益的成功作为获胜的标志。

其产品一般有固定的出厂价。在出厂价中，有中间商或生产厂内销售部门的一定价格机动幅度，即有差率。但机动幅度不大，因而讨价还价的余地不大。在谈判中，美国商人往往信心十足，并有较强的优越感，说行就行，说不行就不行，比较干脆、利索，讲话也较简单明快。虽然价格的机动幅度不大，但他们给人的印象是善于讨价还价，毫不掩饰自己对物质利益的追求。他们在谈判中客套话说得不多，对谈判对手的直言快语，不仅不反感，而且还很欣赏。

在谈判中，他们提出的合同条款大都由公司法律顾问草拟，董事会研究决定。执行人一般对合同条款无修改权，并对法律条款一般不轻易让步。美商起草的合同一般都很仔细，喜欢逐项讨论议题，即喜欢一件事接一件事地讨论，一个问题接一个问题地讨论，最后完成合同谈判。这样易于使双方了解整个合同，以利于促进相互建立成交的信心。

另外，美国商人还喜欢边吃饭边说话，有时一般的谈判活动从吃早点时就开始。和美国商人谈生意不必过多握手，可直截了当地进行。

最后，美国商人对商品的包装与装潢相当重视。

2. 德国人的谈判风格

德国商人给人留下的最深刻的印象是他们对本国产品的信心。他们在商务谈判中，常常会用本国产品作为衡量质量的标准。

同美国人相比，德国商人对谈判的准备工作做得比较好，他们善于选择合适的谈判对象，找出谈判过程必须解决的问题，研究决定合理的出价，并在交易中审慎地讨论那些必须解决的问题。尽管德国商人在谈判之前做过系统的、充分的准备工作，但他们仍然比较缺乏灵活性，在谈判过程中不轻易公开作出重大让步。尤其在递价阶段，他们一旦出价，就不愿作出让步，使得讨价还价很难进行。

德国商人在签订合同前，往往要仔细研究所有细节，并经过确认，感到满意之后签约。他们一经签约，就能严格遵守合同，履约率很高。

同德国人谈判时，在出价之前，应当尽可能摸到对方底牌，并适时出价，以争取主动，使谈判出现对自己有利的结果。

3. 法国人的谈判风格

法国人在国际贸易谈判中具有三个主要特点：立场极为坚定；坚持在谈判中使用法语；明显地偏爱横向式谈判。也就是说，他们喜欢先为协议勾画一个轮廓，然后再达成原则协议，最后确定协议上的各个细节，等等。这与美国人逐个议论的谈判方式正好相反。

4. 英国人的谈判风格

英美虽然都是讲英语，但在文化上却有较明显的差异，英国谈判人员不具有美国谈判人员的那种职业特点。他们建立人际关系的方式很独特：开始时往往保持一段距离，尔后才慢慢地接近。英国人对谈判工作常常准备不足，他们具有自信心，交易中遇有纠纷的时候，不轻易道歉或认错。英国谈判人员的特点是讲礼貌，善于与人打交道，待人友好。

6. 北欧人的谈判风格

北欧人无论是同美国人相比还是同德国人相比，都要沉着、冷静得多。他们在刚开始谈判时，往往言语不多，说话时轻声而又从容不迫。北欧人谈吐坦率，乐意帮助谈判对手，使对手得到有关自己情况的信息；他们在谈判中的特点是按部就班，有条不紊。他们的长处在于善于发现和抓住达成交易的机会，并及时作出达成交易的决定。

芬兰人和挪威人是典型的北欧方式。瑞典人的风格与此相同，但同时受到美国人的风格的影响。丹麦人，如果是来自海岛的，则倾向于斯堪的纳维亚风格；如果是来自日德兰的，则倾向于德国风格。

在斯堪的纳维亚，产生这些风格的背景主要是：对基督教的信仰、政治上的稳定以及过去在国民经济中长期居举足轻重地位的农业和渔业经济的影响。

7. 地中海国家商人的谈判风格

地中海地区诸国的商人，大多性格外向。因此，与他们谈判，气氛容易波动。在谈判之初，地中海国家的商人往往很热情，主动谈笑风生，言谈举止颇具特色。然而，一到讨价还价双方意见出现分歧时，有的商人却不能很好地把握情感。同时，在个别问题上，纠缠不休，以致影响整个交易的成功。

8. 中东地区商人的谈判风格

主要为阿拉伯人。由于种族差异，宗教与民族问题比较复杂，然而却都表现出穆斯林的特征。他们重名誉，喜欢结成紧密和稳定式的集团。他们好客，喜欢用手势和其他动作来表达思想，缺乏时间观念，极好讨价还价，追求小团体和个人利益，且报复心强。

他们在商务谈判中，风格鲜明。与他们谈判必须十分耐心。双方在开局试探性阶段的时间要长一些。因为，很多中东地区的商人，待人热情，喜欢闲聊，即使在商务谈判中，也不会在寒暄几句之后立即转入正题，往往是泛泛地讨论问题。有趣的是，也许在这种闲聊中生意却可能做成了。

应当注意的是：（1）和他们做生意或谈买卖要取得他们的信任。否则，成功的希望不大。（2）阿拉伯人喜欢讨价还价，认为没有讨价还价就不是一场“严肃的谈判”。在他们那里，在市场上，无论大店、小店乃至街头地摊均可以讨价还价。商品的标价仅是卖主的“报价”。更有甚者，不还价即买走商品的人，则不如经过讨价还价后什么也不买的人更能受到卖主的尊重。其逻辑是，前者小看他，后者却尊重他。（3）把握时机。他们在谈判中有时突然终止谈判，致使谈判功亏一篑。如果把握不了时机，就会显得被动。（4）在谈判过程中，他们的时间观念则显得较差。虽然，中东国家的商人受过欧美教育的已越来越多，这种情况多少有些改变，但与欧美商人相比较，时间观念仍差得多。（5）即使谈判成功，他们也仍有可能不会如期签约。

9. 日本人的谈判风格

日本人的一般特征是具有团体倾向，有强烈的团结生存和成功的愿望。这个特征，在谈判中表现在要取得谈判成功的强烈愿望上。

日本的生活充满竞争，所以特别强调秩序和维护人际关系。由于竞争激烈，因而日本商人时间观念强，生活节奏快，性格有时显得急躁。

日本商人在谈判过程中喜欢和私人接触，这是初步认识对方的最好方法，而且最好是在开始接触时通过适当的人介绍，这样，交易易成功。日本人在谈判时不大坦率，常给人含糊不清甚至是使人误会的回答。因此，谈判时对日方人员的意思必须弄清，以免日后造成纠纷。日本人在承诺之前习惯于对合同做详细调查，并在他们之间取得一致意见。这一过程比较长，但他们一旦做出决定，就能很快地执行。因此，同日本人谈判要有耐心，事先要有人介绍，即采取间接迂回的方法，在签订合同之前必须审查合同，含糊不清的地方，必须明确意思，这样才能取得较好的结果。

10. 韩国人的谈判风格

韩国商人在长期的对外交易实践中，积累了丰富的经验，他们在参照国际惯例的基础上，根据其国情采取一些独特的做法。常在不利的贸易谈判中占上风，被西方发达国家称为“谈判的强手”。据韩国贸易协会介绍，韩国商人在进行商务谈判中有一些习惯做法。

（1）谈判前重视咨询。韩国商人十分重视商务谈判。在谈判前，通常要对对方进行咨询了解。一般是通过海内外的有关咨询机构了解对方情况，如经营项目、规模、资金、经营作风以及有关商品行情等。不对对方有一定的了解，他们是不会与对方一同坐在谈判桌前的。

（2）注重谈判礼仪和创造良好氛围。韩国商人十分注意选择谈判地点。一般喜欢选择有名气的酒店、饭店会晤。会晤地点如果是韩国方面选择的，他们会准时到达。如果是对方选择的，韩国商人则不会提前到达，或是推迟一点或是准点到达。一般是地位最高的人或主谈人走在最前面，此人也就是谈判的“拍板者”。

韩国商人十分重视会谈初始阶段的氛围，一见面就会全力创造友好的谈判氛围。见面时总是热情打招呼，向对方介绍自己的姓名、职务等。落座后，当被问及喜欢用哪种饮料时，他们一般选择对方喜欢的饮料，以示对对方的尊重和了解。然后，再寒暄几句与谈判无关的话题如天气、旅游等等，以此创造一个和谐的氛围。尔后，才开始谈判。

（3）注重技巧。韩国商人逻辑性较强，做事喜欢条理化，谈判也不例外。所以，在谈判开始后，他们往往是与对方商谈谈判主要议题。而谈判的主要议题虽然每次各有不同，但一般须包括下列五个方面内容，即阐明各自意图、叫价、讨价还价、协商、签订合同。尤其是较大型的谈判，往往是直奔主题，开门见山。常用的谈判方法有两种，即横向谈判与纵向谈判。有时也会两种方法兼而用之。在谈判过程中，他们远比日本人爽快，但善于讨价还价，有些人直到最后一刻，仍会提出“价格再降一点”的要求。他们也有让步的时候，但一般是在不利形势下，目的以退为进来战胜对手。

此外，在完成谈判签约时，韩国商人喜欢使用合作对象国家的语言、英语、朝鲜语三种文字签订合同。三种文字具有同等的效力。

第五章 进出口贸易谈判

一、概　述

（一）进出口贸易

进出口贸易又称对外贸易，是一个国家或地区同别的国家或地区间的商品、技术的交换，以及与商品交换有关的其他经济联系和来往，例如劳务的进出口等。由于各国经济的相互依存日益加深，国家（地区）无论面积大小、人口多寡和经济发展快慢，都需要同其他国家（地区）互通有无。

进出口贸易一般分为有形贸易和无形贸易两种：

1. 有形贸易。亦即商品贸易，主要包括原材料、半成品和制成品的进出口。它具有以下特点：（1）商品贸易是商品的占有权、使用权和所有权的转移；（2）商品出售后，须经再生产补充新产品；（3）国际商品的价格构成是成本加上预期利润；（4）商品贸易一般都有公开的国际市场价格；（5）商品贸易合同成立的条件是买卖双方其中的一方无条件和有效地接受另一方的发盘，或双方当事人就合同条款的书面形式达成协议并签字；

(6) 商品贸易合同的当事人通常称为买方和卖方；(7) 商品贸易合同主要适用《联合国统一货物买卖法》、《联合国国际货物销售合同公约》以及适用各国的合同法和有关买卖的各种法律规定。

2. 无形贸易。亦即国际间劳务或其他非实物形态的进出口。如运输、保险、金融、旅游、技术等劳务的提供与接受。

(二) 进出口贸易谈判的特点

进行国际间的货物买卖，必须经过进出口贸易谈判。所谓进出口贸易谈判，是指一个国家（地区）的商业机构同另一个国家（地区）的商业机构之间，为了达成某种商品的交易，而就双方共同感兴趣的问题进行磋商、协调和调整各自的经济利益，谋求确定双方交易中的权利和义务的过程。其特点如下：

1. 系统性。进出口贸易谈判不仅是贸易业务的磋商谈判过程，它包括准备、磋商、履约等工作，是一个综合性的系统工程。第一，外贸谈判全过程的各项工作，既有时空的差异，又有内容的不同，相互区别，各有特点。第二，准备、磋商、履约共同构成进出口贸易谈判的完整过程，三者缺一不可。倘若没有交易前的准备，货源和资金无着落，开谈就无从做起；倘若没有履约或履约过程中问题丛生，磋商就永无止境。第三，进出口贸易谈判全过程的工作相互联系，交叉进行，从各个不同的方面促进和影响进出口业务的经济效益。第四，谈判全过程的各项工作都与社会环境紧密相连，并能适应外部环境的变化与发展。

2. 互利性。谈判双方都是因各自的经济利益或政治利益的驱动而坐到谈判桌上。在谈判中，双方充分运用各种方式，施展各种技巧，进行讨价还价，最后，在双方都感到有利的条件下取得协议，达成交易。所以，“鱼死网破”、“两败俱伤”的进出口贸易谈判既是不现实的也是有害的。

3. 妥协性。由于进出口贸易谈判是双向性的商品交易，所以，双方谈判人员往往在索取中给予，在给予中索取。通过多次讨价还价，往返折中，调整双方利益，谋求在某一点上取得妥协，或者在非原则性问题上作必要退让；或者在合同的某些条款上作出让步，以换取对方在其他条款上接受己方意见，从而做成买卖。可以说，任何一项交易的成功都是买卖双方相互让步妥协的结果，只"索"不"予"的贸易谈判是根本无法进行下去的。

（三）外贸谈判的贸易术语

贸易术语亦即贸易条件（Trade Term）。国际贸易的买卖双方分处两国（地区），因此在交货和接货的过程中涉及到许多问题，包括由何方办理一系列进出口手续；由何方支付装卸费、运费、保险费、捐税和其他杂项费用；由何方负担货物在运输中可能发生的损坏和灭失的风险。若是每笔交易都要对它逐项磋商，显然费时、费力又费财。经过长期实践和随着国际贸易的发展，逐步形成了一系列的贸易术语。用一个简短的概念或若干字母的缩写来说明买卖双方的责任、费用和风险的划分，例如 Free on Board 缩写成 FOB，从而简化交易谈判的内容，节省谈判时间和业务费用。

贸易条件通常与价格结合在一起使用，成为价格的组成部分。在磋商和签约时，使用某种贸易条件，例如 FOB 条件或 CIF 条件，则该合同就具有一定的特征，因而可称之为"FOB 合同"或"CIF 合同"。

根据国际商会制定的《1990 年国际贸易术语解释通则》，主要的贸易术语有以下 13 种：

1. 工厂交货（……指定地点）EXW

EX WORKS（...named place）

工厂交货即卖方在其所在地（工厂或仓库等）将备妥的货物交付买方时，履行其交货义务。特别是卖方不承担将货物装上买方备妥的运输车辆或办理出口结算手续的责任，除非另有约定，买方承担自卖主的所在地将货物运至预期目的地的全部费用和风险。因此，本术语对卖方表示承担最小的义务。在买方不能直接或间接地办理出口手续的情况下，不应使用本术语，而应使用 FCA 术语。

2. 货交承运人（……指定地点）FCA

FREE CARRIER（...named place）

货交承运人是指卖方办理货物出口结关将货交至指定的地点，由买方指定的承运人照管，履行其交货义务，如果买主未指定准确的地点，则卖方可在规定的地点或地段内选择承运人，将货物置于承运人照管之下的地点。根据商业惯例，在买方被要求协助与承运人订立合同（如铁路或航空运输）时，则由买方承担风险和费用，卖方可以办理。

本术语可适用于包括多方式联运在内的任何运输方式。在这里，承运人是指在运输合同中，通过铁路、公路、海上、航空、内河运输或这些方式的联合运输，承担履行运输或承担办理运输业务的任何人。如果买方指示卖方将货物交付给某一个人，例如一个非承运人的货运代理人，当货物在该人照管之下，卖方就被认为履行了他的交货义务。运输站是指铁路站、货运站、集装箱或码头、多用途货运站或类似的受货点。集装箱包括用来组合货物的任何设备，如各种类型的集装箱或托盘，不论是否为国际标准化组织所承认或未承认的拖车、可转换车身、滚装设备、航空货柜，并适用于各种运输方式。

3. 船边交货（……指定装运港）FAS

FREE ALONGSIDE SHIP（...named port of shipment）

船边交货是指卖方在指定的装运港码头或驳船内将货物交至船边，履行其交货义务。这意味着从那时起，买方必须承担货物灭失或损坏的一切风险。

FAS 术语要求买方办理出口结关手续。在买方不能直接或间接办理出口手续的情况下，不能使用本术语。

本术语适用于海运或内河运输。

4. 船上交货（……指定装运港）FOB

FREE ON BOARD（...named port of shipment）

船上交货是指卖方在指定的装运港将货物装船越过船舷后，履行其交货义务。这意味着买方必须从那时起承担一切费用以及货物灭失或损坏的一切风险。FOB 术语要求卖方办理货物出口结关手续。

本术语只能适用于海运或内河运输，在船舷无实际意义时，如在滚装/滚卸或集装箱运输的情况下，使用 FCA 术语更为适宜。

5. 成本加运费（……指定目的港）CFR

COST AND FREIGHT（...named port of destination）

成本加运费是指卖方必须支付成本费和将货物运至指定的目的港所需的运费，但货物灭失或损坏风险以及货物装船后发生事件所产生的任何额外费用，自货物于装运港越过船舷时起即从卖方转由买方承担。

CFR 术语要求卖方办理出口结关手续。

本术语只能适用于海运和内河运输。在船舷无实际意义时，如在滚装/滚卸或集装箱运输的情况下，使用 CPT 术语更为适宜。

6. 成本、保险费加运费（……指定目的港）CIF

COST，INSURANCE AND FREIGHT（...named port of destination）

成本、保险费加运费是指卖方除负有与 CFR 术语相同的义务外，还必须办理货物在运输途中应由买方承担的货物灭失或损坏风险的海运保险。卖方订立保险合同并支付保险费。

买方应注意，根据 CIF 术语只能要求卖方取得最低的保险险别。

CIF 术语要求卖方办理货物出口结关手续。

本术语只能适用于海运和内河运输。在船舷无实际意义时，如在滚装/滚卸或集装箱运输的情况下，使用CIP术语更为适宜。

7. 运费付至（……指定目的地）CPT

CARRIAGE PAID TO（...named place of destination）

“运费付至……”是指卖方支付货物运至指定目的地的运费。关于货物灭失或损坏的风险以及自货物交至承运人后发生事件所产生的任何额外费用，自货物已交付至承运人照管之时起，从卖方转由买方承担。

在这里，承运人是指在运输合同中，通过铁路、公路、海运、空运、内河运输或这些方式之联合运输，承担履行运输或承担办理运输业务的任何人。

如果由后继承运人将货物运至约定的目的地，风险自货物交付第一承运人时起转移。

CPT术语要求卖方办理货物出口的结关手续。它可适用于各种运输方式，包括多种运输方式联运。

8. 运费及保险费付至（……指定目的地）CIP

CARRIAGE AND INSURANCE PAID TO（...named place of destination）

“运费及保险费付至……”是指卖方除负有与CPT术语相同的义务外，卖方还必须办理货物在运输中应由买方承担的货物灭失或损坏风险的海运保险。卖方订立保险合同并交付保险费。

买方应注意，根据CIP术语只能要求卖方取得最低的保险险别。

CIP术语要求卖方办理货物出口结关手续。本术语可适用于任何运输方式包括多式联运。

9. 目的港船上交货（……指定目的港）DES

DELIVERED EX SHIP（...named port of destination）

目的港船上交货是指卖方将备妥的货物交付至在指定目的港的船上，但不办理货物进口结关于续，履行其交货义务。卖方必须承担将货物交付至指定目的港的一切费用及风险。

本术语仅适用于海运或内河运输。

10. 目的港码头交货（关税已付）（……指定目的港）DEQ

DELIVERED EX QUAY（DUTY PAID）（...named port of destination）

目的港码头交货（关税已付）是指卖方在指定目的港的码头办理进口结关将货物交付买方，履行其交货义务。卖方必须承担因交货而产生的一切风险和费用，包括关税、捐税及其他费用。

如果卖方不能直接或间接地取得进口许可证，则不能使用本术语。

如果当事人希望买方办理货物进口结关并支付关税，则应使用“关税未付”一词，而不是“关税已付”。

如果当事人排除卖方，承担货物进口时缴纳某些费用（如增值税）的义务，则应明确加上文字：“目的港码头交货，增值税未付（……指定目的港）”。

本术语仅适用于海运或内河运输。

11. 边境交货（……指定地点）DAF

DELIVERED AT FRONTIER（...named place）

边境交货是指卖方将备妥的货物运至在边境上的指定地点，办理了货物出口结关手续，但在毗邻国家海关关境之前，履行其交货义务。

在这里，“边境”一词可用于任何边境，包括出口国边境。因而，在本术语中以指定的地点准确地规定所指的边境是非常重要的。

本术语主要适用于货物通过铁路或公路运输，并可用于其他任何运输方式。

12. 未完税交货（……指定目的地）DDU

DELIVERED DUTY UNPAID（...named place of destination）

未完税交货是指卖方将货物交付至进口国指定地点，履行其交货义务。卖方必须承担货物运至指定地点的一切费用及风险（不包括关税、捐税及进口时应支付的其他关费），以及办理海关手续的费用和风险。买方必须承担因其未能及时办理货物进口结关而引起的额外费用和风险。

若是当事人希望卖方办理海关手续并承担由此而引起的风险，应用文字明确地说明。

若是当事人希望卖方承担货物进口时应支付某些费用的义务（如增值税），应用文字明确地说明："未完税交货，增值税已付（……指定目的地）。"

本术语适用于各种运输方式。

13. 完税后交货（……指定目的地）DDP

DELIVERED DUTY PAID...（...named place of destination）

完税后交货是指卖方将货物交付在进口国指定地点，履行其交货义务。卖方必须承担风险及费用，包括关税、捐税、交付货物的其他费用，并办理进口结关。与 EXW 术语相反，DDP 术语表示卖方承担最大的义务。

若是卖方不能直接或间接地取得进口许可证，则不应使用本术语；如果当事人希望买方办理货物进口结关并支付关税，则应使用 DDU 术语；若是当事人希望排除卖方承担货物进口应支付的某些费用（如增值税）的义务，则应明确加上文字："完税后交货，增值税未付（……指定目的地）。"

本术语可适用于各种运输方式。

（四）对外交易谈判的方式

随着中国改革开放的深化，中国与世界各国的贸易往来日趋频繁，交易谈判的方式也呈现出多样化。就目前而言，我国对外交易谈判的方式主要有：

1. 中国出口商品交易会。简称广交会，是我国对外贸易谈判成交的重要场所和主要方式之一。它始创于1957年春，每年春、秋在广州市各举办一次，每届交易会时间，原为30天，现减为20天。截至1990年底，已举办了68届。目前，我国大宗的主要的传统出口商品一般都集中在广交会上进行成交，许多省份广交会成交额已占全年出口额的50%以上。

2. 小型交易会。简称小交会，一般由各专业进出口公司组织，从事某种或某类商品的交易谈判活动。如医药保健用品谈判会，服装、鞋帽谈判会等。小交会持续时间较短，一般为7~10天，并且安排在广州春秋两季交易会举行之前，效果较好。

3. 客户来访。即国外客户根据自身经营的业务需要，主动前来与我国的专业总公司或口岸公司磋商谈判，选购自己需要的品种。一般而言，这种方式针对性强，成交率高，是对外贸易的极好机会。

4. 派出国小组推销商品。根据对外经贸业务发展需要，各外贸专业公司还经常组织出国贸易小组前往有关国家和地区进行推销或举办展览会，或参加全国性的专业总公司在国外举办的展览会，或参加国际博览会，促进出口成交，扩大贸易创汇。

5. 日常函电成交。除上述四种形式之外，各外贸公司还通过函电和去样，向国外客商宣传介绍本公司经营的商品情况，以达到对方购买我国商品之目的，国外客商也经常来电、来函或来样选购我国出口商品。

二、进出口交易谈判的程序

本书在前面几章中对商务谈判的最一般程序作了概述，但是，进出口贸易谈判有其自身的许多特点与要求，因而有必要对它进行专门的介绍。进出口贸易谈判一般要经过询盘、发盘、还盘、接受和签约五个环节。其中，每一个环节都是整个谈判过程中重要的阶段。尽管在谈判实践中每一个阶段并非泾渭分明，但从法律角度上来说，每道程序之间却有本质的区别。谈判人员只有熟练掌握每道程序的中心和重点问题及其衔接关系，精通有关的法律规定和惯例，才能在谈判时发挥自然，运用得当，控制住整个谈判过程，直至获得成功。

（一）询盘（Inquiry）

询盘，也叫询价，是交易一方欲购进或售出某种商品而向对方询问买卖该项商品的各项交易条件的行为。询盘既可以口头表示，也可以书面表示。

1. 询盘的意义

询盘在整个谈判过程中是第一道程序，虽然从法律上说可有可无，但在实际业务中却有一定的实际意义。

借以了解行情。由于询盘不具有任何法律效力，因而对双方就没有任何约束力。如欲就某商品进行交易时，可以通过函电从答复中了解有关的市场行情。

有助于摸清对方情况。通过对方对询盘的态度可以分析其心理，对方报价及时，安排日程紧凑，解答问题耐心，表明对方有诚意。启发对方发表建议或发盘，就可粗略掌握对方谈判的目的及其所要达到的目标，以便自己有针对性地调整策略和目标。

占据主动地位。从法律上来说，发盘对自己有约束力，对受盘人无约束力，那么发盘的结果就是由对方做出是否成交的抉择，自己完全处于被动地位。相反，如果自己询盘，邀请对方发盘，双方的地位就发生了颠倒，有时还会出现几家都向己方发盘的情况，此时不但占据了主动，还拥有了选择权，可以适时作出对自己最有利的购销决策。

2. 询盘的内容

询盘的内容可繁可简，没有什么限制，一般情况下是询问某商品的全部交易条件。

采取电报、电传方式询盘。为了节省费用，电文应尽量简明扼要，但要把愿意出售或愿意购买商品的情况表达清楚，起码应包括商品名称、品质状况或要求以及数量、价格等情况。如果由卖方询盘，可做如下表达："可供中国东北大豆（水分最高10%，杂质最高1%，不完整颗粒最高5%，含油量最低20%）10万公吨，请递实盘"，也可在其后进一步说明条件，增加"年底装运CIF伦敦"等内容。如果由买方询盘，只需将"可供"改成"欲购"即可。

需要注意的是在接到对方的询盘时，出于礼节都要争取答复，但要保守秘密，详略得当。

（二）发盘（Offer）

发盘俗称发价，是交易的一方欲购进或售出某种商品，而向另一方提出买卖该项商品的各项交易条件，并表示愿意按此达成交易的行为。发盘可以用口头方式，如当面谈判，或电话发盘，也可以用书面方式，如以书信或电报发盘。在多数情况下。发盘信息是由卖方发出的，习惯上称为卖方发盘。但有时也可以由买方主动发出，习惯上称之为买方发盘。由买方提出的发盘，在进出口业务上称为递盘。

发盘人发盘以后，如果受盘人无条件地表示接受，交易合同即告成立，协议亦即成为一项对交易双方均具有法律约束力的合约。因此，发盘是交易谈判中至关重要的一环。

在国际贸易中，从法律的责任来看，发盘可分为有约束力的实盘和无约束力的虚盘两种。

1. 实盘（Firm offer）

实盘是指对发盘人有约束力的发盘，即表示有肯定的订立合同的意图，只要受盘人在规定的有效期限内无条件接受，合同即告成立，交易即告达成。如果在发盘有效期限内，受盘人尚未表示接受，发盘人不能撤回或修改实盘的内容。实盘一般应具备四项条件：

第一，各项交易条件要极其清楚、明确，不能存在含糊的内容或用模棱两可的词句表达。

第二，各项交易条件完备，商品品名、计价单位、品质、价格、数量、交货期、支付方式和包装等主要条件要开列齐全；

第三，无保留条件，即发盘人保证按提出的各项交易条件签订合同，达成交易。

第四，规定有效期限，即告知对方发盘的终止日期。这个有效期主要是约束发盘人的，对受盘人并没有约束力。受盘人可以在有效期内接受，也可以不接受，甚至在不接受时，也无通知发盘人的义务。同时，有效期也是对发盘人的一个保障，发盘人只在有效期内负责，如果超过有效期，发盘人将不受所发盘的约束。

在实盘的有效期内，如发现下列情况之一，按照国际贸易惯例即告失效，发盘人可不再受这一项实盘的约束。

过时。一项实盘超过了发盘中规定的有效期，所发盘自然失效，受盘人过期接受，发盘人不受约束。

拒绝。实盘发出后，如果受盘人表示“没有兴趣”、“抱歉”或直接答复“不能接受”，发盘的效力即告终止，发盘人就不再受原发盘的约束。假如受盘人表示拒绝后，又来电或函件表示接受，尽管后来的接受仍在原发盘的有效期内，发盘人也可以不承担原发盘的责任，只有再经过发盘人的确认后，交易才能成立。

国家政府法令的干预。如果发盘人在发出实盘以后，政府宣布发盘中的商品为禁止进口或禁止出口的商品，这项实盘即为无效，对原发盘人的约束也即告解除。

还盘在国际贸易中，表示对原发盘的拒绝。因此，一经还盘，原发实盘的效力即告终止，还盘人即原受盘一方就不能在还盘以后再反悔要求接受原来的发盘。

2. 虚盘（Free offer）

虚盘是指对发盘人和受盘人都没有约束力的发盘。对虚盘，发盘人可以随时撤回或修改内容，受盘人如果对虚盘表示接受，还需要经过发盘人的最后确认，才能成为对双方都有约束力的合同。

虚盘一般有以下三个特点：

第一，在发盘中有保留条件，如"以原材料价格没有变动为准"，"以我方明确加以确认为准"，或标注说明，如"仅供参考"等。它对发盘人不具有约束力，受盘人若要接受这一发盘，必须得到发盘人的确认。

第二，发盘的内容模糊，不作肯定表示。如"价格为参考价"、"商品价格视数量多少给予优惠价"等等。

第三，缺少主要交易条件。有些发盘虽然内容明显、肯定，但没有列出必须具备的交易条件，如"价格、数量、交货期"等也属于虚盘性质。

虚盘通常适用于我方货源尚未组织落实，或者对客户不十分了解，而对方询盘又很急的情况。由于对某一时间内的国外商情和市场情况不明，也可故意发出虚盘，以作出试探。使用虚盘时，一般常采用"以我方最后确认为准"的形式。

（三）还盘（Counter offer）

还盘是指受盘人不同意发盘的交易条件而提出修改或增加新条件的表示，俗称还价。

1. 还盘的意义

还盘虽然在法律上说是可有可无的，但在实际谈判和磋商过程中却是极为重要的一道程序，尤其是在口头面谈过程中，还盘阶段是最艰难的阶段，是买卖双方分割权利义务最激烈的阶段，在实际业务中无疑是具有实际意义的。

一般来说，最初的发盘水平较高，为日后讨价还价留下余地。那么，如果受盘人收到一项实盘后不还价就立即接受，绝大多数情况下是自己承担了本来可以不承担的部分义务而失去了本来可以争取到的部分权利，结果，获得了该次谈判可以获得的最低利益。相反，如果全面详细地调研市场行情，尽可能多地掌握对方的有关情况，提出更公平更合理而使双方均能接受的还盘，一般说，原发盘人不会固执地坚持原发盘的交易条件，而是能够作出一定的让步，从而可以获得较大的利益。如果原发盘人对还盘不能接受，也可以继续还盘，继续协商。

当然，这并不是说在实际业务中就一定要千篇一律地还盘。在进出口贸易实践中，情况错综复杂，有时发盘人出于某种原因，发盘条件比较客观、公正、合理，或者对受盘方来说可能是目前成交且有利可图的唯一机会，那就不需要还盘，而应当机立断，予以接受。

2. 还盘的方法

请求重新发盘。受盘人对发盘中的交易条件不能接受，可以请求发盘人重新发盘，如果要求全面重新发盘，就是对原发盘的完全拒绝，同时提出发盘邀请，但与原来的询盘已有所不同，故也可称为“再询盘”。这种“还盘”方法的优点是向发盘人表明了受盘人的态度，一方面不同意发盘条件，另一方面又愿意就此标的进一步磋商议谈，同时自己不承担任何义务。从实质上说，它不是还盘，所以人们称之为“讨价”。

受盘人如果对发盘中的部分条件不接受，可以针对这一部分交易条件提出重新发盘的请求。这种方法优点更大，它使发盘人觉得受盘人更有成交的诚意，表面上接受了其中若干项交易条件，实际上仍然没有承担法律义务，因为它接受的只是一部分交易条件，对交易条件另一部分的接受与否，完全操在自己手中。

修改发盘。发盘中有商品品质、包装、数量、价格、装运、支付等若干项交易条件。受盘人不同意其中任何一项，明确指出修改的具体内容或自己所能接受的交易条件，不论修改幅度多大，即构成还盘。比如，发盘中讲明出售某商品，品质是一级、惯常包装、100 公吨、CIF 某港每吨 1500 美元，10 月装运，信用证支付等交易条件，只要受盘人不同意其中任何一项，做出微小的改动，如将惯常包装改为特殊包装，或同意按 1490 美元购买，或提出 10 月 15 日以前装运，都会使原发盘终止，而自己承担了法律义务，只要原发盘人表示同意（接受），合同即告成立。

3. 还盘必须注意的几个问题

（1）受盘人的请求或希望不能构成还盘。受盘人向发盘人提出“你方是否可以考虑……”、“你方能否同意……”等请求或希望，在法律上构不成还盘，更不属于拒绝，只要受盘人在有效期内接受，合同仍能成立。在国际贸易史上有过这样的案例，法院在判决书中指出“能否将现货改为两个月交货”只是一种请求和希望，不是还盘，并不导致原发盘失效。

（2）还盘也必须是肯定的。还盘，实质上是对原发盘拒绝后的一项新发盘，如果只对原发盘中的某一项或两项表示修改，则表明已接受其他几项交易条件，这些已被受盘人接受的交易条件是以还盘形式出现的，实质上是一项新发盘中不可分割的组成部分。从这个意义上说，还盘也有是否成立的问题，能否成立关键在于它是否肯定，肯定就能构成还盘，否则就构不成还盘。比如，受盘人不同意发盘中的价格，在回复发盘人的电文中说：“假如降低 20% 左右我接受”，就不能构成还盘，因为在这以还盘形式出现的新发盘中，价格条件是不明确的。还盘作为一种新发盘若能成立，也可以撤回和撤销。

（四）接受（Acceptance）

接受是指受盘人对发盘所提出的全部交易条件完全同意的一种表示。只要这种表示符合法定的条件，交易合同就有效成立。

1. 接受的构成

根据国际贸易惯例和各国法律上的规定，一项有效接受的构成必须具备下述条件：

第一，必须由特定的受盘人作出。任何一项发盘都有特定的受盘人，只有发盘人指定可以表示接受的特定受盘人才有资格接受。如果A公司向B公司发盘，则只有B公司是指定的受盘人，可以接受发盘使合同成立。其他公司的任何接受都不能使合同成立，即使B公司并不打算接受A公司的发盘，而又在A公司发盘的有效期内，C公司或D公司向A公司发出接受通知，也同样不能使合同成立。如果C公司向A公司发出接受通知，则只能把它视为一个以接受形式出现，以A公司的发盘内容为交易条件，以A公司为特定受盘人的一项新发盘，同理，只有A公司表示接受C公司的“接受”，合同才能成立。

第二，必须无条件地全部同意。凡发盘都有若干项交易条件，受盘人必须无条件地全部同意，否则就不能构成接受。附有限制、修改或增加新条件的接受，不能构成对发盘的有效接受，而是对发盘进行拒绝并构成还盘。

第三，必须在有效期内送达发盘人。根据法律的一般要求，受盘人必须在发盘的有效期限内把接受通知送达发盘人时接受才生效。如果接受的时间迟于发盘的有效期，应视为迟到的接受，它不算是有效的接受，还是一项新的发盘，必须经对方确认后交易才能成立。

第四，必须表示出来。在国际贸易中，受盘人作出同意发盘的表示，才能构成接受。表示接受的方式有：（1）受盘人作出声明，表示同意发盘内容，如口头声明、书面声明。（2）受盘人用其他行为表示同意发盘内容，如发运货物、支付货款。

2. 接受的作出

接受是相对发盘而言，一项可以被接受的还盘从法律角度说是一项新发盘。因此，可以接受发盘，也可以接受还盘。在进出口贸易谈判过程中，发盘性质的不同，还盘次数的多寡，以及发盘条件的高低等都会对受盘人作出接受产生影响。所以，作出接受要视具体情况而定。

（1）根据谈判过程的繁简程度作出。如果发盘条件明确、完整、没有保留条件，受盘人确信按发盘的交易条件成交有利可图，就可以表示接受。但谈判过程的复杂程度不同，因而所采用的形式也不一样。如果谈判过程比较简单，只有一两次还盘，甚至没有还盘，那就可以采用简略形式表示接受，如“你10日电我接受”。但简单有个极限，切不可只用“接受”一词，而应在其前面注明对方的发盘日期或文号。在表示接受时，也有使用“确认”（Confirm）来简略而又肯定地表示接受的，其作用与接受相同。

如果双方谈判过程比较复杂，经过多次还盘，反复磋商，为了避免误解，减少纠纷，在接受的表示中，可以采用详细形式，先表示接受，再重复一下主要交易条件，如“你10日电接受A（商品名称）特级集装箱4000公吨每公吨CIF横滨300美元5月份装船不可撤销即期信用证付款”。采用这种详细形式作出接受时，对其中任何一项交易条件都必须与来盘认真核对，不能有误，也不能稍加改动，否则，接受便从法律上成为还盘。

（2）根据来盘性质作出。一项发盘，可以是一种品质的一种商品，也可以是两种或两种以上的品种、规格、数量、价格、交货期。如果是一种品质的一种商品，受盘人只要做出接受的表示即可，一般不会出现什么问题。但是，几种商品或多种品质、价格、数量、交货期的交易条件合发在一起，就必须区别发盘的性质是综合盘还是复合盘，然后作出接受。

所谓综合盘（Combined offer）是指发盘人将不同品种或不同品质的商品搭配在一起的发盘。这种发盘多是卖方为了解决滞销商品的积压问题而将之与畅销商品搭配出售。因此，综合盘是一个整体，是一个发盘。受盘人如遇这样的发盘，要么拒绝，要么全部接受，不能只接受其中一种商品或一个品质的商品。比如，“综合盘山苍籽油柠檬草油 300 桶 200 桶每桶 CIF 阿姆斯特丹 500 美元 600 美元 9/10 月各半不可撤销即期信用证 10 月内复到有效。”在实际业务中，前面即使不冠以“综合盘”，也不改变发盘的性质。

所谓复合盘（Compound offers）是指发盘人同时发出两个或两个以上各自独立的发盘。这是买卖双方根据贸易的实际需要出于节时省费的考虑而采取的一种方法。尽管几个盘发在一起，但都没有联系，有时甚至出现销售发盘和购货发盘同时并存的情况。对于这种发盘，受盘人可以全部接受，也可以只接受其中之一或之二，比如，“发盘特浅琥珀蜂蜜 1000 公吨铁桶 300 公斤净重 CIF 汉堡每公吨 1600 美元 6 月装运不可撤销即期信用证再发盘松香 WW 级 1000 公吨木箱 200 公斤净重每公吨 CIF 汉堡 1400 美元其他条件同上 3 月 5 日前复到有效。”这是个典型的复合盘，外商可以接受蜂蜜盘，也可以接受松香盘，但接受其一就意味着拒绝其余。因此，在实际业务中，如果复合盘中的商品由不同的业务部负责，必须注意协调配合。

（3）根据自己的愿望作出接受。在接到一项发盘时，受盘人如果对发盘中的交易条件尤其是价格很满意，希望发盘人增加数量，这在接受作出时必须注意措辞的严谨，否则，就会事与愿违。比如，一项发盘订购某商品 1000 公吨，受盘人愿意多供，那么，应该把作出接受与愿意增供分开来表达，即“你 16 日电 1000 公吨我接受另增供 500 公吨条件同上”，这样 1000 公吨的合同已经成立，另外 500 公吨正在磋商之中。如果笼统表达，“你 16 日电可接受 1500 公吨”，则使自己的接受表示成了还盘，不但愿意多供的 500 公吨尚在磋商中，原来的 1000 公吨的交易亦未达成，在市场有变的情况下，交易就会落空。

3. 接受的撤回

据前所述，合同自接受生效时起成立，而接受生效自接受通知抵达发盘人时开始，那么，一项尚未抵达发盘人而未生效的接受可以撤回。

（五）签订合同（Conclusion of contract）

买卖双方进行交易磋商，不论是通过口头磋商还是书面磋商，当任何一方的发盘为另一方接受时，即告交易成功，达成协议，接着就要签订一份正式的书面合同。在国际上，对货物销售合同的书面形式没有特定的限制。从事进出口贸易时买卖双方可以采用正式的合同、确认书、协议、备忘录等形式，还可以采用订单和委托订购单等。根据法律的一般原则，无论采取哪一种形式，书面合同的内容都应与双方商妥的事项完全一致，特别是品名、品质、价格、数量、交货期、支付方式、包装等主要交易条件，尤其不得有任何出入，以免事后引起纠纷。书面合同的正本一般是一式两份，经交易双方签署后各保留一份，作为确定双方权利和义务的法律依据。

以上五个环节，发盘和接受是两个最主要的环节，一笔商品交易只要完成了这两个环节，交易就告达成，合同关系即行成立。

三、进出口交易谈判的内容

进出口交易谈判的内容是指达成交易的各项具体条件、条款以及双方的权利和义务。交易的一般条件和条款有：商品的品质、规格、数量、包装、交货期、价格、佣金、保险、装运工具、出运口岸、到达港、支付方式等具体条件。此外还有商谈遇有争议的问题如何解决，索赔的办法以及提请第三者进行仲裁的仲裁条款，遇到不可抗力情况时，免除双方责任的不可抗力条款等特别条款。其中主要的内容为：

（一）商品品质

商品品质是指商品的内在素质（物理、化学、生物的构造、成分和性能等）和外表形态（造型、结构、色泽等）的综合。商品品质的好坏关系到商品的使用效能和售价、销路和信誉，是商品买卖时首先要磋商、取得一致意见的事项。

当前，国际贸易中的商品种类繁多，表示各种交易商品品质的方法也不一，主要有以下几种：凭样品；凭规格、等级或标准；凭商标或牌号；凭说明书或图样；凭产品名称等。

品质条件是合同中的主要条款。凡一方违反质量要求，另一方有权撤销合同，并要求索赔。因此，在洽商签约过程中，对制定品质条款应注意以下一些问题：

1. 要贯彻对外贸易的各项方针政策，体现平等互利的原则，不要订进政治上和经济上对我方不利的内容。

2. 要根据要求与可能相结合的原则确定商品品质，既不要将标准订得过高，免得生产的商品达不到标准或要求，造成履约困难；也不要订得过低，以免影响商品的销售价格和销路，甚至降低出口商品的声誉。

3. 条款的内容和文字要科学、准确、严密。不要使用“合理误差”等含糊不清的文字。对品质规格、标准不容易达到完全一致的商品，应明确规定合理的品质机动幅度。

4. 品质标准，规格的内容，应选择主要项目订立，项目不要过多、繁琐，但要注意各个项目的内在联系，避免矛盾。

5. 在进口贸易中，要合理确定商品的品质指标，对主要指标要具体详细。

（二）商品数量

商品的数量，是指以一定的度量衡单位表示的商品量。在磋商数量条款时，应首先确定采用什么样的计量单位和数量计算方法，以便确定准确的成交数量。

由于商品的种类、特性不同以及各国的度量衡制度的差异，采用的计量单位也不相同。国际间通常使用的计量单位有：

1. 重量：公吨、长吨、短吨等。

2. 个数：只、件、打、罗（12 打）、令（500 张）等。

3. 面积：平方公尺、平方尺。

4. 长度，公尺、尺等，

5. 容积；公升、加仑等。

6. 体积：立方米、立方尺。

在国际贸易中，计算重量的方法有：

1. 毛重：即商品本身的重量加上包装的重量。

2. 净重：即毛重除去包装重量所得的实际重量。在国际贸易中，一般都按净重计价。

3. 公量：对一些经济价值较高，而含水量又极不稳定的商品，如生丝、羊毛等，在检验过程中先用科学方法抽出所含水分，再加上标准含水量所得的重量，称为公量。其计算公式为：

$$公量 = \frac{实际质量 \times (1 + 标准含水率)}{1 + 实际含水率}$$

4. 理论重量：有的商品，如马口铁、钢材等，有固定的规格和尺寸，只要尺寸符合，其重量大致相等，这种根据张数或件数推算出的重量，称为理论重量。

在农副产品和工矿产品交易中，由于商品本身的特点、生产条件、包装和运输工具的限制，实际交货数量往往不易符合原定的交货数量。因此，在进行数量条款的谈判时，应订明某一机动幅度，主要采用“溢短装条款”（More or less clause），规定交货时可溢交或短交合同数量的百分之几，如“中国大米 10000 公吨净重，卖方可溢交或短交 2%”。一般应避免采用“约”数，因为各国对“约”数的含义有各种不同的解释，容易形成分歧，不如作出具体幅度的规定。

（三）商品包装

商品包装一般是指为了有效地保护商品的品质完好和数量完整，而将其盛装于容器（如瓶、木箱等）或包扎物（如布、纸、塑料等）内的一些措施。进出口商品的包装条款，是谈判中必须涉及的主要内容，也是交货的重要条件之一。如发生交货的包装与双方约定或合同规定不符，买方有权提出索赔甚至拒收货物。

在谈判中，必须明确规定以下包装条件：

1. 包装的方式和材料。一般根据商品的性能、特点及采用的运输方式而定。通常使用纸箱装、木箱装、麻袋装、五层牛皮纸装、塑料编织袋装、铁桶装等等。同时，还必须商定每件货物的重量或数量。

2. 包装费用。一般包括在货价中，不另计价。但如买方提出特殊包装要求时，卖方也可另计包装费用。

3. 运输标志。按照国际惯例，运输标志可以由卖方决定，也可以由买方决定。如由买主提供，一般要规定提供的时间。

4. 中性包装。亦即在包装物上不注明生产国别、地名、厂名、商标牌号。为了适应国际市场的需要和打破某些国家或地区对我商品实行高关税和不合理的配额限制，我方也可接受国际上惯用的中性包装。

（四）商品价格

进出口商品的单价由计量单位、计价货币、单位金额、价格术语等四部分所组成。如出口一级松香，每公吨 420 英镑 CIF 伦敦。

在国际贸易中，由于买卖双方各处一地，货物自卖方运交买方，中间需要经过运输、装卸和存储等一系列的复杂过程。这就涉及到洽商运输工具、装货、卸货、货运保险以及申领进出口许可证、报关纳税手续由谁来办的问题；又涉及到运费、保险费、装卸费和各种费用由谁支付的问题；还涉及到货物在过程中可能发生的各种损失的风险由谁承担的问题。为了解决这些问题，国际上常用一些符号或文字表示所承担的不同责任、费用和风险。这些不同的符号或文字称为价格术语。目前我国常用的价格术语主要有三种，即装运港船上交货价（FOB）；成本加运费价（CFR）；成本、保险费加运费价（CIF）。

（五）装运条件

国际贸易的货物运输方式多种多样，如海洋运输、铁路运输、航空运输、邮政运输、联合运输等等，其中海洋运输是国际贸易货运的主体，约有70%的贸易货物是由海洋运输来完成的。在采用海洋运输进行对外贸易时，装运条件是指合同中对装运期、交货期、装运港、目的港、装卸时间、装运通知的规定。装运条件是否合理，对装运工作能否顺利进行、出口任务能否如期完成具有重要影响。

1. 装运期和交货期

装运期是指货物装运时间，交货期是指卖方将货物交给买方的时间，两者的概念是不同的，但在FOB、CIF、CFR等以装运港为交货地点的价格条件下，卖方在装运地把货物装上船舶，卖方的交货任务就算完成了。因此，货物的装运时间也就是货物交给买方的时间。在这种情况下，装运期和交货期在时间概念上就完全一致。然而，如果有些交易采用以目的港或者其他地点作为交货地点的价格条件，装运就不等于交货，装运期就不等于交货期，这必须予以注意。

在交易合同中，装运期和交货期的规定方法，一般应首先明确装运和交货期，写明装运或交货的年度及月份，如“×年×月装运”、“×年×月底前装运”，或者限于“×年×月×日前装运”等。这种规定方法，期限具体明确，既便于卖方备货和安排运输，又有利于买方预先掌握货物的装运日期，做好付款和受货的准备。其次，还应规定在收到信用证后多少天装运或交货。最后，还应注意以下几个问题：一是要根据货源和运输实际情况，确定装运期或交货期，而不要在货源和船源无把握的情况下盲目决定。二是要根据国外市场需求情况确定装运期或交货期。三是要明确规定装运期的具体期限，尽量避免使用“立即装运”、“即期装运”、“尽速装运”等词语和规定，以避免引起争议和纠纷。

2. 装运港和目的港

在谈判过程中，一般习惯做法是：装运港由卖方提出买方确认，目的港由买方提出卖方确认。对此均应在合同中作出明确规定。

规定装运港和目的港时要注意以下事项：

第一，要贯彻我国政府的对外政策，不能接受我国政府对外政策中不允许往来的国家港口为装卸港。

第二，对国外装卸港的规定应力求具体明确，不可轻易地接受以“欧洲主要港口”或“非洲主要港口”等为装运港和目的港的笼统规定。

第三，不可轻易接受“指定码头或泊位装卸货物”的条款，如果买方坚持指定码头装卸，为了不影响买卖成交，可以在合同中增列“载货船到达目的港时，如指定码头无泊位或受船的吃水限制，卖方与（或）承运人有权命令该船前往其他码头卸货，如买方坚持在指定码头卸货，则一切滞期费、泊船费和其他费用都由收货人负担”的条款。

第四，不能接受内陆城市为装卸港的条件。对内陆国家的贸易，应选择其最近的港口为目的港。

在进口业务中，采用FOB价格条件成交时，对装运港的规定，首先要考虑我国的对外政策，不能选择与我国没有贸易往来的国家的港口，其次为节省费用，要选择安全、有直达轮或班轮停靠，以及港口设备和作业条件较好、港口费用较低的港口。另外，对装运港的规定要明确具体，不能采用笼统规定。

对国内港的规定，原则上应选择接近用货单位或消费地区的港口为目的港，但为了避免港口到船集中而造成堵塞现象，在进口合同中，有时也可将目的港订为“中国口岸”，并规定“买方应在装运期前（若干）天将港口名称通知卖方”。

（六）支付条件

在国际贸易中，贷款的支付是一个重要问题，它涉及使用什么货币及什么方式支付等问题，直接关系到交易双方的利益，所以在合同中，应加以明确规定。支付条款最主要的内容是计价货币和支付方式。

国际贸易中的计价货币一般有三种：本国货币、对方国家货币、第三国货币。目前，在我国的进出口业务中，较多地使用外国货币（从 1968 年起也开始使用人民币，但只限于账面支付，不在国外流通）。对每笔交易所使用的货币，应该按照交易双方自愿的原则协商确定。

1. 计价货币的运用

与对方国家签有贸易支付协定的具体交易业务，应使用协定所规定的货币。

如两国政府间无关于货币使用协议的交易，一般选用在国际市场上可自由买卖的货币，如英镑、美元、瑞士法郎、德国马克等。

为保障出口收汇，出口贸易应争取选用“硬币”。如因各种因素，不得不使用“软币”时，可根据该货币币值疲软趋势适当加价，或在合同中订立保值条款，规定应该按该货币贬值的程度作相应的调整。办法可用黄金或第三国货币（属“硬币”）进行保值。

在进口业务中，一般情况下争取使用“软币”或者预计在结算期内不会升值的货币。

2. 支付方式的使用

国际贸易中使用的支付方式有多种，主要是汇付、托收和信用证三种。

在出口业务中，一般采用即期信用证的结算方式，这种方式收汇迅速安全。有时也可运用远期信用证方法，但在计算价格时，应将利息因素考虑在内。

为了促进某些商品对外成交，对某些资信较好的客户，可用付款交单、托收方式，以适应市场特点，扩大销路。某些积压商品的库存大、急于处理，必要时可采用承兑交单托收方式。在进口业务中，绝大多数用信用证支付方式，金额不太大的交易，也可用托收和汇款方式。

（七）保险条件

进出口业务中的保险，主要是指对外贸易货物运输保险，即被保险人（出口人或进口人）对一批或若干批货物向保险人（保险公司）按一定金额投保一定的险别，并交纳保险费。保险人承保后，如果所保货物在运输中发生约定范围内的损失时，应按照保险单规定给予被保险人经济上的补偿。根据国际贸易惯例，进出口货物必须投保才准装运，但向哪个保险公司投保却可听凭被保险人选择。因此，我方进出口货物应尽可能向我国自己的保险公司投保，以减少外汇流失。

在出口交易中，运输保险条款的订立应依成交价格条件的不同而不同。如果按 FOB 或 CFR 价格条件成交，合同中的保险条款可规定为：“保险由买方负责。”如果买方委托卖方代办，在合同中则可订明：“由买方委托卖方按发票金额××%代为投保××险，保险费由买方负责。”如果按 CIF 价格条件成交，应规定按中国人民保险公司的保除条款办理，除把双方商定的保险险别、投保金额等项目在合同中予以列明外，还应订明按某年某月某日中国人民保险公司海运货物保险条约款承保。在进口交易中，由于进口货物一般由我方自行保险，因此，合同中的保险条款可规定得简单一些，合同中通常作如下规定："装船后保险由买方投保。"

进出口货物如果采用陆运或空运或邮运方式，在合同中则应签订陆、空、邮运保险条款。假如出口货物由我方办理保险，则投保陆运险的保险条款可用"由卖方按发票金额××% 投保陆上运输险（或综合险），按 1976 年 1 月 1 日中国人民保险公司陆运险（或陆运综合险）条款负责"，投保空运险的保险条款可用："由卖方按发票金额××% 投保航空运输险（或综合险），按 1976 年 1 月 1 日的中国人民保险公司空运险（或综合险）条款负责。"投保邮运险的条款可用："由卖方按发票××% 投保邮包险（或综合险），按 1976 年 1 月 1 日的中国人民保险公司邮包险（或综合险）条款负责。"

第六章 技术贸易谈判

随着战后生产力的迅速提高，特别是第三次科技革命以后，国际间的科学技术交流也随之日益扩大和深化。以科学技术为贸易对象的技术贸易已越来越成为当今世界贸易和国际经济技术合作中的一个重要组成部分，技术贸易的总额在整个世界贸易中的比重也迅速提高。由于客观上世界各国之间存在着技术水平发展的不平衡性，因此国际间的科学技术交流是加速世界经济发展的必由之路。

一、概　　述

（一）技术贸易的基本概念

1. 技术

技术贸易的标的，即贸易的对象是技术。技术是指根据生产实践经验和自然科学原理而发展成的各种工艺操作方法与技能。广义地讲，技术还包括相应的生产工具和设备，以及生产的工艺过程或作业程序和方法。技术具有能以文字、图形、表格、数据等表达的，并可以进行传播的，不依附于任何个人生理特点的特征。

概括地说，技术主要包括三个内容：一是制造一种产品的系统知识，二是一项工艺的系统知识，三是一门服务的系统知识。

要注意的是，不能把技术与一般的机器设备等（这些是实现技术的手段）简单地相混淆。因为，单纯的机器设备的购销或租赁业务并不属技术贸易范畴，而是一般的商品贸易。

2. 技术转让和技术贸易

技术转让是指技术的供应方通过一定的方式，把某项技术或权利转让给技术承受方的行为。国际间的技术转让除极少量的是无偿的技术援助或无条件的技术合作外，绝大部分是通过许可贸易或其他方式进行的。这种国际间的以商业性手段进行的技术转让行为即为国际技术贸易。

在技术贸易中，技术的供应方又称技术输出方，技术的承受方又称技术输入方。技术的输入即是通常所讲的技术引进。一般来说，商品贸易是指有形的物质资料的买卖；而技术贸易则是指用于工业生产的无形的技术知识买卖，但也往往包括筹建的工厂的成套设备在内。这些有形的机器设备称之为技术硬件，无形的技术知识则被称之为技术软件。

3. 交钥匙工程和技术一揽子

交钥匙工程是指技术供应方负责成套设备的设计、安装，直至建成全部工程后完整地把工程项目交给技术引进方的技术贸易方式。此术语形象地说明技术供应方负责把新建成的工厂大门的钥匙交给引进方使用。采用这种技术贸易方式时，技术的供应方有时还负责引进方技术人员和生产人员的培训工作。

技术一揽子则是指技术供应方负责提供有关技术的详细内容和技术秘密，培训引进方人员并提供技术服务。交钥匙工程可视为最大的技术一揽子，技术供应方除了提供有关技术外，往往还包括为技术引进方提供设备的选择与供应、工程承包、编制可行性研究报告、工程设计、指导与监督施工、组织设备安装以及试车试生产等。

4. 工业产权

工业产权，又称“工业财产权”，属于一种无形的财产权，它是对发明专利、实用新型、工业品式样、商标所有权等的统称。根据1883年缔结的《保护工业产权的巴黎公约》（简称“巴黎公约”），工业产权的保护对象有：

（1）发明专利；

（2）实用新型，或称实用新式；

（3）外观设计，或称工业品式样；

（4）商标；

（5）商店名称；

（6）产地标记；

（7）服务标志；

（8）制止不正当竞争。

与工业产权相联系的另一概念是知识产权，知识产权除包括工业产权的内容外，还包括有关文学、艺术和科学作品、演出录音、录像、广播等权利，以及各种专有技术知识和诀窍等。

（二）技术贸易的特点

同一般商品贸易相比较，技术贸易具有以下几个特点：

1. 贸易对象不同

一般商品贸易的对象是有形的工农业产品和其他产品。而技术贸易的对象可以是有形的，如一些先进的成套技术设备（包括设备器材）的买卖；也可以是无形的，这主要是指为指导生产、提高经济效益、开发新产品等所必需的先进技术知识和经验的许可贸易。

2. 交易对象所有权转移的不同

在一般的商品交易中，买方对买来的货物享有完全的所有权，有对该货物占有、使用、收益、转售、出租和赠送等任何权利。但是，在技术贸易中被许可人并不能取得该项技术的专利、商标或专有技术所有权，而只发生在规定期限内的技术使用权和相应的产品制造、销售的许可。

3. 交易双方买卖关系的不同

在一般的商品交易中，卖方交货，买方付款，双方的合同义务即告履行完毕，持续的时间不是很长。然而，技术贸易通常不是简单的一项买卖，它需要双方在长时间内（一般在5年以上，有的可长达20年）的通力合作。在协议有效期内，双方要履行保密义务、技术反馈、技术使用费的提取、技术的继续援助等一系列权利和义务问题。

4. 贸易对象生产成本的不同

对于卖方来讲，每卖出一单位商品，生产成本也要随之增加一个单位，即使生产达到了一定的规模，生产商品还是要耗费一定成本的，不过这只是针对一般的商品生产而言的。就技术贸易而论，同一技术可以不需要增加成本而多次出售，因此从理论上讲，技术作为商品，其边际成本与边际价格等于零。

5. 适用法律的不同

技术贸易在适用法律方面比一般的商品贸易要复杂。一般的商品贸易主要适用合同法，以及货物买卖法的有关规定。技术贸易除了要适用上述法律法规外，还要遵守工业产权法和有关技术转让方面的法律规定。同时，技术贸易在贸易政策、贸易条件、支付方式以及对双方的权利和义务方面都要比一般的商品贸易复杂得多。

6. 在贸易保护上的不同

一般商品贸易的保护措施往往是限制进口、鼓励出口，即所谓的“奖出限入”。而以高技术作为技术贸易对象的贸易保护主义则是控制出口，鼓励进口，旨在保持技术所有人的科技优势。由于目前国际性的“技术热”和“引进热”正方兴未艾，从而使高技术更加处于卖主市场的地位。据估计，今后各国对高技术的出口限制将会更加趋于严格。

（三）技术贸易的主要方式

技术贸易在国际上有很多方式，而且比较灵活。我国目前技术贸易主要采用以下几种方式：

1. 许可证贸易

许可证贸易是指技术供应方和技术承受方就某项技术转移问题进行商业磋商，然后双方就磋商的结果达成协议。按照协议的规定，允许技术承受方有权使用供应方所拥有的技术，生产和销售利用这种技术所制造的产品，并向技术供应方支付一定的报酬。许可证贸易是技术贸易中最常用、最主要的形式。

许可证贸易有三种基本类型：（1）专利许可证贸易；（2）专有技术许可证贸易；（3）商标许可证贸易。在许可证贸易中，有时以某单纯的基本类型出现，但更多的是以某两种或三种类型混合方式出现。

2. 技术服务

技术服务是指技术供应方或服务方受另一方委托，通过签订技术服务合同，为委托方提供技术劳务，完成某项服务任务，并由委托方支付一定技术服务费的活动。

技术服务的范围和内容是相当广泛的，包括产品开发、成果推广、技术改造、工程建设、科技管理等各个方面。技术服务的形式也是多种多样的，如提供咨询、提供信息资料、提供技术培训等等。

3. 合作生产

从国际技术贸易的角度来说，合作生产是指分属不同国家的法人或自然人，通过订立合作生产合同，在合同有效期内，当事一方或各方提供有关生产技术，共同生产某种合同产品，并在生产过程中实现技术转让的一种合作方式。在实施合作生产合同的过程中，作为技术持有者的当事方，将其技术用于合同产品的生产，允许其他合同当事人共同使用，从而使其他当事人获悉并掌握此种技术，在实际上产生了跨越国境的技术转让。作为转让技术的补偿，技术出让方有权获得对合同产品的部分所有权或是有权从销售这些产品中获得收益。

通过合作生产方式，可以缩短掌握外国先进技术的周期，提高技术引进方的技术能力。

4. 含有专利或专有技术许可或转让的设备买卖

技术贸易是以非物质形态的技术知识作为交易对象。在实际业务中，在购买设备，特别是关键设备时，有时也会含有专利或专有技术许可或转让的内容。此种设备买卖，也属于技术贸易的一种方式。但是，单纯的设备买卖属于普通商品贸易，而非技术贸易。

在技术贸易实践中，含有专利或专有技术许可或转让的设备买卖主要有成套设备、生产线和关键设备等 3 种。

在实践中，此种技术贸易方式也经常用于工程承包合同中，即技术许可方作为某一工程项目的总包，负责该工程的土建、设备采购、安装调试、技术许可、工艺设计、人员培训，直至生产出合同产品的全部责任。

二、技术贸易谈判与签约

（一）技术贸易谈判前的准备

为保证技术贸易合同谈判的质量，在谈判开始之前，需要从组织上、技术上以及商务和法律上进行周密细致的准备。

1. 组织准备

技术贸易是一种特殊的贸易方式，涉及到经济、技术、商务、法律等多学科的专业知识。为顺利进行合同谈判，保证谈判质量，需要建立一个由有专业知识或外贸工作经验的人员组成的、精明强干的工作班子。工作班子应包括以下几方面人员：(1) 项目主持人。项目主持人是整个项目的总负责人，应对引进项目的技术问题、经营核算问题、商务问题以及国家有关政策法律规定有一个清楚全面的了解，全面负责合同的对外谈判。(2) 技术人员。技术人员应对拟引进技术的工艺流程、技术设计、技术指标或技术性能有较全面的了解，负责项目的技术谈判。(3) 商务人员。商务人员，应具有一定的从事国际技术贸易的经验，熟悉国际技术贸易的商务问题，负责对外商务谈判。(4) 法律人员。法律人员应精通有关国际技术贸易的法律和惯例，为合同谈判提供顾问咨询。此外，还应配备一定的翻译人员。

谈判班子的人员应相对稳定，特别是项目主持人不要轻易更换，以保证谈判的质量。

依照我国现行的外贸管理体制及我国法律的有关规定，技术引进合同只能由有对外技术引进经营权的公司、企业对外签订合同，没有对外技术引进经营权的公司、企业或团体拟引进技术时，应委托有经营权的公司对外签约。因此，如果引进单位自身没有技术引进经营权，在对外谈判或对外签约之前，应与外贸公司订立委托代理合同，明确各自的分工及权利义务，以便在对外工作中各负其责，分工合作。通常，技术谈判以项目单位为主，商务谈判以外贸公司为主。

2. 技术准备

技术准备是指通过出国考察，与外商进行技术交流，以及对有关技术信息的分析，对拟引进技术的来源有一个较为清楚、全面的了解，弄清潜在的技术许可方的技术特色和主要技术参数等，并根据以上情况，确定技术谈判方案。

3. 商务和法律准备

商务准备主要是了解潜在的技术许可方向其他厂家转让此种技术的情况和条件，或是了解持有类似技术的其他公司从事技术转让的条件和情况，并根据引进单位的成本和利润估算，确定合同的价格和其他商务条件的谈判方案。

法律准备主要是了解有关国家知识产权法、税法以及其他有关技术转让的法律规定，拟定关于合同中授权、侵权、保证、保密、违约赔偿以及适用法、仲裁等法律条款的谈判策略，并据此准备合同文件。

（二）技术贸易谈判的一般程序

从原则上说，技术贸易的谈判顺序是先技术谈判后商务谈判；先谈合同其他条款，再谈合同价格条款。由于合同的技术问题与商务问题，价格条款和其他条款有着内在的联系，因而上述划分不是绝对的，在谈判中往往会有交叉。同时，有些工作在正式谈判开始前即着手进行。从技术贸易完整的谈判程序来看，主要经过以下几个阶段：

1. 探询

探询是指技术引进方在对技术来源进行初步调查研究的基础上，向其选择的潜在的技术供方就转让技术的可能性进行试探性的询问。探询的目的主要是了解愿意转让技术的外商的范围，以及这些外商对转让技术的大致态度和条件，从而确定下一步的技术交流和技术谈判的对象。在项目建议书批准之后，即可进行探询工作。

2. 技术谈判

在探询的基础上，邀请有意转让技术的外商到合同工厂参观，或是派人到外商工厂进行进一步的技术考察，相互交流技术转让的内容和要求。通过技术谈判，基本明确引进技术的范围，引进技术的方式，以及外商承担技术保证的范围、条件、程序及主要技术指标。

在技术谈判阶段，外商为说明其技术的特性，往往不得不披露某些技术细节。为保证其披露的技术秘密不被泄露，外商通常要求引进单位同他们签订一个初期保密协议，保证在合同未能达成的情况下，引进单位有义务在一定期限内，对从外商那里获得的一切技术秘密予以保密。

3. 询价

询价是指技术引进方向其选择的潜在的许可方正式询问转让技术的价格和其他交易条件，并要求其给予答复的报价邀请。询价是一项严肃的工作，应认真对待。在询价书中，应将合同工厂现场情况和要求外商在报价中明确答复的技术条件与商务条件完整准确地写清楚。技术条件至少应包括技术内容、生产规模、工艺要求、产品方案、“三废”处理；商务条件应包括技术转让方式、使用货币、支付方式、价格的分项要求、报价的份数及使用的文字等。同时，应注意选择适当的询价对象。询价的范围不能太宽，也不宜过窄。因为外商在接到询价后，要组织相当的人力，花费大量的时间和财力去准备报价，发得过多，不仅会增加引进方的工作量，还会增加外商的负担，易引起外商的不满；另一方面，如果发得太少，范围过窄，起不到“货比三家”的作用，会影响到以后的比价和合同谈判工作。为维护引进方的信誉，应在可行性研究报告得到正式批准、外汇和配套人民币已全部落实的情况下，才正式发出询价。

4. 报价

外商在接到询价后，一般要向引进方正式提出报价，以表示其有签订合同的意愿和转让技术的条件。报价是一种法律行为，在报价有效期内，提出报价的外商要受报价内容的约束。因此，在报价中除要详细规定引进技术的内容、条件、价格和双方的主要权利义务外，还要规定报价的有效期，以明确报价人受其约束的时间范围。在一般情况下，外商在报价中所提出的条件都是略高于他所实际能够接受的条件。这样做的目的在于为将来合同的谈判留有回旋余地，争取谈判的主动。

5. 商务谈判

商务谈判是在研究、分析对方报价的基础上，并在技术谈判的主要方面已基本确定的情况下，对技术引进合同条款进行逐条讨论，以最终确定合同的全部条款。

为争取谈判积极主动、有条不紊地进行，在谈判之前应制定一个周密的谈判计划，包括谈判时间和地点的安排、在谈判中的策略、谈判拟争取达到的最高目标和让步条件。同时，还要准备合同文本，并力争以我方提出的合同文本作为双方讨论签订的技术转让合同的基础。

在谈判中既要坚持原则，又要讲求谈判策略和谈判艺术，注意统一对外，充分利用竞争，货比三家，择优引进。在坚持法律和国家利益的基础上，按照平等互利、协商一致的原则，有理、有利、有节地进行谈判工作，争取最佳的商务条件和技术条件。

6. 签订合同

经过技术谈判和商务谈判之后，当事双方应将所达成的全部内容整理成合同的最后文本。合同文本包括正文和附件两大部分。正文为合同的商务条款和主要技术条款；附件主要是技术附件，如设备和技术资料清单、技术考核的标准和技术产品规格、技术服务范围和待遇条件等，同时还包括合同的银行保函或信用证格式。

在确定合同文本时，应注意合同文本要内容完整，用词准确，切忌使用含糊不清、模棱两可的语句和文字。同时要注意合同条款之间，合同正文与附件前后一致，不能互相矛盾，自相冲突。

合同签字之后，应在规定的时间内报请双方主管机关批准，并以最后一方政府主管当局的批准日为正式生效日。如对方国家不需批准，则以我国主管机关的批准日作为合同的生效日。

三、技术贸易谈判的主要内容

（一）技术的价格与支付

技术的价格与支付方式是谈判双方交锋的焦点，当事双方能否在此问题上达成一致，往往成为合同能否缔结的关键。技术贸易合同包括硬件与软件两大部分，这里仅着重介绍有关软件价格的评估定价及支付方式。

1. 技术定价的基本原则

技术贸易合同中的价格，是指引进方为获得技术而向许可方支付费用的货币表现。由于影响技术价格的因素很多而且复杂，当事双方若要最终能在技术价格上达成一致，就必须遵循一定的原则。目前，国际技术贸易中最广泛采用的原则即利润分享原则。

利润分享原则，在国际上被称为 LSLP 原则，它是英文“Licensor's share of licensee's profit”的缩写，其含义为许可方取得的技术费用应占引进方利润的一定份额。用公式表示为：

$$\text{LSLP}(\%)=\frac{\text{许可方所得费用}}{\text{引进方利润}}\times 100\%$$

LSLP（%）为利润分享率，或称为利润分成率。根据上式，可得：

技术价格 = 利润分享率 × 引进方利润

在适用这一原则时，应确定利润分享率与引进方利润这两个构成价格的基本因素。

对于利润分享率，目前尚没有统一的计算方法。一般认为，许可方在引进方的利润中占 1/4 左右的份额较为合理。此种观点的理论依据为：利润是资金、组织、劳动和技术这4个相等因素的综合成果，因而技术应占利润的1/4。联合国工业发展组织在对印度等发展中国家引进技术的价格进行分析后，也认为利润分享率一般在16% ~27%之间较为合理。当然，对于利润分享率的合理确定，要根据该项技术实施后所产生的利润率以及其他相关因素进行综合考虑，具体掌握。对于引进方利润率高的技术，利润分享率可适当降低。而对于技术水平高、社会效益好或转让条件优越的技术，利润分享率可适当提高。在正常情况下，将利润分享率控制在15% ~30%之间均属合理。

引进方的利润是较难确定的一个因素。因为技术转让是一项稳定的连续性的业务，在实施技术的过程中由于各种条件或因素的影响，引进方的利润是逐年不同的。对于不同时期可能出现的利润变化，当事双方在价格谈判时无法进行精确的测算。除此之外，在实际交易过程中，出于保守商业秘密的考虑，引进方也不愿意提供利润数据或允许许可方查账；即使同意许可方核查，由于对利润的解释不一，许可方也难以查到确切的引进方的利润值。所以，对引进方实施技术所获得的利润只能进行大致的估算，这种估算难免会出现偏差。为解决这一问题，在实践中一般采用一种较为简便的变通方法，即双方确定一个与产品引进方利润额的精确计算，并通过这个比例数与技术价格之间的关系，求出许可方在引进方利润中的实际份额。这个比例数即为提成率。提成率计算公式为：

$$提成率=\frac{提成费}{产品销售价}\times 100\%$$

在该公式中，提成的基础为产品销售价，因此该公式的提成率是技术产品销售价与提成费的比率。在实践中，也可用产品的产量、利润作为提成的基础。提成费即许可方得到的技术转让费，也就是技术的价格。如果将该公式带入 LSLP 的公式，则为：

$$提成率 = \frac{引进方的利润 \times LSLP（\%）}{产品销售价}$$

通过这一个公式，可以确定许可方所得的技术转让费在引进方利润中所占的比例。例如，如果许可方想得到引进方生产某种技术产品利润的 20% 的份额，该产品的销售价为每台 5 美元，许可方估计每台引进方可获利 1.5 美元，通过上述公式计算，许可方可将提成率定为 6%，即：

$$\frac{1.5（引进方的利润）\times 20/100LSLP（\%）}{5（产品销售价）} = 6\%（提成率）$$

需要说明的是，在这里，许可方提出的引进方的利润额仅是一个假定的估算数额，许可方要分担估算的风险。

如果引进方认为许可方所占的利润分成率太高，要求许可方降到 10%，那么，根据上述公式计算，引进方可要求将提成率降至 3%。该 3% 提成的计算过程为：

$$\frac{1.5（引进方的利润）\times 10/100（LSLP \%）}{5（销售价）} = 3\%（提成率）$$

从上述公式中也可以看出，在提成率固定不变的情况下，许可方的利润分享率与引进方的利润呈反比关系。引进方的利润越高，许可方的分享利润的份额越小；引进方的利润越低，许可方分享的份额越大。例如，提成率维持在 6%，销售价维持在 5 美元 1 台，但引进方的利润减少到每台 0.5 美元，那么，根据上述公式计算，许可方在引进方利润中所占的份额将变为 60%。其计算过程是：

$$\frac{6\%（提成率）\times 5（销售价）}{0.50（引进方利润）} = 60\%（LSLP\%）$$

对于许可方利润分享率与引进方之间的关系，可用公式表示为：

提成率 = LSLP（%）×引进方利润率

这一公式清楚地表明，提成率固然是确定技术价格的一个重要参数，但它仅是一个表面数字。单就提成率本身而言，它既不能反映出使用费金额的大小，也不能说明许可方分享利润的份额是否合理。因而，在实际价格谈判过程中，对于提成率的确定，必须要考虑到引进方的利润和许可方在引进方利润中所占比例这两个重要因素，并在许可方合理的利润分享率基础上确定实际的提成率。

2. 计价与支付方式

在国际技术贸易实践中，技术价格的计算与支付方式通常有3种，即一次总算、提成支付以及入门加提成支付。

(1) 一次总算 (Lump-sum)

一次总算是指合同当事双方在订立合同时，将所有合同价格一次算清，在合同中规定一个固定的总金额，由引进方一次或分期支付。

采用一次总算的方式对于合同当事双方来说，既有利也有弊。其有利之处在于：此种方式价格固定，不受产量、提成年限等因素的影响，便于进行比价，便于进行资金准备，可以避免在执行合同过程中因通货膨胀而使合同价格发生变化，并可避免繁琐的核查账目工作。一次总算方式也有某些不利之处，特别是对引进方来说，不利之处更多。例如，在合同工厂实际生产之前，引进方要支付大笔费用，从而增加引进方的财务负担；在实际生产过程中，全部收益风险均要由引进方承担，即使生产销售不好，也要照付合同价款；由于许可方不承担技术和市场的风险，许可方往往不愿意向引进方提供改进技术或不能积极支持引进方的生产经营活动等等。

(2) 提成支付 (Royalty)

提成是指引进方在合同规定的一定期限内，按照技术实施后所产生的实际效果向许可方支付一定比例的费用，作为对许可方转让技术的补偿。这种计价方式的特点是许可方收取的款项与其履行合同的责任密切联系在一起，可以促使许可方协助引进方尽快掌握技术，而且引进方通常只是在有了收益时才支付技术费用，财务负担相对减少，双方共同承担风险。但这种计价方式给项目资金预算带来一些不确定因素。

提成计算有 6 种计算方式：

第一，按产量提成。指按使用该项技术制造的产品每一单位数量、单位重量或单位体积规定一定的提成费。每生产出一定单位产品就按规定付给一定单位的固定金额，不因成本、售价、利润或币值的变动而变动。

第二，按价格提成。指按产品售价的百分之若干来确定提成费，无论所售产品盈亏，均按售价总额计算提成费。这种计价方法又分两种。一是按实际销售价计算，二是按净销售价计算。按实际销售价计算比较简单，但对引进方不利。因为实际销售价中不仅有许可方提供的技术所创造的价格，还有与许可方技术无关的成本所创造的价格，因此具有不合理性；按净销售价计算比较合理，它是在实际销售价中减少许可方提供的技术以外的项目的成本、价值或其他费用，而得出净销售价格，但计算比较复杂。

第三，按利润提成。指按引进方实施技术后所产生的实际利润提取技术转让费。如果企业无利，则不付提成费。因此，许可方一般不愿意接受这种方法，除非他们能直接控制企业的经营管理，并对获利的前景有充分的把握。否则，如果引进方经营不善致使企业亏损，许可方将一无所获。

第四，滑动提成。指在整个提成期限内，提成率随着提成基础的变化或提成期限的推移而逐渐变化。按照国际技术贸易实践中，滑动提成的方向总是使提成率趋于变小。因此，滑动提成又称为递减提成。这种计价方法有助于促使引进方充分利用许可方提供的技术，努力增加生产，扩大销售。

第五，最低提成。指当事双方约定在一定的期限内，无论引进方的生产销售情况如何、是否有盈利，均须向许可方支付一定数额的最低提成率。

规定最低提成费的目的是减少许可方转让技术的风险，给予许可方一定程度的保障，促使引进方积极设法利用所引进的技术，防止引进方在以独占许可的方式获得技术后，将技术搁置不用，损害许可方的利益。

在技术贸易实践中，当事双方在约定最低提成费的同时，往往还在合同中规定其他一些相应的措施。例如，当引进方未能交付最低提成费时，许可方有权终止合同，或是将合同由独占许可改为非独占许可；引进方在支付最低提成费后，有权决定该合同是否继续执行等等。

由于最低提成的规定是对许可方的一种保护，因而有些国家，特别是一些发展中国家的法律不允许在合同中含有此种规定，否则，政府不予批准。

第六，最高提成。指当事双方约定，在一定时期内当提成费达到一定金额时，即使作为提成基础的产量、销售额或利润增加，提成费也不再增加。

在国际技术贸易实践中，最高提成的规定多适用于市场前景广阔，产量、销售可望稳步上升，或是市场的扩大与利用许可方技术并无关系等情况。如果市场容量有限，或是引进方消化吸收能力较差，产量或销售均不可能大幅度增加，则规定最高提成并无多大实际意义。由于最高的规定有利于引进方，在实践中它也经常作为引进方针对许可方最低提成要求的对等条款。

（3）入门加提成支付（Initial payment and royalty）

入门加提成支付是一次总算与提成支付两者相结合的支付方式。在采用这种支付方式时，引进方须在合同生效后向许可方支付一笔费用，这笔费用被称为入门费。入门费既有定金的含义，也是对于许可方转让技术所支出的直接费用和披露技术秘密所给予的经济补偿。入门费只是技术转让费的一部分，在合同工厂投产后，引进方还要按照双方的约定支付提成费。

入门加提成的支付方式经常作为引进方和许可方相妥协的一种产物。收取入门费，可使许可方转让技术的风险减少，而采用提成方式支付其余的技术转让费，又能使引进方按照实施转让技术的实际效果支付费用，加重许可方的责任。

在采用这种支付方式时，应在合同中明确规定入门费的金额和提成费的计算方法，以及入门费与提成费在合同总价中所占的比例。一般来说，入门费的比例不宜过高，大致应相当于许可方转让技术的直接成本。当然，作为引进方来说，通常总是希望尽可能低的入门费比例。实际上，在技术价格不变的情况下，入门费与提成费呈反比关系。对于入门费与提成费之间的关系，可用入门费还原提成费的方法计算。例如，在某一技术贸易合同中，如果引进方不付入门费，以5%的提成率支付，假若许可方要求20万美元的入门费，该合同提成期限内共销售产品2万台，相当于每台要分摊10美元，每台净销售价为1000美元，则20万美元的入门费相当于提成率1%。其算式为：

提成率 $=10/1000\times100\%=1\%$

因此，如果许可方要求20万美元的入门费，在不考虑利息因素的情况下，提成率应从原来的5%降至4%。

在支付入门费时，可以一次付清，也可按照合同的进度，分期支付。在我国技术引进实践中，入门费通常按下述比例分期支付：合同生效后30天内，支付5%～15%；技术资料全部到齐，支付50%～60%；技术指导、技术培训完毕支付20%左右；考核验收完毕支付15%左右。

3. 支付条款

由于整个技术贸易过程需要比较长的时间和年限，为了顾及贸易双方的利益，必须在合同支付条款中明确规定支付的工具、支付的方式、时间和条件等。

（1）支付工具。同进出口贸易一样，主要有货币支付和汇票支付两种。技术贸易合同通常采用即期汇票，这种汇票是由许可方向引进方开出的，要求引进方见票后立即支付票面金额的无条件支付命令。

(2) 支付条件。如果是提成支付，许可方可以提出对引进方有关账务进行查账，作为一种特殊的支付条件。引进方一般要求许可方在每次付款前就以下内容提供必要的保证条件和支付凭证：

第一，第一次付款时，许可方须向引进方提供本国政府有关部门出具的技术转让许可证明书，或无需出具许可证的证明书。

第二，由于引进方在全部消化掌握技术前的每一笔付款都是预付性的，所以为了保证许可方一旦违约，能够从许可方开户银行退回已付款项和利息，许可方应提供开户银行保证书。

第三，许可方还应向引进方提供即期汇票和商业发票。商业发票是指许可方发给引进方的发货价目清单，也是装运货物或寄送资料的总说明，以便引进方申请外汇或取得进口许可证。

第四，技术贸易支付中，当技术资料支付完毕后，有的合同要求取得资料交付、完毕确认函后付款，有的要求在取得双方签署的考核验收合格书后付款。

(3) 支付方法和时间

考虑到技术贸易有一个较长过程的特点，因此不能在完全消化、掌握引进技术之前把费用全部付完。对于一次总算付费或较大金额的入门费应该按资料交付、完成培训、样品试制、考核验收等阶段分期或分年支付，使支付的费用与引进技术的实施效果大体相适应。基本实现合同规定目标后，才能支付大部分费用。支付的次数和份额，可根据技术的难易程度和金额大小，具体协商规定。对于提成费支付，一般在年底结算，下一年开始的30天内支付；也有的一年支付两次；对于制造周期长的大型产品，则可以分阶段支付提成费。

(二) 技术的考核与验收

为了确保供应方提供的技术与资料完整、可靠、正确，必须对技术考核与验收两方面进行谈判。

1. 技术资料的验收

技术资料的验收，是指检查供应方提供的技术资料的数量和质量是否符合合同的规定。

（1）技术资料交付的时间。供应方发出技术资料后，须立即电讯通知承受方这批资料的名称、代号、提货单号、总共件数、重量、发出日期及航班，并随即寄出提货单。资料清单可随提货清单寄出，也可随资料包装箱一并寄出。

（2）交付的技术包装必须防潮、防水等，一般空运。

（3）交付方式一般采用目的地交付，机场收货印戳日期为资料实际交付日期，在到达交货地之前的费用、风险、承办手续均由供应方负责。也有合同规定在承受方工厂交付验收，这对承受方更为有利。

2. 产品考核验收

产品考核验收，是指检验承受方按供应方提供的技术生产的产品，是否符合合同规定的产品技术性能指标。若达不到指标标准，即要提出补救办法或者索赔。包括：

（1）根据产品的技术特点，确定考核样品的方法、规定考核产品的型号、规格、数量和考核次数。

（2）规定考核测试的技术内容与标准。

（3）规定考核验收的单位、地点、人员机构及设备和时间安排。考核试验一般不计费，但重复考核时，应根据失误责任来决定哪一方承担重复考核试验的费用。

（三）技术保密条款

保密是技术贸易合同的特有条款，其内容主要包括保密的对象、保密的期限和泄密的责任等。

一般地讲，技术所有人虽然在申请专利时已把有关的技术要点公布于众，然而一些最为关键的部分往往并未被公开。如果一项技术贸易合同只涉及到专利或商标权的转让，则并不需要订立保密条款，它们分别由专利法和商标法予以保护。但是大多数的技术贸易合同与专有技术转让有关，为防止关键技术的扩散，技术贸易合同的供应方往往要求承受方必须履行保密义务，并将有关的内容订入保密条款中。

有些国家，如美国、日本，其法律认为技术贸易合同承受方承担保密义务是绝对的，除非在合同中有排除其承担保密义务的条款。对于在正式合同签订以前，技术贸易中的供受双方往往要签订有关的初步性协议，如选择性协议，这是国际技术转让协议中较为惯常的做法。有的国家对此在其法律中作了相应的规定。如美国、德国在其法律制度中采用所谓“缔约前的过失原则”，其含义是在技术贸易中虽然当事人双方最终没能达成协议，但是，当事人双方在谈判过程中存在的相互信任关系，导致了技术承受方对其所熟悉的技术秘密须承担保密的义务。

为了避免纠纷，最好是将有关保密的内容详细订入合同中，据此确定技术贸易合同承受方的保密责任。我国《技术引进合同管理条例》第七条规定，承受方应当按照双方商定的范围，对供应方提供的技术尚未公开的秘密部分承担保密义务。如果许可合同承受方有充分的证据，发现有关的秘密已被许可合同的供应方或第三方泄露，则许可合同承受方不再承担保密义务。至于技术保密期限通常与技术贸易合同的期限相同。我国技术引进合同管理条例规定技术引进合同期限不得超过 10 年，经审批机关批准延长者除外。

有些技术贸易合同的供应方还要承受方提供有关履行保密措施的手段，便于技术贸易供应方的监督与审查。

（四）违约责任

在签订技术许可合同以后，由于种种原因，无论是供给方或承受方都可能出现不能按时履行或不履行义务的情况。因此，谈判中出现上述情况时应如何解决，违约一方应负什么责任，对方有何补救办法，能够取得何种补偿等，应当作出明确的规定。由于违约行为的性质、程度及其引起的后果不同，补偿的办法及金额也可能有所不同。

供应方违约的情况主要有：

1. 拒不供给技术情况，或拒不传授技能，或拒绝提供技术服务与协助等。这是违反许可合同规定义务的违约行为。承受方应在谈判中提出：

（1）供应方应保证其所提供的专有技术和技术资料的实用性和可用性，防止供应方转让其不成熟的技术。

（2）供应方保证提供的技术是完整的、正确的和清晰的。

（3）若供应方提供的技术资料不符合上述规定时，供应方须在收到承受方通知后，保证及时改正或补寄给承受方。

2. 延迟提供资料。如果供应方未能按照合同规定的时间提供有关的技术资料，双方可以商定由供应方按迟交时间的长短向承受方支付约定的违约金。每迟交一周按一定比例规定罚款，迟交时间越长，罚款比率越大，并规定，供应方支付了罚款以后并不能解除供应方继续交付技术资料的义务。如迟交技术资料的时间超过了承受方可以接受的最大限度（如 3 个月），承受方有权按供应方违约而终止合同。

3. 提供的技术未能达到保证的效果。在谈判中，应对供应方提供的技术所应达到的效果规定某些保证。如果这些保证得不到兑现或者这些效果不能实现时，承受方有权采取一些补救措施，如终止协议、修改协议的某些条款，或取得预先约定的违约金。

4. 违反权利担保。在我国的技术引进，如按考核验收条款规定对合同产品的最后一次考核不合格，且责任在供应方时，要求根据具体情况，采取以下办法处理：

（1）若考核不合格以致承受方不能投产，双方应协商解决，同时承受方有权提出索赔或终止合同，按供应方违约处理。

（2）考核虽不合格，但考核实际达到的指标在承受方可以接受的范围内，可以根据实际考核指标降低的程度，采用贬值的方式降低合同价格。用提成方式支付的合同，可规定未达到考核指标前不支付提成费或根据考核指标降低的程度降低提成费。

无论由于迟交技术资料还是考核不合格，供应方均应抵偿或减少承受方的损失。

第七章　国际劳务合作谈判

国际劳务合作是国际间普遍采用的一种行之有效的经济合作方式。20 世纪 70 年代以来，国际劳务合作高速发展，市场竞争激烈。我国的国际劳务合作事业从 1979 年开始起步，并在改革开放潮流的推动下不断发展，已经成为我国出口创汇的重要途径。

一、概　　述

（一）国际劳务合作的类别

国际劳务合作是指一国的企业向另一国家或地区提供工程设计、施工、安装、测量、翻译、检验、运输、通讯、培训、医疗、管理、会计服务以及参与工农业生产劳动等工作，以获取外汇收入的一种国际经济、技术合作形式。随着科学技术的发展，服务范围还在不断扩大，如电子计算机程序编制、技术咨询、市场预测、银行信贷、信息传递、国际旅游以及保险业务等。提供劳务的一方称为劳务输出方，接受劳务的一方称为劳务输入方。提供劳务的方式，主要有两大类：

1. 国际劳务输出

国际劳务输出，也叫国际劳务出口，就是国际间的劳动力转移。具体地说，就是劳务输出国根据劳务输入国基本建设或其他项目的要求，派出有关设计人员、施工人员、技术人员、技术工人以及厨师、医生、海员等人员到劳务输入国从事相应的服务工作。由于它以活劳动的转移形式进行交易，因此也叫无形贸易。

在实际进行国际劳务合作的业务中，劳务输入国也可称之为聘请方，劳务输出国即称为受聘方。在通常情况下，聘请方只要求受聘方提供劳动力，包括各种有关人员，参加各种劳务工作，按出勤数或协议支付劳务报酬，直至完成所应承担的建设任务。工程的全部费用，包括材料、设备、设施器具、组织管理以及人员的住宿、伙食、差旅费等，均由聘请方负责。受聘方除提供劳动力外，不另开支任何费用，也不承担项目的经营风险。这种单纯提供劳务是劳务合作中最初级的一种形式，也是发展中国家在实行国际劳务合作中使用较普遍的一种简单形式。

2. 国际承包工程

国际承包工程是指一个具有法人地位、从事国外建设项目的公司，在国际上通过投标、议标、接受询价和接受委托等多种方式，按照一定的价格条件同筹集资金建设一项工程的单位签订合同，取得实施这些建设工程的权力，然后根据合同要求，组织施工，按质、按量、按期完成建设任务等一系列活动。

国际承包工程是一项较为复杂的综合性出口业务，在具体实施过程中，招标的一方可称之为发包单位（或称为业主），投标的一方则称为承包单位（也称为承包商或承包公司）。通常采用下列几种形式：

（1）独立承包形式。即由承包公司从业主那里独立承包某项业务，既包工包料，也包质量和工期。所有的劳动力组织、材料、设备、机具、临时设施等供应和全部费用均归承包人负担，项目竣工经业主验收后，按合同支付报酬，整个业务活动即告结束。

（2）共同承包形式。即由几个外国承包商根据各自的范围，联合组织起来承包一项工作，各自负责所承包的一部分业务，既共同地又独立地向业主负责，业主可按进度和质量要求分别进行验收。

（3）统筹分包形式。即由一个承包商从业主那里承包一个项目后，把其中一部分业务转包给另一个或几个承包商。各分包人自行组织劳动力、材料和设备等事项，各自完成分包的任务，然后按合同规定的价格与总承包人结算。待整个项目完工后，总承包人再向业主总结算。也就是说，分包人向总承包人负责，总承包人则向业主负责。

总之，不论哪种承包形式，承包人需对项目和费用全面负责，并要承担项目的经营风险。所以，国际承包工程是国际劳务合作中的高级形式。

（二）国际劳务合作谈判

近年来，国际劳务合作发展迅速。无论是发达国家还是发展中国家和地区，都很重视这一事业的发展，积极跻身于国际劳务市场，参与交流、合作与竞争。所谓国际劳务合作谈判，是指一个国家（地区）的企业与另一个国家（地区）的企业，就一方向另一方提供劳动服务的权利和义务进行磋商谈判的全部活动。国际劳务合作谈判与其他涉外经济谈判既有共同之处，又有其特殊性。

目前，我国对外提供劳务的洽商主要有两种形式：一种是由中国公司直接同业主或总承包商就派遣本国科技人员、工人等劳务人员前往聘请方的国家（地区），在一定的期限内从事相应的服务工作的有关事宜磋商谈判，以谋求达成协议；另一种是在国际承包市场上通过投标等方式包揽工程建设项目。

（三）国际劳务合作谈判的原则

国际劳务市场竞争激烈，情况复杂，尤其承包工程又独具特点，业主不仅邀请多家承包公司参与投标，而且必须严格按照业主的要求和指定的条件进行交易，承包人始终处于被动地位。所以，必须参照当前的国际劳务市场形势，坚持以下几项原则，搞好国际劳务合作谈判。

1. 守约

守约，狭义的理解就是信守合约。广义的理解还应包括遵守承包项目所在国的法律、法令和有关国际上通用的惯例。以合作双方协商签订的合同条款，作为工作和行动的准则。如发生纠纷，应服从仲裁机构的裁决。

2. 保质

保质，是既要保证工程质量和产品质量，又要保证劳务工作的质量。要严肃认真地对待合作双方的权利和义务，要在工作中分清是非，要勇于承担属于自己应该负责的质量问题。对工程的质量，一直要做到交钥匙为止。对劳务工作的质量，要讲究效率与效果的一致性。

3. 薄利

薄利，不是指无偿的援助。承包公司属于营业性质，当然要讲究经济效益。薄利是一种定价的策略，也是一种经营的指导思想，所谓“不以利小而不为”，最终还是有所得。相反，要求厚利而不能中标，结果将一无所得。

4. 重义

重义，是我国一贯坚持的传统风格，即不能见利而忘义。要知道经济效益是建立在友好合作的基础之上的，而友好合作又必须是双方自愿的。如若双方意气相投，可以利益均沾；如若各自猜疑，必将一事无成。工程项目有时是属于一次性的，而承包公司不能只做一次业务。

二、国际劳务输出谈判

（一）国际劳务输出谈判的步骤

由于当今国际劳务输出市场属于买方市场，竞争激烈，因而劳务输出方应采取积极主动的谈判态度，争取达成交易。

第一，劳务输出方要在市场调查的基础上，向国外的工程业主或承包商发出为某项基本建设或其他项目提供劳务的意向，询问对方劳务交易的条件，包括技术条件、商务条件、价格条件等。劳务意向只是劳务输出方愿意输出劳务的表示，并不受任何法律约束。同样，对方也不因此而承担任何义务。它可以根据劳务输出方意向在适当的时候答复，也可以不作任何回复。

第二，劳务输入方根据基本建设或其他项目的实际情况，向劳务输出方发出进行劳务合作的肯定表示，同时把技术条件、价格条件、商务条件等交易条件用书面形式送达劳务输出方。劳务输入方提出的交易条件一经劳务输出方接受，劳务交易即告达成。

第三，劳务输出方如对交易条件的内容不完全同意，可以向劳务输入方提出修改建议，请其据之考虑新的交易条件。

第四，劳务输入方对劳务输出方的更改意见无条件接受或原则上同意，就要在规定的期限内通知对方签订劳务合同。

第五，劳务买卖双方通过洽商订定劳务合同，确定劳务输出入双方的权利与义务。

（二）国际劳务输出谈判的主要内容

在国际劳务输出谈判中，应着重围绕以下几个问题展开磋商谈判，以达成协议。

1. 劳务输出入双方的责任问题

在谈判中，劳务输出方一般要求劳务输入方介绍本国或本地区的具体情况和注意事项，如国家政策、政府法令和活动范围等；对受聘人员进行业务上必要的技术指导；尊重受聘人员，不干涉其在工作时间以外的正常活动，并负责保障受聘人员的人身安全和合法权益；负责办理受聘人员出入该国国境签证、国境内居住和劳动许可证等手续，负担有关的费用。对此，劳务输入方必须作出明确的承诺。另一方面，劳务输入方一般要求劳务输出方按要求和条件接受任务，如配备工种，按质、按量、按期完成任务；遵守所在国或地区的法律、制度和有关对外籍人员活动范围的限制；尊重当地的宗教活动、风俗习惯及其生活方式，不参与所在国或地区的一切政治活动，负责办理受聘人员在其本国出入境签证和领取护照等手续；爱护宿舍、设备、机具等财物。对此，劳务输出方也要作出明确的承诺。

2. 劳务人员的派遣问题

人是劳务的主体，人员的派遣问题乃是劳务输出谈判的关键。双方必须对提供劳务一方派出的授权代表、技术人员、工长、工人和管理人员的数量、技术条件、工种以及派遣日期、工作期限等进行详细磋商。要明确规定，如果合同签订后，劳务输入方要求变更派遣日期或取消派遣时，要作什么处理。一般情况下，如果并非劳务输入方责任，由则双方协商解决；如果属于劳务输入方的责任，则应向劳务输出方支付一定数额的补偿金。

3. 劳务人员的工资问题

劳务输出入双方应商定劳务人员的工资标准（包括月、日和小时工资）、计价货币、外汇比例、兑换率、保值措施、工资增长率、支付方式和支付手续等。

（1）工资标准

工资标准一般按月计算，不足一个月的还需规定日工资标准，不满一日的还需规定小时工资标准。日工资标准通常是按照月工资标准除以26日计算，而小时工资则以日工资标准除以规定的每日工作小时数计算，每日工作小时数以不超过8小时为最高限。

工资标准应根据不同职务、职称或工种等分别核定。

工资的内容包括基本工资、伙食费、住宿费、保险费、医疗费、所得税以及往返国际旅差费等全部内容；有仅包含工资及伙食费，而其他全部由劳务输入方安排解决；也有全部由劳务输出方包干的。

(2) 工资计价货币及外汇比例

劳务工资的计价货币，可采用国际上通用的可兑换货币计算，也可以用该项目所在国或地区的货币计算，也有以当地货币与可兑换货币按一定比例同时使用的。因此，采用何种货币，当地货币与可兑货币的比例如何，都应在洽商时予以明确规定。

(3) 兑换率与劳务工资的保值

劳务工资计价以当地货币计算时，必存在确定兑换率的问题。在一般情况下，有两种兑换方法：一是用双方商定的固定汇率来兑换；二是以支付工资之日当地银行公布的买卖中间价为准。至于采用哪一种兑换方法，须在劳务合同中订妥。

与此同时，无论采用哪一种兑换率，都可能因当地物价的涨落或有关货币升值和贬值而存在一定的风险。因此，在签订劳务合同时，应附加一条保值条款，即说明如遇物价涨落或外汇升贬值等分别超过一定百分比时，应对工资标准作相应的调整。至于百分比波动幅度的大小，仍应本着协商原则来确定。

(4) 劳务工资增长率

劳务期限较长的项目，要洽定在基本工资基数上逐年按工种、职务、技术水平等分别增加工资的幅度。

(5) 计发工资期限

工资期限一般从劳务人员离开本国之日（或抵达劳务输入

国所在地点之日）起至离开项目完工所在地之日为止。在此期间，如遇停电、停水、停工待料及其他原因等非劳务人员造成的停工，聘请方（劳务输入方）应照旧发放工资。

（6）支付工资的方式及手续。

劳务人员的工资及有关费用，应按月根据实际出工人数，由劳务输入方在规定期限内通过银行支付。如果输入方不按时汇付工资，输出方有权享有逾期付款的利息。为避免发生纠纷或使劳务人员遭受不必要的损失，谈判中应商定防止拖延付款的制约性措施。利息可按当地银行短期月息计算。

4. 节假日和加班费问题

劳务人员每天工作多少小时，每周工作几天，节假日如何规定，都要在谈判中协商好。

（1）节假日的规定

按一般情况，以每天工作 8 小时、每周工作 6 天为限。节假日包括每周休息一天的公休日及劳务输入方所在国的法定节日，必要时还可经谈判包括劳务人员所属国的国定节假日在内。此外，按国际惯例，劳务人员每工作满 11 个月，可享受 1 个月或若干天的回国带薪休假，其往返旅费和假期工资由劳务输入方负担。

（2）加班费的确定

根据工作需要，并征得劳务输出方代表和劳务人员的同意，劳务输入方可以提出加班的要求。加班时间可列入 8 小时以外，也可利用公休日、节假日或放弃回国探亲休假而进行加班，其加班费应以小时计算，支付标准应为平日小时工资的 2 至 3 倍。

（3）其他假日的规定

劳务人员由于生病或因工伤事故，经医生诊断证明需要休息时，可允许请假。在病假或工伤假期间的工资，应由劳务输入方照付。一年病假累计天数，由双方协定而定，一般不超过 1 个月，工伤则根据情况而定，以治愈为止。

劳务人员如必须请事假回国处理紧急私事时，请假期间，工资停发，劳务输入方也不负担其旅差费。

5. 劳务人员的食宿与交通问题

（1）伙食费

劳务工资如不包括伙食费，应洽定标准，由劳务输入方额外付给，如已包括在内，输入方需提供食堂、炊具、餐具、水电、冰箱等设施，由劳务人员自理伙食。

（2）住宿

一般由劳务输入方根据劳务人员的不同职别提供相应的居住条件。具体做法应由双方协商确定后在合同中订明，包括不同职别人员的居住面积、住房设备、卧室设施、离工作地距离等。

（3）交通

劳务人员上下班和加班由输入方派车接送。

6. 人身保险和医疗保健问题

（1）人身保险的确定

劳务输入方有责任为劳务人员投保人身意外险，劳务输出方也有权要求劳务输入方履行其职责。其保险费用应由输入方负担，直至劳务人员完成合同任务离境回国为止。保险单位可以是输入方所在国的保险公司，也可以投保于国际保险公司。如若委托输出方代为投保于输出方所在国的保险公司，则保险费用由输出方向输入方收取。

（2）医疗保健费用的确定

劳务人员在工作期间的健康状况，与顺利完成劳务合同有密切联系。输入方应随时或定期对劳务人员进行身体检查，如遇劳务人员感染疾病时，输入方要负责治疗或支付医疗费用。如果允许输出方自行配备医务人员，则医生的工资、有关医疗器具和药品等均由输入方负担。劳务人员如因工伤致残或死亡，输入方应付给一定金额的抚恤金，金额大小由双方协商后在合同中订明。

此外，输入方还应主动提供有关劳动防护用品和改善卫生条件，以防患于未然。

7. 其他费用的支付问题

劳务人员应聘到国外进行劳务合作，聘请方（输入方）除应承担上述费用外，涉及到的其他费用还有：

(1) 征募员工费

为满足劳务输入方对劳务的需求，输出方必须着手进行征募有关人员的工作。一般应在双方签订合同后，立即由输入方付给输出方一笔征募费用。征募费用包括宣传动员费、审查资格费、领取护照及签证费、安置家属费、准备行装费等派遣前所需要的一切费用，具体费用标准可由双方根据实际情况协商确定，并在合同中详细列明。

(2) 国际往返旅费

劳务人员的数量一经确定，即可通知输入方按合同规定日期购买国际机票。而当合同期满，劳务人员离境回国时的旅费或机票，亦应由输入方负责购买或支付现金，也可以委托输出方代表办理，但谈判中必须明确费用由输入方负责，这也是一般性国际惯例。

(3) 个人税收费

劳务人员在应聘期间一切应缴纳的税金，如个人所得税、社会安全税、出入境税等，均应由聘请方（输入方）负责，或是由聘请方直接与当地税收部门打交道，按规定缴纳。

(三) 国际劳务输入合同的主要条款

在对外提供劳务的活动中，劳务输出入双方的权利和义务要通过双方洽商订定的合同来确定。劳务输出合同的主要条款有：

1. 工作范围

主要包括服务内容、服务方式、服务要求、岗位职责、工作量等。

2. 劳务人员的条件要求

主要包括劳务人员的数量、素质要求、技术条件、分配工种、派遣日期、工作期限等。

3. 技术培训及操作指导

主要包括技术培训及操作指导的时间、地点、内容、专家名单等。

4. 工资计算和支付的币别

主要包括工资标准、计价货币、外汇比例、兑换率、工资增长率、支付方式、支付手续等。

5. 劳务人员行为守则

主要包括遵守当地法律、尊重当地风俗习惯、遵守劳动工作制度、按合同规定完成工作量等。

6. 生活条件和劳保待遇

主要包括食宿条件、医疗卫生条件、保险和劳动保护规定等。

7. 各种费用的支付

主要包括费用的范围、标准、支付条件、由谁承担等。

8. 劳动服务时间

主要包括工作日长度、加班计算、休假规定等。

9. 合同双方的权利与义务

主要包括聘请方的职责，例如保障劳务人员的安全、提供医疗卫生和保健措施、处理工伤事故等；受聘方（输出方）的职责，例如按规定聘用劳务人员，负责劳务组织、劳务人员管理等。

10. 不称职劳务人员的处理

主要包括不称职劳务人员的更换、解聘与遣送等。

11. 争议与仲裁

主要包括违约责任和仲裁地点、机构、适用法律等。

12. 合同修改和终止的程序

三、国际承包工程谈判

国际承包工程谈判较之劳务输出谈判，更具有特殊性。一般要经过招标、投标、议标、签约等4个程序。

(一) 招标

国际招标是目前广泛应用的较为客观的一种工程项目发包方式。首先由业主把有关项目的工程规模、施工规范、材料规格、设备要求和完工期限等情况，通过各种媒介和途径向外界宣布，然后接待各承包单位的咨询并发放有关资料和标书，在指定期限内参加投标。整个招标发包过程，即可告一段落。当前，国际招标分为公开招标和秘密招标两种。

1. 公开招标。就是业主将发包的项目内容、工程要求、有关条件和投标须知等作为招标启事，在报纸、电台、电视台上公开发布，然后对愿意参加投标的对象提供咨询，对明确表示准备参加投标的法人或单位进行资格预审，主要是针对投标者的工作经历、生产能力、财务状况以及经营信誉等基本情况进行审查，审查合格者方能取得参加投标的资格。同时，还要把承包项目的合同内容、有关条款、工艺技术和设计条件等具体要求，编制成一定格式的标书，作为参考资料，以备投标者索取。

2. 秘密招标。主要是针对某些规模浩大、工程复杂、技术要求较高或不宜在国际上公开的工程项目。为了简化手续和节省费用，也为了能争取时间，业主可以有针对性地在一定范围内邀请个别或几个承包商参加投标活动。

从整个国际承包工程来看，采用公开招标的项目最多。

不论是公开招标还是秘密招标，招标人都要求投标人提供银行出具的投标保函，以担保投标人参加正式投标活动。招标是业主利用承包商之间的竞争，选择对自己最为合适的承包人。众所周知，世界银行贷款的项目要求必须通过招标方式发包。

国际承包工程的招标文件主要包括以下几个方面的内容：

1. 投标须知

投标须知是指投标人如何进行投标活动的文件，它指出了填写各种投标文件时应注意的问题。其内容包括：工程项目概述，工程范围大纲，报价计算基础，投标人的姓名、地址、电话号码，报价单送达日期、时间、地点及报送份数，投标文件的要求及如何准备投标的说明，证明文件的格式和内容，所应提供的其他资料，等等。

2. 投标书及附件

投标书是由投标单位授权代表所签署的一项投标文件，它是承包合同的重要组成部分。其基本内容有：提出承诺的工程建设价格、施工起讫期限，注明已有保险公司及银行的担保以及对业主提出的各项要求的承诺的字样。投标书附件的内容比较复杂，主要包括：履约保证金额、保险最低金额、开工和竣工期限、延续工期的罚款限额、负责维修期限、结算金额的支付期限等。

3. 合同协议书

合同协议书是由工程承包双方共同签署的，确认双方在承发包工程实施期间所应承担的权利、责任和义务的共同协定。其内容和格式也是由业主代为拟定的。一般款式和内容包括：签约人双方于×年×月×日签订，注明作为合同部分的各种文件名称如投标须知、投标书、图纸工程量、合同条件、某些来往函电、双方的保证等。

4. 投标保证金或保证书

投标保证书是由招标国所在地某银行机构或金融机构（如保险公司）代表投标人向招标单位出具的一种保函。银行保证当投标人不履行职责造成经济损失时，由银行负责赔偿。保证金金额通常为投资金额的2% ~5%。

5. 合同条件

合同条件是规定工程业主、承包公司以及业主任命的工程师三者的职责和权利的文件。它在各种投标文件中占有重要地位。国际承包工程合同种类繁多，其名称和内容各有不同，一般分为以下三大类：（1）总价合同，即支付给承包商的款项只在合同中规定一个总价。（2）单价合同，即每项合同规定一个具体价格。（3）成本补偿合同，它是当工程内容及其经济技术指标尚未全面确定，而工程又必须向外发包时采用的一种合同形式。

合同条件对承包发包双方均有约束力。因此，无论采用哪种合同，合同中都应明确双方的权利和义务。其中主要有：工程师及工程师代表条款、转让和分包条款、承包人一般责任、特殊自然条件和人为障碍、特殊风险、保险条款、停工条款、推延竣工以及误期竣工处罚条款、竣工和维修条款、索赔条款、支付条款、承包人违约条款、工程业主违约条款、争议仲裁条款等。

6. 承包工程的总体规定和技术规范

7. 图纸及设计资料附件

8. 工程量表

（二）投标

承包者在取得项目投标资格和招标书以后，应立即按照招标的要求和条件对工程项目进行实地考察，通过详细地分析和估算，编制投标文件，然后按指定的时间和地点将投标书递交或寄送给招标人，至此完成投标过程。

投标是国际承包市场上获得工程项目所普遍采用的一种方式。当前，在国际承包市场上，竞争日趋激烈。每一个承包者要想在复杂的国际竞争环境中能够争取得标，必须重视投标活动的关键环节。

1. 力争获得投标资格

这是参加投标活动的第一关。承包者要顺利过关，下列工作决不可忽视。

（1）准备好预审材料。凡参加投标的承包商，都要经过资格预审，主要审查投标人是否具备完成招标任务的能力和条件。审查不合格者，就失去了参加投标资格。为此，承包商应准备好能证明具备投标资格的有关文件和材料，如施工能力、技术力量、设备条件、劳务优势、信誉评价以及银行保证书等，主动提供给发包单位或业主，让他们有更多的了解，并配合完善的服务和办事效率，在建立良好印象的基础上，给人以信任感。

（2）办理好注册登记。承包商到国外承包建设工程，应按照东道国法令，在该国政府有关部门进行注册登记，取得在该国经营承包业务的合法身份。注册登记后，应按照所在国有关规定履行一定的义务，如缴纳有关税款和提交承包年度报告等。

（3）物色好代理人选。凡在国外进行承包业务的承包商，要想取得投标资格，不得不借助代理人在当地的地位、背景、能力和关系来解决自己所不能解决的问题。因为，有些国家为了保护本国公民的利益，在发包时规定参加投标的外国公司，必须要有当地的代理，否则就不让投标。另外，国际承包商在当地选定一个信誉好、能力强、消息灵通的个人或厂家作为自己的代理人，即使多花费一些钱或分出部分利润，仍然是可行而有意义的。一个好的代理人不仅要为承包商办理那些急于想办和必须办的事，还能及时提供信息和情况，协调当地各方面的复杂关系，对提高中标率有很大的好处。也可以说，物色和选定代理人是投标活动中一项重要的准备工作。

2. 认真研究招标文件

承包者取得投标资格后，第二步就是要仔细研究招标文件。主要针对招标文件中提出的有关条件、条款和各项技术经济指标，结合自己的能力、水平和生产管理经验，全面认真地衡量能否顺利完成承包任务，有多少现有的力量可以动员，有哪些能够挖掘的潜力。尤其是对于期限的要求，必须在倒推匡算的基础上，充分利用网络优化技术，制定切实可行的计划。

与此同时，在研究招标文件中，要仔细检查有无矛盾和差错的地方，发现问题应立即询问、说明或修改，在征得对方同意后加以更正。切勿将错就错、含糊其辞，留下后遗症，影响下一步工作顺利进行。

3. 核算项目费用投标报价

在调查研究的基础上，核算工程项目的费用，提出投标报价，是极其关键的一环，也是整个投标活动中带有决定意义的实质性问题。投标报价过高，虽能增加利益，而中标的机率会相应减少。反之，投标报价偏低，即使能够夺标，也将得不偿失。因此，承包者在决定标价前，一定要实地勘察工程项目的外部环境，弄清当地建设条件，供电供水情况，核准实际工作量，计算材料、人工和机械设备的耗用量，确定各种管理费用及其应缴纳的各项税金等等。通过精确计算有关工程项目的成本，才能提出合理的投标报价。

在最后确定标价时，还应充分估计各类有关生产资料的国际市场价格变动趋势对项目成本的影响；当地政府政策和税收的变化对费用开支的影响；竞争对手在掌握新技术和服务方面的措施对发包者心理上的影响等等。

4. 编制技术文件按时送报

投标活动的最后一道环节，是认真编制或填写投标文件，按招标的具体要求和期限，及时送达招标人手中。投标文件应概括项目名称、工程进度、技术标准、完工日期、验收方式、保证条件和最终报价等，详细列出。必要时还应将需要进一步说明的问题、简图或初步计划等，作为附加文件一并送上。

至此，投标者还应在递送投标文件的同时，缴纳一定金额的投标保证金（或由银行出具保函），以表明投标者诚心合作的决心。如果投标人中途反悔或在得标后拒不签订合同，招标人有权没收其投标保证金。如若招标人决定他人中标并与之签订合同后，未中标的投标人所缴的投标保证金应予全部退还。

在国际承包市场上，我国的国际劳务合作公司参加投标时，不仅要填签工程业主所制备的各种文件，还要准备以下各种文件：

1. 营业执照

国际投标在投标注册登记和资格预审时，都要求投标人提供在本国注册的“营业执照”。由于我国的劳务合作公司参加国际投标时不便提供我方的营业执照，所以必须由国家工商行政管理总局签发专门证明书“营业证书”代替“营业执照”。

2. 公司章程

在国际承包业务中，我国都是以有限公司的组织名义参与投标活动。这些公司的章程必须在国家公证处办理公证手续后，才能提供给雇主。

3. 董事会名单

国际劳务公司的董事会名单要列明正副董事长、常务董事和董事的名单，由公司自行开出后，在国家公证机关办理公证手续。

4. 互惠证明书

根据有些国家要求外国投标人提供互惠证明的需要，我国公司必须向国家工商行政管理总局申请颁发“互惠证明书”，以确保我方得到这些国家给予的优惠待遇后，该国公司参加我国招标活动时也能享受同等的优惠待遇。

5. 驻外办事处主任“委任书”

为了开展承包工程业务，我国公司需要在某个国家或地区设立办事处时，应以“办事处”名义在该国（地区）注册。届时需要向驻在国（地区）提供办事处主任委任书以及办事处全体人员名单。委任书要明确规定办事处的职权范围。委任书要由公司董事长或总经理签发，并办理公证手续。

6. 当地代理委托书

如果工程招标国家规定投标人注册登记须由当地代理人代办时，我方公司必须出具代理委托书。委托书由我方投标公司总经理签发，并由公证处办理公证手续。在签发委托书之前，投标公司要同邀请的代理人签订注明双方权利义务的代理合同。

7. 资信证明

按照国际惯例，在承包工程所在国进行注册登记及资格审查时都必须提供资信证明，证明我方公司的资金数目、设备情况、施工能力以及商业信誉等情况。资信证明由中国银行开具，不必经过公证。

8. 授权书

授权书是我方承包公司开具给代表公司对外签署公约、联系业务的代表的证明文件。它由承包公司董事长或总经理签署，并在公证机关办理公证手续。

9. 保险证明

按合同规定，由我方投标的劳务人员及工程人员人身意外险、附加医疗费保险、附加疫病所致伤残的医疗费保险以及第三者责任险等，要在中国保险公司投保，并开具保险证明。

10. 保函

工程业主要求投标人提供的保函主要有：（1）投标保函，即随同投标文件送达招标人的银行担保书，如果投标人中标后不签承包合同，工程业主可以没收保函内规定的保证金，银行担保承付。（2）履约保函，即签署承包合同时递交的银行担保书。（3）预付款保函，即承包公司收取预付款项的担保书。我方承包公司所需要的保函均由中国银行开具，但事先必须由承包公司出具“要求开具保函格式”，以及“合同文本都由招标的工程业主备妥，由有关方面填妥签署即可”的声明。

（三）议标

议标阶段所包括的内容有：开标、评标和中标。

1. 开标

当发包人或业主收到承包人的投标文件后，在指定的地点与时间，邀集参与投标的所有承包人或公司代表，当众启封各个投标书并宣读内容。在正常情况下，投标书一旦启封，投标者不得对自己的投标内容进行实质性修改，但允许对他的投标作一般性的说明或疑点澄清，对招标人来说，也可以要求投标人对其投标文件中的某些含糊不清之处加以说明。

2. 评标

凡属于较重要的大型工程项目，发包者可组织评标委员会。由该委员会成员对所有的投标文件逐个进行全面地比较和评审，并对所有投标单位或公司的能力、资信、技术水平、人员配备、质量保证、交付日期以及所报出的标价等各个方面进行综合考虑，权衡利弊和优缺点，然后确定最合适的承包者。评标活动一般是秘密进行的。

3. 中标

中标人有时并不一定是报价最低的承包者。业主往往从工程项目的质量出发，事先聘请有关专门人员进行测算，掌握一个可行的标准价格，这个内部确定的价格应该是绝密的。凡接近该标准价格的方案，其中标的可能性最大。

因此，在决定中标人以后，发包者或业主就向得标者发出《中标通知书》，通知他前来签订合同，如果中标的承包公司拒绝签订合同，则工程业主可以没收承包公司递交的银行保证金。

（四）签约

中标人接到“中标通知书”后，应在规定的期限内与招标人商洽签订合同或授权代表代签。签订合同前，中标人应该交以下文件：项目所在国有关单位对中标人的登记证明和当地公证机关的公证、中标人的注册国驻项目所在国使馆的认证、履约保证金或保证书、保险单。按照国际惯例，在实行国际竞争性公开招标方式时，由招标人准备合同文件。合同协议书及合同条款必须由合同双方合法代表签字，并加盖双方单位公章以及双方签证单位的公章后方能生效。

合同一经双方签订和有关单位批准，国际承包工程招标与投标工作即告全部结束，并开始转入施工准备阶段。

四、国际承包工程合同

承包合同是合作双方处理有关权利和义务的法律依据，必须认真研究和商讨有关各项条款。合同一经正式签署，双方应严格遵守，共同履行。否则，任何一方都有权要求对方赔偿损失或解除合同。

具体合同条款应根据不同工程项目的性质和内容来拟订，一般应该考虑的主要问题有下列几个方面：

1. 工程范围及施工工艺技术要求

合同中要明确列出：哪些工程属于合同范围，哪些工程不属于合同范围；使用哪一种材料；施工工艺如何，包括特殊材料的技术标准以及施工的特殊要求。并规定，施工材料和施工技术需经试验，或提供材料样品，经工程师认可后方可用于工程。其样品和试验费一般由承包商支付。

2. 工期

主要包括开工期限和竣工时间，一般来说，工期从投标附录中规定的开工期限的最后一天算起，或从工程师下令开工起的30天，在规定的竣工时间内竣工。

3. 工程的变更

承包工程合同中要订明：施工期限确定后，超期竣工的罚款限额；由于工程变更，额外追加工程量或中途改变方案；或由于恶劣气候影响及其他由于业主的原因而导致工程缓慢，承包商有权要求延长竣工时间，因工程变更、追加或取消而发生的费用变化由业主承担。

4. 工程师和建筑师的权限

合同应明确规定工程师和建筑师的各种职权，包括下达开工、停工和返工，甚至改变工程的命令；监督施工；检查工程质量和审查材料试验，审批承包商提出的权利与主张，裁决承包商与业主之间发生的争议，以及对承包商作出“失权”的证明等。

5. 工程项目的基本价格

主要包括三大内容：（1）材料设备总价，包括它们的基本价，管理费、利润和预计上涨费等；（2）总劳务费，包括基本劳务费、施工机械设备器具的摊销费、暂设工程的摊销费、现场管理费、不可预见费等；（3）其他费用，包括勘探设计费、保险手续费、贷款利息费、保险费、代理人佣金等。

6. 雇佣劳动力

主要包括关于雇佣外国劳动力的限制，雇用当地工人的比例，雇佣施工工人必须提供的食宿等生活条件，劳务人员行为守则等。一般而言，承包商在实施国际工程时必须雇佣一定比例的当地工人，负责提供施工工人的食宿。同时，约束所有参加施工人员遵守所在国法令和当地风俗习惯。

7. 施工设备、材料和临时设施

主要包括设备或材料的国家标准，及其配备、管理、使用。合同规定，未经工程师同意，承包商不得随意把运到工地的施工设备、材料和临时设施撤走或调往其他项目使用。竣工后，应做好清场工作，将设备、剩余材料和临时工程设施撤走。

8. 货币及兑换率

在合同中，应明确规定承包工程款的支付以兑换率货币为主，并合理确定外币与当地货币的比例。这是因为，在国际承包业务的实践中，承包商要用工程所在国的货币支付当地材料费、运输费、雇员费等；要用不同国家的货币进口材料或设备，并支付第三国雇员的部分工资；要用承包商本国货币支付本国人员的工资、材料费。因此，工程业主需向承包商支付一定比例的外币。此外，由于货币兑换限制和货币汇率浮动的原因，必须通过协商订定解决的办法，以免以后发生争议。一般来说，为了避免工程所在国对货币支付管理实行新办法或新的兑换率，使承包商遭受损失，都按工程投标截止至日前30天的规定和兑换率执行。

9. 支付方式

支付方式可分为支付时间和支付方法。国际承包合同惯用的支付时间和方法大致可作如下划分：

（1）预付款

预付款是用来支付承包商筹建施工初期的一笔费用，也是为准备工作所急需的费用。承包商争取得到这笔费用，可以减少垫付的周转资金。预付款的数额和支付时间应在承包合同中提出，支付时间最好在合同签订后和正式开工前的一段时间内。预付款的支付方法可由承包商提供一份金额相等的银行保证函即可付给。预付款的归还则可在每月支付的工程进度价款中，按预付款占合同总价的比例扣除。

（2）工程进度价款

工程进度价款是按每月实际完成的工作量，凭现场监督人员签署的索款单支付。工程进度款中包括当月工作人员的工资，已到的材料费及设备价格等开支。如业主在规定时间内未能及时支付此项价款，则应向承包商计算利息，并在预付款中抵偿，同样要在合同中订明。

(3) 工程完工的结算付款

当工程完工并经验收合格，由现场监理工程师签署合格证明书，即告竣工。业主应该将合同价款中一切未付款项结清，全部付给承包商。

(4) 退还保留金

业主在每次支付工程进度价款时，扣留一定比例金额作为保留金，目的是为了防止承包商不能按合同完工或维修期不负责的抵押。这项保留金应在工程完工或维修期满后全部退还承包商。承包商应在签约时，争取合理的保留金比例条款。

10. 不可抗力与保险

主要包括不可抗力的种类、风险责任、保险险种、补偿费、保险费给付等。合同应对发生战争、暴乱、军事政变、灾难以及飓风、水、火、地震等不可抗拒的特殊风险造成损失的支付问题作具体规定。一般来说，承包过程中，承包商要承担工程竣工前除不可抗拒的天灾人祸之外的一切风险责任，包括工程项目本身及其设备材料的物质损失、工程人员的人身损害以及工程人员事故给第三者造成的人身伤害及财产损害。承包商必须向保险公司投保，办理工程投保所必须支付的费用，要打入报价中，转嫁给业主。

工程保险的险别一般有：建筑安装工程一切险、建筑安装工程第三者责任险、工程材料设备运输险、施工机械设备险、工程保证期责任险、人身保险。由于工程项目内容以及工程所在国有关法律的不同，承包合同对工程保险的内容、投保地点等均应作明确的规定。

11. 工程维修

工程项目经验收正式交付使用之后，在一般情况下，承包商还要对工程项目承担一定期限的维修保养责任。在这段时间内，如发现材料或做工不符合标书规定的要求或有缺陷，承包商要负责纠正和弥补。也应该订立合同，合同应尽量全面而具体，照顾双方的利益。

12. 双方违约责任和争端的解决

主要包括承包商违约责任、业主违约责任、争议的解决办法等。

第一，合同要规定，当承包商违约、放弃合同或破产时，业主应采取的补救办法和拥有的权利。即业主可以在发出通知14天后占领工地和工程，赶走承包商，自行实施本工程或雇佣别的承包商完成本工程，其费用由原承包商支付。

第二，合同要规定，如果业主未按合同规定的条件和期限向承包商付款，或因业主破产停业，或由于不可预见的原因不能继续履行业主的义务，承包商有权解除工程合同，撤走施工设备和材料。业主应向承包商支付由此而产生的一切费用。

第三，合同还应对业主与承包商之间、工程师（业主代表）与承包商之间、承包商与分包人之间在实施本工程方面发生的任何争议规定解决办法。

第八章　商务谈判的目标和计划

商务谈判是一项复杂的活动，要想取得成功，在谈判前就必须制定既符合企业利益又具有可行性的谈判目标和详细的谈判计划，以指导整个谈判活动有条不紊地进行。本章将围绕如何制定商务谈判目标和计划展开讨论。首先阐述商务谈判目标的涵义、制定的要求和程序以及商务谈判目标的表达方式；接下来讨论商务谈判目标的评价和成功概率的估量；最后介绍商务谈判计划的涵义、内容和制定方法。

一、商务谈判目标的制定要求和程序

（一）商务谈判目标的涵义

商务谈判目标是谈判人员及其主管根据企业经营目标和需要，通过可行性分析和研究，而确定的预期要达到的谈判结果。商务谈判目标必须以企业的经营目标和需要为根据来制定，因为，商务谈判本身就是为了实现和满足企业的经营目标和需要而进行的一种商务活动。另外，在制定商务谈判目标时还必须考虑本企业和谈判对手的谈判实力以及市场竞争、供求状况等因素，进行可行性分析和研究，使制定的目标既符合企业的需要又具有实现的可能性。

商务谈判目标在商务谈判整个活动中具有重要的地位。首先它是企业管理人员在决定是否谈判时的考虑因素之一。企业的各种资源是有限的，而市场机会或谈判机会有很多，不同的机会对企业的价值是不尽相同的，企业要想获得尽可能大的利益，就必须把自己有限的资源投入到最有利的机会中去。因此，企业管理者面对一次谈判机会时必须判断是否值得派人去进行谈判。在作这种判断时，需要考虑两个因素，一是本次谈判满足企业经营目标或需要的程度，二是谈判取得成功的可能性。前一因素可以通过商务谈判目标来衡量，因为商务谈判目标是预期要达到的谈判结果，它反映了本次谈判的价值或预期价值。其次，商务谈判目标是谈判人员的行动指南和纲领。如果管理者决定谈判，那么谈判人员的任务就是在规定的时间内去实现谈判目标，为此，谈判人员必须以谈判目标为核心，结合其他因素来制定谈判计划并以此来指导谈判活动。脱离了谈判目标，谈判人员的计划和行动就失去了方向。最后，商务谈判目标是衡量谈判是否成功的标准。谈判是否成功，谈判结果的好坏需要以谈判目标作为标准来衡量，谈判目标实现的程度越高，说明谈判越成功。

由于商务谈判的内容比较多而且在商务谈判中存在着许多不可预测的因素，这就决定了商务谈判目标是一种由多项具体目标构成的体系。根据商务谈判目标的重要性和实现的可能性，可将其划分为三个层次：基本目标、争取目标、可交易目标。

1. 基本目标。基本目标是指保证本企业最基本利益的谈判目标。如果在商务谈判中无法实现基本目标，谈判人员则只好放弃谈判或退出谈判。

2. 争取目标。这是指对企业利益有一定影响但在必要时可以放弃的谈判目标。谈判人员应尽力去实现争取目标，但是在必要时，比如关于争取目标的谈判陷于僵局，在保证基本目标能够实现的前提下，为避免谈判破裂，可以放弃争取目标。

3. 可交易目标。可交易目标是对企业利益影响不大的谈判目标。

在一次谈判中，不但不同项目的目标可以区分为上述三个层次，而且同一项目标也可以区分为上述三个层次。例如，一研究所在采购试验用的物品时，把质量作为基本目标，价格作为争取目标，支付方式作为可交易目标。而对于价格目标又分三个层次，单价 55 元作为基本价格目标，53 元作为争取价格目标，50 元作为可交易目标，这意味着，研究所愿意出的最高单价为 55 元。

另外，根据商务谈判目标的内容不同，也可以对谈判目标进行分类。由于不同类型的商务谈判的内容差异较大，很难按目标内容对谈判目标统一分类，下面以最普遍的商品交易谈判为例作一介绍。一般的商品交易谈判基本上包括七个方面的目标：商品品质目标、商品数量目标、商品价格目标、支付方式目标、保证期目标、交货期目标以及商品检验目标等。

1. 商品品质目标。这是指买方或卖方对欲购进或销售的商品在品质方面对品质、规格、等级等的要求或规定。

2. 商品数量目标。即买方或卖方对欲购进或销售商品数量的要求。

3. 商品价格目标。是指买方或卖方对成交单价的规定。

4. 支付方式目标。即买方或卖方对欲购进或销售商品货款支付方式的规定。这里的支付方式不是指会计方面的结算方式，如托收承付、信用证支付、支票支付等，而是指影响企业利润的付款形式，如分期付款、预付货款等。

5. 保证期目标。这是指买方或卖方对购进或销售商品在质量和数量上的保证时间的规定。

6. 交货期目标。这是指买方或卖方对商品交接时间的要求。

7. 商品检验目标。指买方或卖方对商品的检验标准、检验机构、检验时间及检验方法的要求。

（二）商务谈判目标的制定要求

商务谈判目标的制定应符合挑战性、可行性和灵活性三个要求。

1. 挑战性。商务谈判目标的挑战性是指谈判目标需要经过谈判人员的一番努力才能得以实现。制定具有挑战性的谈判目标是企业追求利益的要求，同时也是激发谈判人员积极性、创造性的需要。如果谈判目标制定得较低，谈判人员面临或意识到的问题就会大为减少，也就难以激发他们的创造性和积极性，同时这对于企业的长远发展也极为不利，因为只有看到企业的问题，才能保持警觉，才能不断地作出努力，使企业前进和发展。较低的谈判目标可能是现实的，但它也是消极的，制定这样的目标一开始就是半失败主义者。

2. 可行性。商务谈判目标在具有挑战性的同时还必须具有可行性，即谈判目标必须是通过谈判人员的努力有可能实现的目标。谈判目标并不是越高越好，过高的目标，脱离了现实可能性，也就失去了其意义，既不能作为管理人员决定是否谈判的参考，也不能作为谈判人员行动的指南。另外，过高的缺乏可行性的谈判目标，也难以起到激励谈判人员的作用。激励的期望理论指出，一个人的行动动力是其某项行动的预期价值和他领会到的达到其目标的可能性的乘积，用期望理论的提出者佛隆的术语可表达为：动力 = 效价 × 期望值。这里，效价可以理解为目标的价值，而期望值是实现目标的可能性。据此，不论目标的价值有多大，当期望值很小时，人们的行动动力都非常小。所以，谈判目标制定得过高，谈判人员发现实现的可能性很小时，就不会有很高的积极性。其实这里的道理十分简单，明知道难以实现，谁还会再去付出努力呢？

3. 灵活性。灵活性是谈判艺术的核心，谈判目标也应具有这一特点。在谈判前，我们不可能确切知道对方会接受什么样的交易条件，如果将谈判目标制定得过死，缺乏弹性，就可能达不成协议。另外，缺乏灵活性的谈判目标也不利于谈判人员发挥创造性，不利于他们见机行事，为本企业甚至在不损害本企业利益的前提下为对方谋取更多的利益。商务谈判是一项极富创造性的工作，在谈判中，双方通过有效的沟通、讨论、创造性的构思，往往能够找出扩大双方利益或更好满足双方利益的方式方案。预先把谈判目标订得过死，实际上是限制谈判人员的创造性，不允许他们发挥聪明才智，不让他们为本企业和对方谋取更多的利益。谈判中的利益不是既定的馅饼，它有待谈判人员的开发。

（三）商务谈判目标的制定程序

为保证商务谈判目标符合本企业的利益。同时又具有可行性，在制定谈判目标时采用正确的程序是非常必要的。下面介绍一种既科学又切实可行的程序。这种程序分三个步骤，第一步，提出终极目标；第二步，对终极目标进行可行性研究；第三步，确定正式的谈判目标。

1. 提出终极目标。终极目标是指完全符合本企业经营需要的谈判目标。在提出终极目标时，不应考虑技术或商业上的限制，而应该从本企业的经营需要出发，本企业需要什么就制定什么样的谈判目标。终极目标的作用在于保证谈判目标的挑战性。终极目标能够使管理人员和谈判人员一开始就认清本企业所希望达到的最理想的谈判目标，看清谈判中或本企业可能存在的问题。问题的多少与所要达到的目标的高低成正比，目标越高，所需要解决的问题就越多。终极目标是最理想的目标，也是最高的目标，它能够使本企业所存在的问题充分暴露出来。只有意识到问题才有可能去想办法加以克服，才能激发人们的创造性。总之，终极目标是通过暴露问题向管理人员和谈判人员提出挑战的。当然，有些问题如技术问题、信誉问题、谈判技能问题在本次谈判的时限内可能无法解决，但也为将来的努力提供了方向。

2. 终极目标的可行性研究。终极目标是完全根据企业生产经营需要而提出的谈判目标，没有考虑各种主客观条件的限制，带有浓厚的主观色彩，因此不能直接把它拿来作为正式的谈判目标，而应该对其进行可行性研究。如果可行，才可以作为正式目标下达给谈判人员，如果不可行，则应对其作必要的修正。

对终极目标的可行性研究包括两项主要内容，一是调查收集信息资料，包括市场信息、谈判对手的情况以及本企业的有关情况等三个方面（参见下一章）；二是在此基础上对终极目标实现的可能性进行估量，估量的方法与下节所讲的谈判成功概率的估量方法相同。

3. 确定正式的谈判目标。在谈判人员对终极目标进行可行性研究之后，企业管理当局应该召集有关管理人员和谈判人员共同参加的会议。在此会议上，先由谈判人员公布可行性研究的结果，即实现终极目标的可能性，存在哪些问题和困难。然后大家一起讨论研究可以采取哪些措施来克服当前的问题和困难，如果确实存在当前无法解决的问题和困难，并且这些问题和困难使得终极目标难以实现，就应当对终极目标进行必要的修改。最后，把大家一致同意的结果作为正式的谈判目标。当然也可能大家认为本次谈判对本企业的意义不大或通过谈判难以取得令人满意的结果而作出取消本次谈判的决定。对于简单的谈判项目，这种会议开一次就可以解决问题。而对于复杂的谈判项目可能需要开好多次，在此期间谈判人员根据会议意见进一步收集信息，分析研究，甚至可以与谈判对手进行探索性接触和会谈，以帮助会议作出最后的决定。

（四）商务谈判目标的表达方式

不管是终极目标、正式的谈判目标还是正处于修正过程的目标，都需要以某种方式表达出来。不同类型的商务谈判，谈判目标差别是很大的，很难找到一个统一的表达方式，但是，总的要求是简明扼要、明确具体。下面以购销合同谈判为例说明谈判目标的表达方式。

1. 价格目标。价格目标可以采用单价方式来表达，例如，“价格目标：9 元 ~ 11 元/台。”供应商也可以以利润率来表达价格目标，如“价格目标：利润应达到销售额的 15%，最低不能低于 11%。”这种方式给予谈判人员一定的灵活性，谈判人员可以根据谈判双方分担商业费用的情况、合同条款风险的大小，灵活地确定单价。当运费、保险费等由供应商承担时，单价相应地高一些，相反，这些费用由对方承担时则可相应地降低，但万变不离其宗，那就是保持 11% ~ 15% 的利润率。

2. 支付方式目标。支付方式目标除了明确规定支付方式之外，还应提供贷款利率，以便谈判人员计算比较不同支付方式的费用，如“支付方式目标：预付金额为货款的 5% ~ 10%，其余货款在交货后 10 天内全部付清；与这种方式相比，只要不增加本企业的费用，也可同意对方提出的其他任何方式。利率以年利率 10% 计算。”

3. 保证期目标。保证期的长短涉及到风险费用，因此也应严格规定。这项目标应明确规定保证期的长短，并说明增加保证期可能给本企业（供应商）带来的风险费用。如“保证期目标：保证期最好为一年，如果对方强烈要求增加保证期，可以同意，但保证期最多不能超过两年；每增加半年的保证期给本企业带来的风险费用为成本的 1%。”

4. 交货期限目标。对于供应商来说；交货期限所带来的风险与合同条款中的罚则有关，如果合同中规定了延期交货的处罚条款，交货期限的长短就可能为企业带来风险，如果合同中没有规定延期交货的处罚条款，则交货期限的长短与风险无关。因此，交货期限目标可以这样表达：“交货期限目标：交货期限最短不能少于两个月（自合同签字时计算），但是，如果不增加本企业的风险可以同意对方在交货期限上的任何要求。”

上面介绍了四种目标的表达方式，至于其他目标如质量、检验、运输等的表达比较简单，在此就不再说明。

二、商务谈判目标评价和成功概率估量

商务谈判目标评价是对谈判目标符合企业需要的程度进行的分析评估。商务谈判成功概率估量是指对谈判目标实现的可能性进行的估量，也就是前所讲的对谈判目标的可行研究。谈判目标评价和成功概率估量是贯穿于整个谈判目标制订过程的两项重要工作。从最初提出终极目标到最后确定正式谈判目标，谈判目标要经过反复修改，每次提出或修改谈判目标都需进行目标评价和成功的概率估量，以帮助本企业看清谈判目标的价值和可行性，并为进一步修改谈判目标或下一步决策提供依据。本节将介绍和讨论谈判目标评价和成功概率估量的方法，以及如何根据谈判目标评价和成功概率估量的结果作出是否谈判的决定。

（一）商务谈判目标的评价

企业管理者必须把企业的资源投入到最有利的市场机会中，这样才能获得尽可能大的利益。因此。他们在面对一次商务谈判机会时，必须对它作出价值判断，即判断这项谈判在多大程度上满足企业的需要。满足的程度高，价值则大；满足的程度低，价值则小。由于谈判目标是谈判预期要达到的结果，体现了谈判的预期价值，因此，在谈判前评价谈判的价值可以通过评价谈判目标来实现。

这里介绍一种谈判目标评价的数量化方法，该方法分为四个

步骤：首先，找出企业的需要；其次，估量各种需要的相对重要程度；第三，估量本次谈判或本次谈判目标满足企业各种需要的程度；最后，计算谈判意向值。

1. 找出企业的需要

一般来说，企业有四个方面的需要，即营销、生产、财务、合约条款。在具体操作中。由企业的各个部门从上述四个方面分别找出企业的具体需要，然后汇总起来列在谈判目标评价表中，如表 8－1 的第一列所示。

2. 估量各种需要的相对重要程度

上述第一步中所找出的企业的各种需要在企业整体需要中的地位或重要程度是不相同的，因此，第二步就要估量各种需要的重要程度。估量的方法是先随意给某项需要确定一个标准分值，如把表 8－1 中的第一项需要给定为 10 分，这一项可以称为基准项目；其次，把其他需要与基准项目进行重要性方面的比较。以此确定其他需要的重要性分值，如表 8－1 中第二项需要与第一项需要同等重要，则第二项需要重要性分值与第一项需要相同，亦为 10 分，再如第三项需要的重要性只相当于第一项需要的一半，则给其为 5 分。将各项需要的重要性分值列入表 8－1 中的第二列。

3. 估量本次谈判或本次谈判目标满足企业各种需要的程度

上述两步实际上是为评价本次谈判或谈判目标制定了评价标准，接下来第三步就是依据标准评价本次谈判。评价时按第二步所列各项需要的顺序依次进行，评价结果以分值的形式表示，满足企业需要的程度越高，分值越大，如本次谈判完全满足第一项需要，则给该项需要的满分，即 10 分，再如本次谈判只能满足第 11 项需要的一半，则给该项需要满分的一半，即 5 分。将评价的估分填人表 8－1 中的第三列，即“本次谈判满足企业需要的程度估分”栏内。在评价时还可以将评价的根据、原因、结论等以简短的语言填写在表 8－1 中“评议”栏内，参见表 8－1。

表8-1　谈判目标评价表（举例）

<table>
<tr><th colspan="3">企业需要</th><th rowspan="2">各项需要的重要性分值</th><th rowspan="2">本次谈判满足企业需要的程度估分</th><th rowspan="2">评议</th></tr>
<tr><th></th><th>编号</th><th>需要项目</th></tr>
<tr><td rowspan="5">营销方面</td><td>1</td><td>该项交易是否属于企业的业务主流</td><td>10</td><td>10</td><td></td></tr>
<tr><td>2</td><td>近期是否还有其他交易机会</td><td>10</td><td>5</td><td></td></tr>
<tr><td>3</td><td>该项交易是否有利于扩大企业的影响</td><td>5</td><td>3</td><td></td></tr>
<tr><td>4</td><td>该交易是否对完成销售任务有大的影响</td><td>15</td><td>5</td><td></td></tr>
<tr><td>5</td><td>该交易是否有利于开拓目标市场</td><td>10</td><td>8</td><td></td></tr>
<tr><td rowspan="4">生产方面</td><td>6</td><td>如果成交，是否有充分的生产资源</td><td>10</td><td>10</td><td></td></tr>
<tr><td>7</td><td>以前是否生产过同类产品</td><td>10</td><td>8</td><td></td></tr>
<tr><td>8</td><td>是否需要特殊的生产设施</td><td>10</td><td>8</td><td></td></tr>
<tr><td>9</td><td>如果成交，是否有利于留用关键人才</td><td>10</td><td>9</td><td></td></tr>
<tr><td rowspan="3">财务方面</td><td>10</td><td>能否保证正常的利润</td><td>20</td><td>15</td><td></td></tr>
<tr><td>11</td><td>是否有利于资金周转</td><td>10</td><td>5</td><td></td></tr>
<tr><td>12</td><td>是否有利于降低经营成本</td><td>10</td><td>7</td><td></td></tr>
<tr><td rowspan="2">合约条款方面</td><td>13</td><td>是否会按本企业常用的条款签订协议</td><td>10</td><td>5</td><td></td></tr>
<tr><td>14</td><td>预计合约条款是否有风险</td><td>30</td><td>20</td><td></td></tr>
<tr><td colspan="3">总计</td><td>170</td><td>118</td><td></td></tr>
<tr><td colspan="3">谈判意向值</td><td colspan="3">$\frac{118}{170}=69\%$</td></tr>
</table>

为保证评价的客观性，可以将表 8－1 多打印几份，交由企业的不同部门进行这项估量，然后汇集起来计算出各项估分的平均值，作为正式的估量结果。由一个部门估量，该部门可能会过于偏重本次谈判对本部门的利益，而忽略企业的其他方面的利益，如销售部门可能会过于偏重本次谈判对营销方面的影响，而忽视生产、财务等方面。

4. 计算谈判意向值

谈判意向值是反映谈判满足企业整体需要程度的一个指标，计算公式为：

$$谈判意向值=\frac{本次谈判满足企业需要的程度估分总计}{企业各项需要的重要性分值总计}$$

以表 8－1 所列数据为例，谈判意向值 $=\frac{118}{170}=69\%$。谈判意向值的取值范围在 0～100% 之间，百分数越大，表示本次谈判满足企业需要的程度越高。

谈判意向值的作用在于能够使管理人员了解本次谈判或本次谈判目标的价值大小。一般来说，谈判意向值在 50% 以上，则这一谈判有利于增加企业利益。如在 50% 以下，则对企业带来不了多大的利益，甚至有害。

（二）商务谈判成功概率的估量

1. 卖方成功概率的估量

卖方在估量谈判成功概率时有三种不同的情况。第一种是对方只考虑价格因素并由一个人作出购买决定；第二种是对方考虑多种因素，但由一个人作出购买决定；第三种是对方考虑多种因素，并由集体作出决定。下面分这三种情况分别介绍成功概率的估量方法。

（1）对方只考虑价格因素并由一个人作出购买决定。在这种情况下，本企业只能根据自己所掌握的有关竞争者的价格信息来估量成功概率。竞争者是指有可能与本企业竞争同一笔交易的其他企业。如果确切知道竞争者在本次交易中准备达成的价格比本企业的价格目标低，那么，毫无疑问，在目前本企业的价格目标下，本企业的谈判成功概率为零。相反，如果确切知道竞争者的价格比本企业的高，则本企业的成功概率为100%。在实践中，更多的情况是无法确切知道竞争者在本次交易竞争中准备达成的价格。这时，本企业可以根据竞争者以往交易的成交价格情况来确定本企业的成功概率，即本企业的成功概率等于竞争者在过去的交易中成交价格高于本企业本次谈判价格目标的百分比。例如，根据本企业的掌握的资料，竞争者在过去的120笔交易中成交价高于本企业本次价格目标的次数有50次，以此可以算出竞争者在过去的交易中成交价格高于本企业价格目标的百分比为$\frac{50}{120}=41.7\%$。这个百分比可以近似看作是竞争者在本次交易中准备达成的价格高于本企业价格目标的概率。竞争者的价格高于本企业的价格目标，就意味着本企业的成功，因此，这一百分比即是本企业的谈判成功概率。

（2）对方考虑多种因素，但由一个决策人作出购买决定。在这种情况下，成功概率的估量可以分三步进行，参见表8－2。首先，找出影响对方购买决策的因素，并确定各因素在对方决策中所占的影响力权数。例如表8－2中列出三个影响对方购买决策的目素：价格、质量和供应商信誉，它们在对方决策中的影响力权数分别为40%、30%和30%。其次，从购买决策人的角度比较本企业与竞争者在各因素上的优劣势，并确定优劣程度。优劣程度可用计分的办法表示，具体方法是给每一因素设定100分，然后在本企业与竞争者之间分配，本企业或竞争者在某个因素上具有的优势越大，所分配的分数就应越多，例如在表8－2中的价格因素上，本企业具有较大的优势，而竞争者甲处于劣势，竞争者乙居中，因此，价格因素上的100分分配给本企业

50 分，竞争者甲 20 分，竞争者乙 30 分。第三步是根据前两步所得到的数据计算出本企业的谈判成功概率。具体的计算过程是将本企业在各因素上的得分分别乘以相应的决策权数，得到本企业经购买决策权数之后在各因素上的得分。然后将之合计并除以 100。所得结果便是本企业的谈判成功概率。用公式可表示为：

$$\text{本企业谈判成功概率}=\frac{\sum(\text{本企业在各因素上的得分}\times\text{相应的购买决策权数})}{100}$$

以表 8－2 所列示的数据为例：

$$\text{本企业谈判成功概率}=\frac{\text{本企业在价格上的得分}\times\text{价格权数}+\text{质量得分}\times\text{质量权数}+\text{信誉得分}\times\text{信誉权数}}{100}$$

$$=\frac{50\times40\%+30\times30\%+30\times30\%}{100}$$

$$=\frac{20+9+9}{100}=\frac{38}{100}=38\%$$

竞争者的谈判成功概率可以用同样的方法计算。

表 8－2　谈判成功概率估量表

影响对方购买决策的因素	各因素在对方购买决策中所占权数	供应商在各因素上的得分			供应商经对方决策权数之后在各因素上的得分		
		本企业	竞争者甲	竞争者乙	本企业	竞争者甲	竞争者乙
价格	40%	50	20	30	50×40%＝20	20×40%＝8	30×40%＝12
质量	30%	30	40	30	30×30%＝9	40×30%＝12	30×30%＝9
信誉	30%	30	30	40	30×30%＝9	30×30%＝9	40×30%＝12
供应商经对方决策权数之后在各因素上的得分之和					38	29	33

（3）对方考虑多种因素，并由集体作出购买决定。在这种情况下，估量谈判成功概率的方法如下：首先，分别估量对方决策集体中每个成员单独决策时本企业的谈判成功概率，估量的方法与第二种情况下的相同；其次，估计对方决策集体中各个成员在集体决策中的影响力，并给予相应的权数；最后，计算出对方集体决策时本企业的谈判成功概率，计算公式为：

$$\begin{matrix}\text{本企业谈判}\\\text{成功概率}\end{matrix}=\sum\left(\begin{matrix}\text{对方决策集体中单个成员}\\\text{决策时本企业成功概率}\end{matrix}\times\begin{matrix}\text{该成员在集体决策中}\\\text{的影响力权数}\end{matrix}\right)$$

例如，对方由甲乙两人共同作出购买决定，甲乙两人在共同决策时的影响力权数分别为80%和20%。如果由甲单独作出购买决定，本企业的谈判成功概率是60%，由乙单独作出购买决定，本企业谈判成功概率是50%，那么由甲乙两人共同作出购买决定时，本企业的谈判成功概率是58%，具体的计算过程如下：

$$\begin{aligned}\begin{matrix}\text{本企业谈判}\\\text{成功概率}\end{matrix}&=60\%\times80\%+50\%\times20\%\\&=58\%\end{aligned}$$

2. 买方谈判成功概率的估量

买方谈判目标即采购目标能否实现主要受市场竞争状况、在开拓经营上的态度以及采购时限的影响。因此，买方在估量谈判成功概率时应深入分析研究这三个因素。

（1）市场竞争状况。市场竞争状况对买方谈判目标的实现有着决定性的影响。例如，在所采购的商品市场上存在供给大于需求的趋势，并且该商品的供给是由许多供应商提供的，在这种情况下，买方就处于有利地位，买主就能够坚持自己的条件，而卖主为了竞争会尽可能满足客户的要求，买主实现谈判目标的可能性就较大。相反，如果需求大于供给，供应商又不太多，买主实现自己谈判目标的难度就会较大。买主在分析研究市场竞争状况时应从下列几个方面进行：①供求现状及发展趋势；②产品的市场寿命周期和经营者的情况；③生产该产品的有关情况，如生产时间、费用、技术、原材料供应，有无专利等，这些情况从不同侧面影响着供应商之间的竞争；④相关或替代产品进入市场的难易程度。通过上述四方面的分析研究，买主对市场竞争情况会有一个基本的把握。

（2）在开拓经营上的态度。买主在开拓经营上的态度对实现其采购目标也有一定的影响。在采购时应尽量放宽对货物本身的要求，例如在采购取暖设备时以电、油、煤或天然气等为能源的取暖设备都应在考虑之列，而不能只以其中某一类为采购对象，因为买主在采购时如果对货物本身的要求过于严格，将会把选择的范围缩小，削弱供应商之间的竞争，从而不利于实现自己的采购目标。所以，在采购过程中，买主要时时检讨自己的态度，尽可能避免“对货物的特殊要求”。

（3）采购时限。如果没有时间的限制，买主可以寻找较多的供应商，进行充分的比较选择，这对于采购目标的实现是非常有利的。但是，采购往往受到时间的约束，例如建筑公司采购建筑材料是为了在合同规定的期限内完成工程，采购的材料必须在规定的时间到位，这就不允许采购花费太多的时间。由于时间的约束，采购时就不可能在很大的范围内寻找供应商，采购目标也因此受到影响。所以，估量成功概率时买主要考虑自己的采购时限是否宽松这一因素。

（三）决定是否谈判

决定是否谈判是谈判目标制订过程中的最后一项任务。企业管理者在决定是否谈判时，需要从两个方面考虑，一是本次谈判或谈判目标满足企业需要的程度，二是本次谈判成功的可能性。两者都必须达到令人满意的程度，才能派人前去谈判。在估量了谈判意向值和谈判成功概率之后，企业管理者就有了决策的基础。在实践中，为了决策或管理上的方便，可以将谈判意向值和谈判成功概率综合为一个指标，作为决策的依据，这个指标叫做谈判期望值。它等于谈判意向值和谈判成功概率的乘积，即：

谈判期望值 = 谈判意向值 × 谈判成功概率

谈判期望值的取值范围在 0 与 1 之间。谈判期望值越大，谈判机会就越好。因为，谈判期值越大，意味着谈判意向值和谈判成功概率都比较大，其中任何一个都不可能很小，这样的谈判机会既比较符合企业的需要，又有较大的可能性取得成功，因此是较好的机会。

企业可以根据以往的经验确定一个最低谈判期望值，如果某次谈判的期望值低于这个标准，就不必派人前去谈判；如果某次谈判的期望值高于这一标准，并且近期没有更好的其他机会，就应当派人前去谈判。这样就可以大大方便决策了。

三、商务谈判计划

为保证商务谈判的高效、有序和成功，在谈判前就必须制定详尽的谈判计划。谈判计划分为两个层次，一是管理层次的谈判计划，二是执行层次的谈判计划，前者可称为谈判方案，后者可称为谈判工作计划。这一节介绍讨论谈判方案和谈判工作计划的含义、内容以及制订的原则和要求等内容。

（一）商务谈判方案和谈判工作计划的含义

商务谈判方案是企业管理者对谈判提出的目标、规定和要求。谈判方案体现了企业管理者的意图，同时也是对谈判人员进行管理的方式。其主要内容包括谈判目标、谈判期限、谈判人员职责及分工、通讯方式及汇报制度等。

商务谈判工作计划，是谈判人员为完成谈判方案所规定的任务而制订的行为方针和措施。其主要内容有议事日程的安排、谈判地点的选择、谈判策略、准备陈述的论点和理由等。

谈判方案和谈判工作计划之间有如下几个不同之处：

（1）制定者不同。谈判方案是由谈判人员的上级，即企业管理者制定的，而谈判工作计划是由谈判人员制定的。

（2）制定时间不同。谈判方案制定在先，谈判工作计划制定在后，时间顺序不可倒置。

（3）内容不同。谈判方案反映的是谈判人员上级的意图，实际也就是企业的意图，而谈判工作计划是谈判人员为实现企业意图而准备采取的具体措施。

（二）商务谈判方案的制订

1. 商务谈判方案的形式

商务谈判方案的形式有两种，一种是书面形式，另一种是口头形式。

一般来说，规模大、内容复杂、谈判时间长的商务谈判，以书面形式下达谈判方案为宜，并由主管经理签字。书面形式有如下的好处：一是可以避免遗忘。如果以口头形式下达方案，谈判人员可能会忘记方案中的某些内容，而上级由于其他事务和谈判时间较长，也可能遗忘当初谈判方案中的具体内容，从而无法对谈判中出现的问题给予指导，在谈判完成后，也无法评价谈判人员是否完成了任务及完成得好坏。以书面形式下达方案，可以使上述问题迎刃而解。二是可以减少误解。书面形式比口头形式更为严谨、系统，而且谈判人员可以一读再读，直到理解为止，所以，书面形式有利于谈判人员全面正确地理解谈判方案。三是可以表达口头形式难以表达的内容，例如服装的款式、家具的式样、模具的形状等，用口头语言很难表达清楚，而用书面的形式则很容易表达。

口头形式就是上级主管当面以口头表达方式向谈判人员交代谈判方案的内容。这种形式省时省力、亲切灵活，对于重要的内容可以通过语气、手势等加深谈判人员的印象。时间短、规模小、内容简单和熟悉的商务谈判，用这种口头形式下达谈判方案较为合适。当然也可以把书面形式和口头形式结合起来作用，以书面形式下达谈判方案的要点和口头形式难以表达的内容，对次要的内容或细节问题作口头补充和说明。

2. 商务谈判方案的制订原则

不同的商务谈判，其方案的内容有很大的差别，有的谈判方案只需一页纸就可以了，有的则需要十几页甚至几十页。但是，不管内容有多少，制订谈判方案都应遵循简明扼要原则。制订和下达谈判方案的目的在于谈判人员执行其中的内容，越是简明扼要的方案，谈判人员照章执行的可能性越大，而且因遗忘或误解而造成损失的可能性越小，这就是简明扼要原则的意义所在。该原则有两个要点：

第一，尽可能用数字表达谈判方案的内容。数字往往比语言更精确更明了，如“1992 年 12 月 15 日之前必须结束谈判”，要比“本月中旬之前必须结束谈判”明确得多。

第二，尽可能用精确具体的语言，谈判方案不可能只用数字表达，还必须使用一定的文字语言。在使用文字语言进行表述时。一定要做到严谨、具体、精确，而不能够含糊抽象、模棱两可，否则谈判人员将很难理解其意思，届时就只好自作主张了。例如，某企业关于汇报制度的规定——“在必要时谈判人员应使用必要的通讯工具向公司汇报或请示；临时所需要资料可以向有关部门或人员索取。”什么是“必要时”，什么是“必要的通讯工具”？不同的人定会有不同的理解。“必要时”，你可能理解为“谈判破裂时”，我可能理解成“谈判期限需要延长时”。“必要的通讯工具”有人可能认为是“电话”，有人也可能认为是“书信”、“电报”或“电传”。“向公司汇报或请示”，是向总经理还是向某位副总经理，或是向某个部门经理汇报或请示？像这样含糊不清的表达必然引起理解和执行上的混乱。

3. 商务谈判方案的制订

商务谈判方案包括谈判目标、谈判期限、谈判人员的分工及职责、通讯联络方式及汇报制度等主要内容。谈判目标的制订在第一节中已作了详细介绍，故此处只对后三项内容的制订进行讨论。

（1）谈判期限。由于经营上的需要和外部经济形势的变化，谈判必须在一定的时间内完成。延长谈判时间，一方面会增加谈判成本或费用，另一方面制订谈判方案时所考虑的各种经济因素有可能发生实质性的变化，致使谈判方案不再适用，需要重新制订。还有的时候，经营上根本不允许延长谈判时间。所以，在谈判方案中明确规定谈判期限是非常必要的。

在规定谈判期限时应注意三个问题。一是应尽可能给谈判人员留出充分的谈判时间。这是因为，时间是影响谈判结果的一个重要因素，谈判人员如果受到较强的时间限制，就不可能与对方进行充分的沟通探讨，也不可能借助拖延时间迫使对方让步，因此就难以取得较好的谈判结果。二是应允许谈判人员超越谈判期限，与此同时列明超越谈判期限时本企业可能受到的损失。一般来说，通过拖延谈判时间可以获得对方的某些让步。在临近谈判期限时，谈判人员要决定是就目前的结果达成协议，还是延长谈判时间进一步谋取对方的让步。做这样的选择需要比较延长谈判时间所可能获得的让步与延长时间给本企业带来的损失。三是规定可超越谈判期限的最大限度。允许谈判人员超越谈判期限，但由于可以理解的原因，还须规定最多可超越的时间。下面是一规定谈判期限的实例，供大家参考。“此谈判方案在 1995 年 9 月 15 日前有效。如果有必要超过有效期，谈判人员必须注意由此造成的损失。每超过有效期 7 天，本企业将遭受相当于本次交易货款 1% 的损失。但最多不能超过有效期 1 个月。”这里“有效期”指的是谈判期限。从上述规定中，我们可以看出，企业要求在 1995 年 9 月 15 日前结束谈判，如果有必要，谈判人员可以突破这一时限，但最多只能延至 1995 年 10 月 15 日。

（2）谈判人员的分工及职责。在需要派出谈判小组的时候，小组成员往往是从不同部门抽调的，彼此之间不存在领导与被领导的关系，甚至可能具有同等的行政职务或技术职称，以及可能会为各自部门的利益而发生冲突或扯皮。然而，谈判的成功极需要小组成员团结一致，协调行动，密切配合。为此，必须借助行政权威，在谈判方案中明确规定谈判小组成员的分工和职责，为他们协调有效地工作提供组织上的保证。具体方式参见下面的例子：

谈判负责人：张××　　销售部经理

谈 判 成 员：王××　　技术部副经理

　　　　　　李××　　法律顾问

张××负责谈判计划的制定、谈判进程的控制，向上级汇报，具有谈判中各种事务的最后决策权和指挥权，并对整个谈判负有完全责任。王××负责收集准备技术方面的资料和有关技术条款的谈判。李××负责协议的起草和有关法律问题。

（3）通讯联络方式及汇报制度。在谈判过程中，企业领导有时需要给予谈判人员新的指示，有时需要了解谈判进展情况，以便及时安排生产经营活动，或采取应变措施；另一方面，谈判人员可能遇到越出职权范围的问题，需要及时请示企业领导，或临时需要向企业索取某些资料，征求专家意见。所以联络汇报是谈判过程中一项不可缺少的工作。为保证联络汇报能够及时、保密、高效地进行，就必须预先在谈判方案中制订联络汇报制度。

一内地生产某种电子元件的厂家，在收到深圳一客户关于技术问题的投诉后，立即派一名技术人员前去磋商解决，预计一个星期就可返回。但已经逾期十天，仍不见返回，此时又恰逢 1992 年深圳股票风波，据闻有人游行示威，并与警察发生了冲突，造成一定的人员伤亡，还有人被拘留。得知这些情况后，企业领导和该技术人员的家属赶忙拨长途电话，但不知为什么，总是拨不通，家属哭了，领导也急了，于是委派保卫科长去看个究竟。然而就在保卫科长出发的当天晚上，该技术人员却带着满面笑容安然地回来了。原来，该技术人员抵达深圳后，与客户进行了深入的讨论后，发现问题出在客户的电路设计上，并非本企业的产品有问题，于是帮助客户又重新设计了电路，这才延期返回。这个带有戏剧性的故事从另外一个侧面反映出预先规定通讯联络方式和汇报制度的重要性和必要性。

规定通讯联络方式及汇报制度时要突出三个要点，一是明确指定谈判小组中由谁负责联络汇报，一般由谈判小组负责人肩负这项工作比较合适；二是在企业本部指定一位高级领导，全面负责与谈判小组的联络工作；三是规定通讯工具和汇报的时间。请参阅下面的实例：

采用电话联系。开谈后，如果一切按计划顺利进行，每隔三天汇报一次，否则随时汇报请示。由谈判负责人王××向总经理汇报谈判进展情况。而总经理负责提供资料、征询本企业内有关人员的意见及给予指导。如果总经理不在，由张副总经理代替总经理之职。

（三）商务谈判工作计划的制订

谈判人员接到上级下达的谈判方案之后，就应着手制订谈判工作计划。谈判工作计划涉及谈判的方方面面，内容非常繁杂，这里就其主要的或重要的内容的制订作一些介绍和讨论。

1. 谈判议事日程的安排

所谓谈判议事日程就是谈判双方准备磋商的议题次序和时间安排。尽管议事日程是在预备会议或谈判开局时由双方共同议定的，但如果事前毫无准备，不知道什么样的日程对已方有利，在双方议定日程时只好听从对方的意见而处于被动。所以在制订谈判工作计划时，议事日程应作为考虑的内容之一。安排议事日程应从有利于提高谈判效率和实现本方的谈判目标着眼。下列两种安排议事日程的方式可供参考。

（1）先安排对双方都不太重要的问题进行谈判，其次安排对自己不太重要而对对方可能是重要的问题，再次安排对自己重要的问题，最后谈判对自己不太重要的问题。这种安排有四个优点，一是有利于形成合作的谈判气氛。因为在谈判初期，讨论的问题对双方都不太重要，谈判人员心情轻松，也容易相互作出让步，从而有利于形成轻松合作的气氛。二是有利于我方重要目标的实现。相互让步是谈判中一条不成文的规则，在谈判对我方不太重要而对对方重要的问题时，我方不但容易作出让步，而且这些让步在对方心目中的价值也较大。因此，接下来在谈到对我方重要的问题时，可以期望对方作出回报性的让步，从而使我方重要目标能够顺利地实现。三是有利减少谈判破裂的可能性。已经取得的成果越多，在遇到僵局时双方就越不忍心放弃谈判，这是谈判人员的一个普遍心理。在谈判初期，由于涉及的问题不太重要，分歧容易消除，所以出现破裂的可能性不大。在谈到重大问题时，即使出现了僵持局面，前面已经取得的一些成果会促使双方耐心寻找解决办法，而不至于轻易退出谈判。四是有利于获得良好的结局。由于最后谈判的问题对我方不太重要，自然可以作出足够大的让步，使对方感到心满意足，为谈判画上一个皆大欢喜的句号。

（2）先讨论确定解决问题的标准和规则，然后按照标准和规则处理双方面临的问题。这种安排有利于提高谈判效率，减少双方的争执。由于标准和规则不直接涉及双方的利益得失，所以双方有可能心平气和地讨论标准和规则。标准和规则一旦确定，剩下的事情就是依照标准和规则来解决双方面临的问题和分歧。尽管这时直接涉及双方利益，但是，标准和规则已为双方认可，依此办理，似乎不偏不倚，因此也就不容易出现大的争执。

2. 谈判地点的选择

对谈判一方来说，谈判地点有三种选择，即本方所在地、对方所在地和中立地点。不同的谈判地点，各有利弊。一般而言，谈判人员倾向于选择本方所在地进行谈判。

在本方所在地谈判可以获得下列好处：第一，本方谈判人员可以获得心理上的优势，即居家优势。在本地谈判，对方不辞辛劳远道而来，这充分显示了对方的诚意。但是，我方谈判人员往往认为对方达成交易的心情迫切，而产生对方有求于我方的错觉。另一方面，在本地谈判，行政事务多由我方安排，例如，迎来送往、参观游览、谈判室的布置等都由我方操办，我方谈判人员由此产生处于支配地位的感觉。这些心理感受尽管是些错觉，但是却有助于我方谈判人员树立信心和勇气，有助于消除我方谈判人员的紧张和恐惧。第二，本方谈判人员不会产生焦虑情绪。尽管异地的秀山丽水、风俗民情、佳肴美味，能够使谈判人员为之振奋，然而时间一长，这种兴奋会逐渐低落，取而代之的是思乡之情，对家庭对亲人的想念，并且由于身处异地，举目无亲，单调紧张的谈判而产生的孤独感和烦躁情绪会使思乡之情进一步转为焦虑。早日达成交易结束谈判，将成为谈判人员的强烈愿望。这种由焦虑而产生的急于求成的心理对于取得理想的谈判结果十分不利。极端情况下谈判人员可能还会自愿舍弃本方的一些利益。而在本地谈判，本方谈判人员仍维持正常的生活方式，因此不会产生这种对谈判不利的焦虑情绪。第三，有利于获得上级的指示和专家的意见。

当然在本地谈判也有不利之处，如谈判人员容易受到其他事务的干扰而分心，无法借口权力有限而拖延谈判时间，容易受到领导和其他部门意见的左右等。

在对方所在地谈判的优劣与在本地谈判正好相反，在此不再赘述。至于在中立地点谈判，双方处于同等地位，都是在异地谈判。我们认为，在本方所在地谈判利大于弊，特别是对于大型谈判更是如此，因此如有可能，谈判人员应选择本方所在地作为谈判地点。

3. 谈判策略的制订

制订谈判策略是谈判工作计划中的一项重要内容。在谈判过程中谈判人员要运用许许多多的谈判策略，事先不可能也没有必要制订在谈判中将要运用的所有策略。谈判中后期的策略可以而且应该根据谈判进展的具体情况加以制订，但是谈判初期的策略必须事先确定。所以谈判工作计划中的谈判策略制订实际上是谈判初期的策略制订。谈判初期在这里是指谈判的开局阶段和摸底阶段。关于这两个阶段的谈判策略制订将在第十章和第十一章中论述。

4. 论点、理由的准备

在谈判过程中，谈判人员经常需要据理力争，或维护自己的立场，或说服对方改弦更张，但又不可能随时中断谈判来准备论点、理由或整理自己的思路。所以，为了使自己的言辞具有说服力，在事先就必须精心准备好论点和理由。这是一项非常细致具体的工作，因为无论是维护自己的立场还是说服对方改弦更张，都是在特定的情况下进行的。下面，我们就论点、理由的准备谈几点看法。

（1）从自己的报盘中寻找论点和理由。这样做能够使报盘中的条件相互支持，起到相互论证的作用，从而增加报盘的可信度。例如，估计对方可能会要求提高某些技术标准，我方可准备下列理由应对："我们认为报盘中的技术标准能够满足贵方的实际需要，如果提高技术标准，对贵方并无实际意义，而且势必会增加制造成本，从而报盘中的价格也需相应地提高。请贵方三思。"如此不但表示了我方不同意对方的要求，而且也向对方暗示了我方报盘中的各项条件是经过慎重考虑的，并没有虚头。

从报盘中寻找论点、理由的另一好处是：能够把双方的谈判从某一问题引到整盘交易上，并借此了解对方在其他问题上的态度。在上例中，双方有可能顺势就价格问题初步交换意见，显得自然而流畅。

第三点好处是，能够为我方留下退路。在对方提出一项要求时，立即表示同意固然不明智，但是明确拒绝也不妥。在对方提出一项要求时我方明确拒绝，万一这项要求是对方的迫切性要求，我方就可能处于十分被动的境地。改变原先的态度转而同意对方的要求，则意味着我方信誉的损失，在以后的谈判中就很难指望对方会相信我方谈判人员的陈述；而继续坚持原先的态度，就可能冒谈判破裂的风险，因为对方在其迫切性要求得不到满足时可能退出谈判。解决这一难题的办法是，在对方提出某项要求之初，我方既不表示同意又不明确拒绝，而是劝说对方放弃这项要求或含糊地拒绝，然后根据对方的反应灵活地作出决断。从报盘中寻找论点理由恰好是这种方法的运用。在上例中，我方并没有明确回绝对方的要求，只是劝说对方放弃这项要求，如果对方一再坚持其要求，表现出很强的迫切性，我方亦有后路可退，且不会损害我方的信誉，我方可以说："那好吧，只要贵方愿意承担更高的价格，我们很乐意满足你们的要求。"

（2）从生产经营上寻找论点和理由。有时对方的反对意见是试探性的，并无真正的利益动机。此种情况下，只要从生产经营上寻找一个符合逻辑的理由，且不必做详细解释，对方就会罢休。如对方提出缩短交货期限，只是为了试探我方有无诚意或我方报盘有无水分，我方可用"我们的生产能力无法在这么短的时间内生产出贵方所需的数量"来拒绝对方。对方不会在这些对自己无实际利益的问题上纠缠不休。不过，在使用这一方法时，必须肯定对方的反对意见是试探性的。

（3）不要只解释自己的困难。要明白，你的困难与对方无关，那只是你的问题，对方是不会很关心的，因此只解释自己的困难很难感动对方使其放弃某项要求。寻找论点和理由时还须从对方角度和从对方的利益出发进行考虑。

第九章 商务谈判的组织和准备

上一章介绍了商务谈判目标和计划的制订。除了这两项工作之外，在商务谈判的准备阶段还有组织工作和基础性准备工作。商务谈判的组织工作主要涉及建立组织机构、确定机构规模、明确机构职能、挑选配备人员、进行人员分工等。商务谈判的基础性准备工作是指为商务谈判目标和计划的制订以及商务谈判的顺利进行提供基本条件的一些工作，主要包括收集信息资料、布置谈判场地、准备谈判所需物品、调整应战心理以及举行模拟谈判等。本章将对商务谈判的组织工作和各项基础性准备工作进行深入细致的介绍。

一、商务谈判的组织

（一）商务谈判的组织机构及其职能与规模

商务谈判的组织机构依照其职能可分为领导机构、顾问机构、执行机构和服务机构。

1. 领导机构

领导机构是商务谈判的最高决策机构，其主要职能包括组建其他三种机构、制订谈判方案、指导协调谈判工作并对谈判中的重大问题进行决策。有时领导机构还可能直接参与谈判工作，如接见会晤对方谈判人员，在谈判的中后期与对方的高层人士进行接触、沟通、协调、磋商等。但领导机构直接介入谈判不应过多，而且应由本方的谈判人员来进行具体的安排，如何时以何种方式介入等都应由谈判人员视谈判的情况作出决定。因为领导机构出面是为帮助本方谈判人员，何时需要帮助以什么方式帮助最为有效，只有谈判人员最清楚。

至于领导机构的规模应视商务谈判的大小而定，但总的来说不宜太大。一般的商务谈判只指定一位企业管理人员来发挥领导机构的职能就可以了，例如，一般的销售谈判可由销售部门的经理来充任此职。

2. 顾问机构

顾问机构主要的职能是出谋划策，提供技术、经济、财务、法律等方面的咨询。有些商务谈判如先进技术设备的引进谈判，涉及的知识面太广、太复杂，单由领导机构和执行机构不足以应付，设立由各方面专家组织的顾问小组就成为必要。顾问机构不直接参与决策也不直接参加谈判，他们只对有关问题提出见解、意见和建议，供企业领导和谈判人员参考。顾问机构的成员可从本企业内部抽调，必要时也可以邀请企业以外的专家。

3. 执行机构

执行机构一般称为谈判小组，是谈判工作的具体承担者，其职能包括制订谈判工作计划，进行谈判操作，及时汇报谈判进展，向领导机构提供决策建议等。在实践中，谈判小组向领导机构提供决策建议这一职能常常被忽视，其实这是谈判人员应发挥的一项重要职能。谈判人员大多是中基层人员，经常与客户与产品打交道，对市场动态和产品使用比上级领导有更具体更直接的感受和把握，这对于制定出正确的谈判方案特别是其中的谈判目标是很有价值的，因此，谈判人员在谈判的准备阶段应积极主动地向上级领导提供建议。在谈判的过程中，出现了谈判僵局或意料之外的问题或其他超出谈判人员处理权限的问题，谈判人员除了应及时向上级领导汇报之外，还应向领导提供如何解决的建议，以便于领导作出决策。这不仅仅是因为领导在决策时需要广泛征求意见，更主要的是因为谈判人员身临谈判第一线，对于面临的问题比其他任何人都有更全面更细致的了解，谈判人员所提供的解决问题的建议也因此具有非常大的参考价值。

谈判小组的成员数量应根据谈判的复杂性、重要性和谈判小组负责人的个人素质而定。谈判项目越是复杂和重要，需要的谈判人员越多；谈判小组负责人的个人素质也是一个参考因素，老练的负责人其助手可以少一些，反之应多一些。一般来说商务谈判小组的成员应控在 5 人之内，不宜再多。这是由商务谈判的特点所要求的。商务谈判小组成员的团结和统一是取得谈判成功的重要条件。根据组织行为学的研究和实践经验，如果谈判小组成员的人数超过 5 人，其内部的意见就不容易协调一致，作出一致同意的决定往往需要花费较长的时间，同时主谈人即谈判小组负责人也难以对每个谈判人员进行控制以保证整个队伍高度协调一致地工作，另外小组内部还容易出现分裂和对抗。因此，谈判小组的人数应控制在 5 人以内。

有些大型的商务谈判，需要很多人参与，包括企业领导、各部门负责人、各方面的专家以及其他工作人员，总人数可能多达十几人甚至几十人。但是，坐在谈判桌前的人数仍应控制在 5 人以内。其余人员只在谈判外向谈判人员提供参考性建议和其他服务，不能直接参加谈判，也不能强迫谈判小组接受某项建议。

在谈判小组规模上的另一问题是：应尽量避免一个人参加谈判，特别是重要的复杂的谈判。一个人参加谈判有诸多不利之处：（1）商务谈判涉及商务、技术、财务、法律等多方面的知识，很难找到具有这些方面知识集于一身的人选；（2）即使有这样的人选，一个人参加谈判也往往会顾此失彼。在谈判中，既要组织和陈述自己的观点，又要听取对方的意见并察言观色分辨言外之意，同时还要做好谈判记录，如此等等，一个人很难应付得下来；（3）更主要的是遇到疑难问题无人可以商量；（4）突然病倒后无人可以马上接替；（5）无法使用某些谈判策略。对于重要的复杂的商务谈判，如果无法派出两个以上的谈判人员参加，那么就推迟谈判日期，或取消谈判，换句话说，宁可不做这笔生意，也不要冒险只派一人参加谈判。

4. 服务机构

服务机构的主要工作是为谈判的顺利进行提供物质方面的服务，包括安排对方谈判人员的食宿、交通、参观游览，布置打扫谈判室，为谈判提供茶点，打印谈判中需要打印的文件等。服务人员应由本方谈判小组领导，其人数视具体需要而定，没有太严格的要求。

（二）商务谈判小组成员的选配原则

1. 注重个人素质原则

商务谈判既是一门科学又是一门艺术，并具有双重竞争性、双重动机及法律性等特征，是一项涉及多种学科知识富有创造性、竞争性、灵活性的十分复杂的社会活动。因此，要驾驭商务谈判，取得商务谈判的圆满成功，商务谈判人员就必须具备各方面的良好素质，这包括良好的政治品质和心理素质、丰富的基础知识、扎实的专业知识、熟练的谈判技能等等。整体素质不高或某方面的素质不高，谈判人员将难以应付解决商务谈判中出现的五花八门的问题，如立场分歧、利益冲突、情绪对抗、误会误解、阴谋诡计、威逼利诱，双方文化背景不同而引起的矛盾纠纷等等。所以，选配谈判人员首要的原则是注重谈判人员的个人素质，看其是否具备商务谈判所要求的最基本的各种素质。

2. 素质互补原则

素质互补是指谈判小组成员之间在性格、气质、知识、能力和特长方面的相互补充。素质互补原则要求在选配谈判人员时要尽量做到谈判人员素质互补，避免他们在素质上相互雷同，这有利于提高谈判小组的整体素质和潜能。尽管每一个谈判人员必须具备商务谈判所要求的基本素质，但是不可能要求谈判人员在商务谈判涉及的所有方面都具备较深的造诣，因为商务谈判涉及的方面太多。因此，在保证谈判人员基本素质的基础上，再通过素质互补来进一步提高谈判小组的整体素质是非常必要的。

3. 团结合作原则

谈判小组整体素质和潜能能否有效而充分地发挥出来，依赖于谈判小组成员之间是否团结合作。没有团结合作，谈判小组如同一盘散沙，就不成其为一个整体，整体功效自然无从发挥，而且还可能造成内耗。因此，在选配谈判人员时应考虑他们之间能否建立起融洽的关系，能否团结一致，通力合作，特别是要避免把彼此已经有成见的人员组合在一起。成见容易造成新的误解，新的误解会进一步加深原先的成见，因此把彼此有成见的人组合在一起，他们往往很难通力合作，而极可能相互掣肘，这对企业来说无疑是场灾难。

4. 培养人才原则

不断培养新的商务谈判人才是任何企业面临的一项任务。企业管理者应该有计划地把谈判新手组合到谈判小组中，通过实践使他们逐渐积累谈判经验，为企业未来的发展壮大做好人才准备。但是，重要的商务谈判不宜让新手参加。

5. 连续性原则

本企业中有些人员在以前可能与对方打过交道，并建立了良好的个人关系。在组建谈判小组时如有这样的人选应选择一两名参加谈判小组，这将有利于本次谈判的顺利进行。我们知道，信任是达成交易的重要基础，可以说，不管你提出的条件多么优惠，出具的资料文件多么权威齐全，其作用的发挥仍以信任为基础。如果对方对你不信任，持有怀疑态度，上述举措是不足以促使对方与你达成交易的，他还是要调查分析、犹豫不决。只有对方感觉或经过调查证实你及你的言行是可信的，成交才有可能。原有的良好关系包含了相互信任，这就省去了谈判人员在本次谈判中为建立与对方的相互信任所需要的时间，使得本次谈判一开始双方就能进行充分有效的沟通，建立融洽的工作关系，从而有利于提高谈判效率和取得成功。

（三）商务谈判人员必备的素质

商务谈判是企业生产经营中一项复杂而特殊的活动，对谈判人员的个人素质有着较高的要求。了解和研究商务谈判人员的个人素质，对于谈判人员的选配、使用、培养具有重要的意义。

人的素质是一个外延很广的概念，是在质的方面的物质要素和精神要素的总和，其中包括道德素质、文化素质、心理素质、生理素质等，表现为个人的品行、知识、能力、气质、性格、体质等等。商务谈判人员除了应具备一般工作人员的共性素质外，还应具有一系列特殊的素质。这些特殊的素质集中体现在道德素质、知识结构、心理素质和谈判能力等方面。

1. 道德素质

商务谈判人员的道德素质是指商务谈判人员的职业道德及修养。商务谈判是一项既艰苦又充满各种诱惑的工作，如果没有良好的道德素质，谈判人员的识、才、学的发挥就会失去指南和动力，甚至会产生负效应。因此，相对于其他素质，谈判人员的道德素质显得更为重要。

谈判人员的道德素质包含方面极为广泛，对于一个社会主义国家的商务谈判人员来说，应具备的道德素质的一般要求是：

（1）要有维护国家和企业利益的坚定立场和为之努力奋斗的坚强信念。在很大程度上，商务谈判是一场利益竞争，谈判人员是谈判各方利益的代表和维护者。在我国，企业利益和国家利益原则上是一致的，而且企业利益必须服从国家利益。因此，企业的商务谈判人员就应该有坚持四项基本原则、全心全意为人民服务的坚定立场，有为国家和企业利益努力奋斗的坚强信念。特别是在涉外谈判中，谈判人员在为本企业利益奋斗的同时，决不能忘记国家、民族的整体利益，要自觉维护国家的主权和民族尊严，不能做任何不利于祖国的事，不说任何不利于祖国的话。

（2）要有明确的法制政策观念。任何经济活动都是在国家法律、法规、政策的规范下进行的，商务谈判也不例外。因此，商务谈判人员必须了解国家的有关方针、政策以及各项经济法规，并且能够在谈判中自觉地遵守和贯彻执行。

（3）要有高度的组织纪律观念。商务谈判是有组织的行为，不是个人的随意活动，必须受纪律约束。在谈判活动中，谈判人员能否自觉遵守组织纪律往往直接关系着谈判的成败和谈判目标的实现程度。因此，谈判人员必须具有高度的组织纪律观念，严格执行联络汇报制度，严守企业和国家机密，自觉遵守谈判小组的工作纪律。

（4）要有良好的民主作风。在谈判中发扬民主，有利于谈判双方的沟通，在本方谈判小组内部发扬民主，有利于作出正确的决策。谈判人员，特别谈判小组的负责人，应该胸怀宽广，善于同谈判对手、专家同行们协作共事；善于听取各方面的意见，尤其是那些反对和批评意见；要允许别人“唱对台戏”，以造成人人敢于直言、事事友好协商的民主气氛。

（5）要有廉洁奉公、乐于牺牲的高尚品格。在商务谈判中有时会充满各种诱惑。有些人经常以各种形式向对方施以小利，甚至利用行贿、女色等非法手段拉拢对方谈判人员，以获取自身的利益。因此，商务谈判人员必须具有廉洁奉公、不谋私利、不徇私情、作风正派的高尚品格，以抵御谈判中可能出现的各种诱惑。

商务谈判是一项十分艰苦和紧张的工作，需要谈判人员作出很大的牺牲，因此，商务谈判人员必须具有乐于牺牲的精神，忘我工作的高尚情怀。在与对方磋商的过程中，谈判人员既要力陈本企业的观点、主张、条件，又要明察秋毫，敏锐觉察到对方态度、立场的微妙变化，必须时时刻刻保持高度集中的注意力，不能有半点松懈；在遇到重大分歧时，谈判人员常常需要废寝忘食地冥思苦想，以寻找令双方都能接受的创造性的解决方案；每日谈判结束之后，要连夜汇报、总结、制订第二天的谈判计划；在对方运用拖延战术、疲劳策略时，谈判人员要能够忍受生理和心理上的痛苦；赴外地谈判的人员，还经受长途奔波，思念亲人之苦。如此等等，若没有牺牲精神，没有忘我的工作情怀，谈判人员是很难出色地完成谈判任务的。

（6）要有正直、守信的良好品德。相互信赖是谈判成功的基石，友好的谈判气氛是谈判顺利进行的润滑剂。谈判人员要想与对方建立起相互信任，创造出友好的谈判气氛，自己必须首先做到正直、真诚、坦率、守信。在谈判中，如果一方能言辞恳切、真诚坦率、信守承诺，在通常情况下，就会使对方如沐春风，从而打破戒备心理，消除紧张敌对情绪，引起共鸣。相反，如果虚情假意，真真假假，不讲信用，出尔反尔，朝令夕改，要想取得对方的真诚合作是很困难的。

2. 知识结构

商务谈判人员的知识结构是指谈判人员个人应具备的基础知识和专业知识体系。商务谈判是直接与人打交道的社会实践活动，具有很高的科学性、艺术性和创造性，与此相适应，就要求商务谈判人员在知识结构上必须具备广博的基础知识和精深的专业和识。

（1）基础知识。一个好的商务谈判人员应掌握的基础知识是多方面的。哲学、数学、语言学、文学、历史、地理、逻辑学、思维科学、民俗学、经济学、管理学、决策学、运筹学、社会学、心理学、情报学、法学、行为科学等都是谈判人员必备的基础知识。

（2）专业知识。商务谈判人员应具备的专业知识主要有：商务谈判知识、推销知识、商业经济学、市场营销学、公共关系学、运输与保险知识、金融财务知识、经济法律知识、技术转让知识以及有关产品的价格、成本、市场、生产、质量、技术、维修服务等方面的知识。

3. 心理素质

在这里，心理素质指的是商务谈判人员在气质、性格方面的心理特征。商务谈判是一项非常独特的活动，具有科学性、艺术性、创造性、复杂性、艰苦性、竞争性等特点；另外，在谈判中，谈判人员既要与人打交道又要与事打交道，而且必须妥善处理常常纠缠在一起的人与事之间的关系。因此，商务谈判就对谈判人员的心理素质提出了较高的、独特的乃至苛刻的要求。

（1）气质方面的要求。气质是表现在心理活动的强度、速度和灵活性方面的典型的、稳定的心理特征。商务谈判人员应具备的气质是：反应迅速、喜欢与人交往、待人热情、精力旺盛、坦率而稳重、忍耐力强、善于观察等。上述气质不属于心理学所划分的任何气质类型，而是兼有了各气质类型的长处。可见商务谈判对谈判人员的气质有着很高而独特的要求。

（2）性格方面的要求。性格是表现在人对现实的态度和行为方式中的比较稳定而具核心意义的个性心理特征。商务谈判人员应具备的性格特征是：正直诚实、公而忘私、认真负责、积极主动、勇于创新、镇定果断、自信谦逊、开朗大方、看问题全面细致、意志坚定等等。

4. 谈判能力

能力有一般能力和特殊能力之分。一般能力是指在很多种活动中表现出来的基本能力，如观察能力、记忆能力、想像力、思维能力等。特殊能力是指在某些专业和特殊职业活动中表现出来的一般能力的某些特殊方面的独特发展。例如，数学、音乐、文学、艺术表演、飞行等方面的能力都是特殊能力。一般能力和特殊能力相互联系构成辩证统一的有机整体。一方面一般能力在某种特殊的活动领域得到特别发展时，就可能成为特殊能力的组成部分。另一方面，特殊能力得到发展的同时，也发展了一般能力。一般能力和特殊能力都是在活动中统一的，离开活动既谈不上特殊能力，也谈不上一般能力。许多研究表明，每种特殊才能都是由特定活动所要求的多种基本能力的有机组合，而这些基本能力，也就是一般能力在具体活动中的特殊化或具体化。

商务谈判是一种独特的活动，因此商务谈判人员不仅需要具备一般能力，而且还要具备特殊能力。我们把进行商务谈判所需要特殊能力称为谈判能力。一个商务谈判人员应具备的谈判能力主要包括：

（1）较强的表达能力。表达能力是指谈判人员向对方传达有关信息的能力，包括文字表达能力和口头表达能力。商务谈判是一种谈判各方为消除彼此之间的分歧，谋求一致而进行的信息交换沟通过程。谈判人员只有准确无误地把本企业的交易条件、利益所在、愿望、要求、设想传达给对方，才能沟通双方的思想；只有用逻辑严密、富于哲理、风趣幽默的语言去说服对方，才能使对方放弃不合理要求或接受我方的方案，从而消除分歧，达成一致。因此，较强的表达能力是谈判人员的基本功。较强的表达能力的特点是：准确无误、逻辑清晰、通俗易懂、简洁明了、分寸适度，富于吸引力、感染力和说服力。

（2）敏锐的洞察能力。洞察能力是指谈判人员了解对方真实想法的能力，包括认真听对方意见、客观分析对方意图、善于从对方角度看待事物的能力，通过察言观色把握对方心理特征和心理过程的能力，借助观察、分析、综合、判断、推理识别对方真实动机和阴谋诡计的能力。敏锐的洞察能力能够使谈判人员迅速而正确地了解对方的真实意图，把握对方的个性心理特征，识破对方的阴谋诡计，这对于谈判人员构思解决分歧的方案，展开说服对方的工作和避免上当受骗具有十分重大的意义。

（3）机警的应变能力。应变能力是指商务谈判人员适应外部条件变化的能力。商务谈判的外部环境（如经济形势、市场供求趋势、竞争者的竞争措施等）在不断变化，谈判对手的思想、态度、要求、策略在不断变化，谈判双方的相对地位、实力、相互关系也在不断变化，这就要求商务谈判人员具有机警的应变能力。机警的应变能力是由敏锐的洞察能力、准确的预测能力、迅速作出和实施决策的能力以及控制事态发展的能力所构成的。

（4）果敢的决策能力。在商务谈判的整个过程中谈判人员面临着许多大大小小的决策，如报盘水平的确定、谈判策略的选择、是否接受对方新提出的方案、是否延长谈判时间等等。正确决策是任何活动取得成效的前提，商务谈判自然也不例外，但是商务谈判的决策环境有其特殊性，这主要要表现在两个方面，一是时间紧迫，这因为不但任何商务谈判都有谈判期限的约束，而且在谈判过程中许多机会是转瞬即逝的，必须当机立断；二是压力大，除了时间造成的压力外，还有对方的威胁、上级和同伴的意见、同行其他企业的竞争、错误决策给谈判人带来的个人风险等压力。因此，商务谈判人员不但要有较强的决策能力，而且还必须具有当机立断和敢于顶住各种压力作出决策的魄力。

（5）练达的社交能力。练达的社交能力是商务谈判人员应具备的起码条件。尽管商务谈判的实质是处理谈判双方之间的利益关系，但是处理这种关系的却是双方的谈判人员。他们之间的相互关系、彼此印象以及他们个人的思想、感情、个性、利益都会对谈判构成直接或间接的影响。因此，商务谈判人员必须具有练达的社交能力，以便建立融洽的人际关系和友好的谈判气氛。

（四）商务谈判人员的分工与职责

1. 商务谈判人员的分工

商务谈判小组要发挥其整体功效，就必须进行内部分工。商务谈判的内容大致分为下列四个方面：（1）商务方面：价格、交货、风险划分等；（2）技术方面：质量、规格、工艺等；（3）法律方面：合同文件、合同中各项条款的法律解释等；（4）财务方面：支付方式、信用保证、资金担保等。在分工时，应依照谈判人员的专业及特长来分配上述四个方面的工作。

2. 商务谈判人员的职责

（1）谈判小组负责人的职责。谈判小组负责人有时也称主谈人或谈判小组领导人等。其具体职责是：

①挑选谈判小组的其他成员，向他们分配任务并指导他们的工作；

②制定谈判工作计划；

③组织模拟谈判；

④总管谈判并对下列事宜作出具体决策：我方让步的时间和幅度，哪些条款可以作为交换条件，何时召开回顾小结会议，休会的安排；

⑤与谈判对手进行具体的交易磋商；

⑥落实谈判的记录工作；

⑦做好谈判的汇报请示工作；

⑧发挥领导作用，激励其他成员。

（2）商务谈判小组一般成员的职责。总的来说谈判小组一般成员的职责是辅助主谈人顺利完成谈判任务。其具体职责是：

①做好自己所负责方面的准备工作，包括信息资料的收集和准备、信息资料的研究和分析并向主谈人提供有关建议；

②协助主谈人谈判自己负责方面的条款，包括向主谈人解释有关专业问题和提供具体的建议；

⑧与对方磋商自己负责方面的细节问题，如负责技术的谈判人员，在主谈人与对方大致谈妥有关技术方面的问题之后，与对方技术谈判人员磋商具体的技术指标和要求；

④提醒主谈人易忽略的事项；

⑤完成好负责人临时指派的工作。

二、商务谈判的基础性准备工作

商务谈判的基础性准备工作是指为谈判计划的制定和谈判的顺利进行提供基本条件的一些工作，主要包括：信息资料的收集、谈判室的布置、赴外地谈判所需物品的准备、谈前心理的调整、模拟谈判的举行等。本节将介绍除模拟谈判之外的其他几项准备工作，模拟谈判将在第三节中讨论。

（一）信息资料的收集

商务谈判所需要的信息资料大致包括三个方面：谈判对方的情况、市场和竞争者的情况、本企业的情况。

1. 有关谈判对手信息资料的收集

有关谈判对手的信息资料也许是最有价值的。是否与对方做交易、交易的方式、时间长短、金额大小以及如何制定谈判计划等问题的决策都离不开这方面的信息资料。

（1）收集的内容。有关谈判对手信息资料的收集内容概括起来有如下几个方面：

①对方企业的情况，包括公司类型、雇员人数、组织结构、资信状况、经营内容、价格政策、推销政策、采购政策、决策程序、发展计划、面临的问题和困难、在本次谈判中的需要和利益等；

②对方谈判人员的个人情况，包括年龄、家庭状况、简历、专业、业余爱好和兴趣、个性、谈判经验及风格、对谈判对手和竞争者的态度等；

③谈判标的的情况，包括标的的技术特征以及由此带来的商

业特点。有些谈判人员不一定是谈判标的方面的专业技术人员，但谈判人员还是应在谈判前尽量了解谈判标的情况，这将有助于提高驾驭谈判的能力（如理解、论述技术问题以及对技术问题的适当反应等）。否则每当对方提出技术问题时只好让技术助手来回答，这无疑会降低谈判人员在对方心目中的威信；

④对方的环境条件，包括对方所在地或所在国的政治、经济、文化、自然条件等；

（2）收集的渠道。有关谈判对手信息资料的收集渠道或方法主要有：书刊、报纸；本企业的信息资料中心；咨询公司；对方的竞争者；与对方有关系的银行；直接向对方索取；与对方举行非正式会晤；到对方企业实地考查等。

2. 有关市场及竞争者信息资料的收集

古人云："知己知彼，百战不殆。"商务谈判是一种竞争，与战争确实有一定的相似之处，但是两者毕竟不是一回事。"知己知彼，百战不殆"对商务谈判而言顶多只能算说对了三分之二。商务谈判人员不仅需要知己知彼，还要了解市场及主要竞争者的情况，方能做到"百战不殆"。市场情况决定着本企业谈判战略的选择，而主要竞争者的情况影响着谈判策略的制定和谈判结果。因此，有关市场和竞争者的情况便成为谈判人员必须调查了解的对象。

市场情况主要是指市场价格、市场供求现状及发展趋势、市场的垄断与竞争状况、市场规模、市场所处的发展阶段等。主要竞争者的情况是指同行其他主要企业或参与本次交易竞争的其他企业在价格、资金、信誉、技术、生产、经营等方面的情况。

有关市场和主要竞争者的信息资料收集渠道或方法有：本企业直接或委托其他机构进行市场调查研究、召开专家座谈会以及上一小节中所提到某些渠道和方法。

3. 有关本企业信息资料的收集

谈判人员对本企业应该比较了解，但是实际上可能未必如此。谈判小组的成员大多是从企业的不同部门或主管某方面的领导人中抽调的。他们对自己所在部门或自己主管的方面会有比较透彻的了解，但对其他部门或方面却不大可能有深入的了解。即使谈判人员熟知企业情况，但对于一些具体数据资料、最新的动态也未必能记得清楚和及时掌握。因此，在谈判前收集本企业的有关情况还是非常必要的。

对本企业情况的了解大致有三个方面：经营、生产、财务。谈判人员可以直接向有关部门索取这些方面的信息资料。

（二）商务谈判室的布置

谈判室一方面为谈判提供了物质条件，另一方面也影响着谈判人员的心理和情绪，因此应精心选择、布置、装饰谈判室。

1. 谈判室的基本要求

谈判室应宽敞明亮、安静舒适、冷暖适宜，否则会影响谈判的正常进行，而且更严重的可能会破坏谈判人员的良好心境，致使双方难以建立良好的谈判气氛。因此，在必要时应安装空调、暖气、隔音设备。另外，如果条件允许，最好在谈判室旁边设置一两间休息室，以备暂时休会时各方内部交换意见之用。休息室里应装有电话，供谈判人员对外联系之用。对于大型谈判，还应安排一两名秘书在附近的办公室值班，以便传递信息、复印或打印文件。

2. 谈判桌及座位的摆放

如果是大型谈判，应设置长方形或椭圆形的谈判桌，宽度以便于放置资料和做记录，避免相互窥视对方资料为限，长度以所需座位为限。谈判时，双方人员各坐一边，各方主谈人坐在本方人员的中间。这种安排便于双方的对话、讨论、交谈和相互传递文件资料，也有利于本方成员之间的信息或意见交换。但是，对谈判气氛可能产生不利影响。一是因为双方人员面对面地各坐一边，在形式上是对立的，容易造成针锋相对的感觉。二是因为双方互在对方的视野之中，一举一动受到对方的观察，这会使谈判人员感到拘束和不自在。所以，如果是小型谈判，应尽量避免采取这种形式的安排。

小型谈判，由于人数少，不必作太多的记录，也不需太多的文件资料，所以可以采取更为灵活的安排形式，例如，双方人员并排而坐，中间设一个或数个茶几，或在拐角沙发前摆放茶几。这里应当注意的问题是，双方人员之间要保持一定的距离，不可摩肩接踵，不太熟悉的人过分靠近会感到不自在，另外身体气味也可能使对方产生反感。当然也不能彼此离得太远，这不利于营造亲密的关系。

不管是大型谈判还是小型谈判，应该都以背对墙或窗户为宜，不要使座位背对门口。关于这一点需要从人的本能进行解释。安全是人天生的本能需要，虽然商务谈判不会有人身安全之虑，但是，如果背对门口还是感到不踏实，或担心有人从门口窥视，或担心有人突然进入，或什么也不担心而只是处于本能的紧张之中。相反，如果背对墙壁或窗户，则无此忧虑。

3. 谈判室的装饰

谈判室的装饰以简单明快为好，可以放些盆景，也可以在墙上悬挂一幅山水风景画卷，但不要搞得过于繁杂华丽，以免谈判人员分心。有些企业喜欢在谈判室挂一些体现本企业精神和宗旨的笔墨以及标志企业荣誉的锦旗、奖状等。对此应在事前经过慎重考虑，不宜盲目从事，否则可能产生不利影响。此外，谈判室不宜装有电话，以免不必要的干扰。

（三）赴外地谈判所需物品的准备

赴外地谈判的人员应在出发之前准备好谈判过程中所需要的各种物品。这些物品有的虽不起眼，但缺少了则会造成不便，影响谈判。有的比较重要，如果忘记带了，还必须回去拿取，一则耽误时间，二则可能给对方留下不良印象，三则可能因此失去交易机会。所以，离开企业之前，一定要仔细检查一下东西是否齐全了。当然，不同的商务谈判，必带物品有很大出入，以下所列物品仅供参考。

1. 文件、资料

在商务谈判中所需要的文件和资料大致包括下列五个方面：

（1）起证明作用的文件和资料。在谈判中，往往需要向对方证明许多东西，以使对方确信无疑。在这种情况下，仅仅凭口头表述会显得苍白无力，而必须出具有关的证明信或正规的权威的资料，如介绍信、委托书、产品鉴定书、企业信用等级证书、公开发行的书刊报纸等等。

（2）用于说明问题的资料。有些问题难以用口头语言表达清楚，须以书面的形式表达。这方面的资料包括设计图纸，说明产品性能的各种图表，显示外观、形状、颜色的照片等。

（3）用于说服对方的文件和资料。在谈判中，出具书面的证据，比仅仅以口头表述显得正规和权威，容易说服对方。另外，人们在面对书面的东西时往往无话可说，因为这时人们会产生一种错觉，觉得文字不会说话，无法与之讨价还价。其实他们忘了书面上的文字是人写的、人印的，既然人可以写可以印，也就可以改。这方面的文件、资料包括以往的合同文本、政府文件、企业文件、权威机构发布或散发的资料等。

（4）供研究问题使用的资料。在谈判中可能会涉及一些较深的专业问题，这时谈判人员就需要查阅或参考一些资料，如法律手册、财务手册、技术理论书籍等。

（5）提供给对方的资料或满足对方求知欲的资料，如企业简介、产品说明书、价目表、技术资料等。

2. 文具

在谈判中所需的文具有：本企业的专用信笺、合同纸、笔记本、会议记录本、钢笔、圆珠笔、铅笔、签名笔、印章、印泥等。

3. 其他物品

除了上述两方面的物品外，在赴外地谈判时谈判人员还应根据实际需要选择携带下列物品：样品、发票及收据、计算器、地图、赠品、名片等。

（四）商务谈判人员的心理准备

谈判人员的心情影响着自己的语言和行为，进而影响着谈判气氛，而谈判气氛又左右着谈判双方的沟通、交流和谈判的进程。因此，谈判人员在临场前必须克服各种不良情绪，努力调整自己的心情，保持最佳的心境，去迎接即将来临的谈判。

1. 克服恐惧感

谈判人员在临近谈判时往往由于觉得事关重大而产生自己受到威胁的恐惧感。例如谈判人员可能会担心对方没有诚意，担心对方进行欺诈，担心对方对自己不尊重甚至攻击自己，担心完不成任务而受上级的责备，影响自己的前程，担心自己表现不佳而受同伴的耻笑等，这些担心或猜疑会使谈判人员觉得自己受到了某种威胁，进而产生恐惧感。如果把恐惧感带入谈判，可能会诱发对方同样的情绪。恐惧会使人处于高度敏感的状态，因而极易引起愤怒，愤怒会使人失去理智。如此，谈判可能很快陷入僵局，所以，谈判人员在临场前必须克服恐惧感。具体方法是进行自我审视、反省，然后，把自己意识到的各种可能产生恐惧感的担心、忧虑、事项记录在纸上，以此来排除这些不良情绪。

2. 消除紧张情绪

年轻资历浅的谈判人员在临场前容易产生紧张情绪。紧张情绪会使人思维钝化，语无伦次，音调尖利，举止失常，给对方留下缺乏自信、没有权威的印象。这会影响谈判人员的说服力。因此，紧张情绪是一种对谈判不利的情绪。

产生紧张情绪的原因是多方面的。自信心不强，谈判经验不丰富，在学历、职务等方面不如对方，谈判前准备不充分以及上面讲的恐惧感等都会在不同程度上引起紧张情绪。因此，消除紧张情绪的措施也是多种多样的。在谈判前应充分细致地做好各项准备工作，做到胸有成竹；举行模拟谈判以丰富谈判经验；挑选职务高、自信心强的谈判人员参加谈判；另外在临场前还可做深呼吸、反复数数、回忆以前成功的谈判、客户对自己的赞美与感谢、自己受嘉奖时的荣耀等。

3. 平息烦躁情绪

烦躁不安也是一种常见的不良情绪。烦躁情绪是由于其他不顺心的事引起的，例如家庭矛盾、工作上的困难、同事间的紧张关系、不尽如人意的天气等等。烦躁情绪使人坐立不安、缺乏耐心、注意力涣散、容易动火、斗志低落，这对谈判只能起消极作用，应当坚决克服。谈判人员遇到不顺心的事就往好的方面想，如“今天下雨算不了什么，这会使天气更凉爽，气候更湿润，有利于身体健康。”或者干脆把不顺心的事抛到脑后，只想令人愉快的事情。

三、模拟谈判

（一）模拟谈判的作用

模拟谈判是真实谈判的预演。它具有以下两个作用：

第一，检验谈判工作计划是否周密可行。虽然谈判工作计划中的措施是否有效、全面，可以通过分析研究进行检验，但是由于谈判人员受到知识、经验、思维方式、考虑问题的立场角度等方面的局限，总会有一些不足之处和漏洞。事实上，谈判工作计划是否完善只有在实际谈判中才能得到真正的检验，但这是一种事后的检验，此时发现谈判工作计划存在问题已经太晚了。例如，在对方的反驳下，发现论据不足，无法坚持自己的观点，此时也只好作出让步了。模拟谈判是对实际谈判的模拟，与实际谈判比较接近，因此能够全面严格地检验谈判工作计划。

第二，有利于提高谈判技巧。谈判技巧上的不足之处，一般是不容易被意识到的。只有通过不断地实践，不断地总结经验，谈判技巧才能得以逐步提高。模拟谈判为谈判人提供了一次演练和实践的机会，不但可以训练谈判技巧，还可以帮助谈判人员熟悉实际谈判中的各个环节。对于初次参加谈判的人员来说，模拟谈判更加重要。通过模拟谈判可以帮助他们了解和认识谈判，从而减少在实际谈判中的失误。如果有条件，还可以把整个模拟谈判过程进行录像，通过播放，可以发现谈判技巧上的不足，例如，在谈判中流露出焦躁不安的情绪；面部表情僵化，争辩时观点不清，论据不足，缺乏条理；使用方言过多；倾听时缺乏耐心；举止缺乏涵养等。如果是培养新手，可请有经验的人在局外旁观，由他们来指导技巧上的问题。

（二）模拟谈判的内容

模拟谈判的内容就是实际谈判中的内容，但模拟谈判的内容往往比实际谈判更具有针对性。例如在模拟谈判中集中模拟磋商价格方面的内容，或分歧比较大的交易条件。模拟谈判的内容选择应视具体情况而定。如果时间允许，或这项谈判比较重要，或类似的谈判以前没有接触过，或谈判人员经验不足，或对方谈判人员的谈判风格特殊，那么，模拟的内容应该全面一些。相反，模拟谈判的内容也可少一些。

（三）模拟谈判的方式

如果时间允许，可以从本企业内部的有关部门抽出一些工作人员，组成一个代表对手的谈判小组与本企业一方的谈判小组举行一次与实际谈判很接近的模拟谈判。这种正规的模拟谈判可以全面检查谈判工作计划，并使谈判人员对每个环节和问题都有一个事先的了解。

如果时间、费用和人员等因素不允许安排一次较正式的模拟谈判，那么，可以由一位谈判小组成员来扮演对手，对本方提出的交易条件进行反复的磋商和盘问。

不管哪种方式，扮演对手的人员在模拟谈判中都应彻底站在对方立场上思考，采取对抗性和刨根问底的态度，以充分暴露本方谈判工作计划的不足之处。

第十章 商务谈判的开局

商务谈判的开局是正式谈判的开始阶段。尽管开局并不涉及实质性问题，但却很重要，因为它是谈判气氛形成的关键阶段，而谈判气氛的好坏直接影响着谈判进程和结果。在开局阶段，谈判人员的主要目标就是建立或营造一个良好的谈判气氛。为此，谈判人员就需要对开局进行控制，不能任其随意发展。在这一章中，我们将首先介绍如何控制开局，其次介绍接待对方谈判人员的工作和公关活动，最后介绍商务谈判的礼仪。虽然接待工作、公关活动以及礼仪贯穿于整个谈判过程，并非开局的独有内容，但是它们都直接或间接地影响着谈判气氛，它们的目的与开局的目标是一致的，所以我们将其放在本章一起讨论。

一、商务谈判的开局控制

开局是商务谈判的第二个阶段，在该阶段虽然不涉及实质性问题的探讨，但却是一个非常重要的阶段，对以后的谈判有着重大的影响，因此，谈判人员必须予以高度重视。本节重点讨论如何对开局进行控制，为以后的顺利谈判奠定一个良好的基础。

（一）开局及开局目标

1. 开局

商务谈判的开局，是指正式谈判的开局阶段。从时间上看是从双方谈判人员走进谈判室开始到双方把谈判转入实质性问题探讨的一段时间。该阶段一个重要的特征是不涉及实质性问题的讨论。实质性问题是指涉及合约有关条款的问题或直接涉及双方利益的问题，如价格、质量、交货期限等。开局的作用在于为讨论实质性问题作铺垫、作准备。

开局又可进一步细分为开场和开谈两个阶段。开场阶段所进行的内容主要包括双方相互介绍、致意、闲谈。开场阶段的内容主要是立场陈述、讨论附加议题。这里的附加议题是指非实质性的，但与谈判事宜有关的一些问题，通常是讨论确定议事日程。

就开局发挥的作用而言，在一次商务谈判中有许多开局。一次谈判往往持续许多天，在这期间，每一轮磋商或每天开始谈判时都需要一个开局，双方相互致意、问候、聊天以营造当天的谈判气氛，讨论当天的议程安排或其他活动的安排，使双方对当天的磋商内容和其他活动做到心中有数，以保证当天的谈判有序进行。

2. 开局目标

开局目标是指在开局阶段希望达到的结果。开局目标是一种阶段性谈判目标，是为实现或有利于实现总体性谈判目标服务的。开局目标的内容大致有两个，一是建立某种谈判气氛，二是在附加议题磋商中取得希望的结果，如确定有利于自己一方的议事日程。就商务谈判而言，谈判人员主要应该追求的开局目标是建立良好的谈判气氛。良好谈判气氛的特征是诚挚、合作、轻松而认真。商务谈判需要这种气氛，因为这种气氛有利于双方的沟通，有利于双方克服难题，有利于构思创造性的解决分歧的方案，从而扩大谈判利益，有利于双方保持良好的关系和长期的合作。

（二）开场控制

1. 开场的重要性

商务谈判气氛千变万化，不一而足，但是，我们至少可以区分出四种不同的气氛：（1）对抗型：敌视、对立、紧张；（2）拖沓型：松弛、平淡、旷日持久；（3）友好型：热烈、积极、主动、友好、合作；（4）严肃型：平静、严肃、认真。有经验的谈判人员都经历过这些不同的气氛，但是很少人知道为什么谈判气氛会有如此大的差别。

开场是谈判气氛形成的关键阶段。在开场阶段，双方走进谈判室，相互介绍、握手、致意、寒暄、目光接触以及其他各种行为给对方留下了某种第一印象，双方又根据第一印象作出某种判断，形成对对方的看法，并依此采取自己的态度，调整自己的言行。于是，某种气氛就形成了。可见第一印象是谈判气氛形成的基石。第一印象需要很长时间或出现重大的变故时才能改变。因此，在开场阶段以第一印象为基础而形成的谈判气氛往往会持续下去，不易改变。当然，随着谈判的深入，开场形成的气氛也有可能发生变化，如双方创造性地解决了重大分歧。但是谈判人员还是应该重视开场，力争在开场就建立良好的气氛，因为，在谈判之初，我们不能够期望在本次谈判中真的能够解决重大分歧，也许正因为开场未建立良好的气氛，才使重大分歧无法解决。

2. 开场控制技巧

既然开场是形成谈判气氛的关键阶段，谈判人员就应对开场进行控制，使之成为谈判的良好开端。控制开场实际上就是控制自己的言谈举止，以便为对方留下良好的第一印象，营造良好的气氛。具体说开场控制技巧主要有以下四个方面：

（1）话题的选择。开场时的闲谈应选择轻松、非业务性的话题，如各自的经历、旅途及食宿情况、过去成功的交往、文艺节目、体育赛事、没有争议的政治事件等。这样的话题很少会发生争执，而且有可能使双方找到共同语言，为以后的心理沟通做好准备。

在谈经历时，不宜过分炫耀，否则可能会引起对方的反感。应该多谈艰苦奋斗，努力刻苦的经历，这样会引起对方的同情和敬佩。日本前首相田中角荣在当政时深受日本国民的爱戴，原因之一就是田中首相深懂这个道理。在谈到过去的经历时，他总是说自幼家境贫寒，需要一边上学一边帮家干活，十分艰辛，自己所取得的成就完全是靠艰苦奋斗得来的。

（2）姿势的处理。在开场中有两种重要的姿势，一是站姿，二是坐姿。在双方走进谈判室后，双方可能会站在一起进行握手、介绍、问候、闲谈。刚站在一起时可保持对称的站姿，随后应变换成“稍息”的站姿，上身挺直，头部抬起，肩膀放松。这种站姿使人感到随和、开放、容易接近。若一直对称地站立，则不好，那会使人显得刻板、严肃、拒人千里。

在开场中，站立的时间不宜过长。东道主应主动请客人坐下，随后自己再落座。客人在东道主让座时不必过分谦让，落座后，正确的坐姿是：背部底端靠近椅背，挺胸抬头，向前微倾，肩膀自然下垂，双手虚抱放在桌上。把背部完全靠在椅背上，或塌胸低头，或坐在椅子边上都是不恰当的姿势。

（3）步态和语速。谈判的进展速度实际上在开场时就已经基本确定了。走进谈判室的步态、步速以及随后的谈话语速、停顿时间的长短都是形成谈判气氛的影响因素，有极强的暗示作用，为后面的谈判速度定下了基调。在开场中，最常见的问题是：不知该谈什么而出现停顿和冷场，从而减慢随后的谈判速度。相反，很快、滔滔不绝、慌慌张张也不是好的开端。行动和说话要轻松自如，节奏适中。

（4）开场向开谈的过渡。在开场和开谈之间，最好停顿片刻，以便谈判的双方把谈判所需要的资料、纸张、文具摆放好。

停顿还有利于双方人员调整情绪收回处于散射状态的思维，集中精力于随后的谈判。如果没有这一过渡，就可能出现忙乱的局面，对后面的谈判带来不利影响。

停顿的时间应视情况而定。如果谈判时间较长，内容复杂，停顿的时间应放长一些，相反放短一些。不过，停顿的时间一般应控制在1~5分钟内。

在开场向开谈过渡之前，某一方可提出建议："让我们准备开始吧！"或："让我们开始谈判吧！"如果对方首肯，就标志着过渡的开始。在双方摆放资料、纸张、记录本、文具的时候，双方不要相互交谈，每方内部最好也不要交头接耳。

上述四个方面的技巧只是开场中主要运用的技巧，除此之外还有其他许许多多的技巧，可以说谈判人员的一言一行，一举一动都需要留意。不过这些技巧多属礼仪范畴，我们将在第三节中介绍。

（三）开谈控制

1. 开谈阶段的工作

有些谈判人员在进入开谈阶段之后不知道怎么开口，不知道应该谈什么内容，往往造成冷场或东拉西扯。因此有必要对开谈阶段所进行的主要工作进行介绍。开谈阶段的主要工作可以分为三大项，一是立场总陈述，二是讨论附加谈判议题，三是介绍每个谈判人员。

（1）立场总陈述。立场总陈述相当于我们平时谈判的"开场白"，主要用来说明谈判的原因、目的，阐述谈判应遵循的原则、规则，以及表达对谈判的良好祝愿。立场总陈述应做到简明扼要，不可长篇大论。

（2）讨论附加谈判议题。附加谈判议题通常是商定议事日程。议事日程的商定主要涉及对将要讨论磋商的范围和问题的确定及各问题排列次序的确定和时间安排。

（3）介绍每个谈判人员的情况。在开场，甚至在开局前的接触中，双方人员已经相互认识。这里还需要再次介绍吗？是的，不过这里介绍的重点是每个谈判人员在谈判中的地位和职责。例如，本方有三名成员，其中一人是主谈人，其余两人是他的助手，一名助手是工程师，负责技术方面的磋商，另一名助手是律师，负责记录、合同文件的磋商和起草。这些情况在开谈阶段应向对方作介绍。

2. 开谈阶段的重要性

第一，该阶段双方人员的注意力非常集中，能够倾听和较好地理解对方的谈话。在该阶段提出建议、阐明观点、讨论问题，可收到事半功倍的效果。有研究表明，洽谈人员的注意力在谈判开始和接近结束时最为集中，而在中间阶段，他们的注意力则处于较为分散的状态。

第二，开谈是谈判方式的确立阶段。开谈阶段的主要工作是讨论商定议事日程。尽管该议题不是实质性问题，不涉及双方的谈判利益，但由于这是双方最初的谈判议题，双方在讨论商定该议题时所采取的方式、方法以及态度，都将为后面磋商实质性问题树立效仿的先例。

第三，在开谈阶段，双方谈判人员都十分敏感。谈判人员把谁先发言、发言机会的多少、发言时间的长短以及是争着发言还是相互谦让，看成是涉及面子和地位的问题。而开谈阶段正是这些发言规则的形成和确立阶段。所以，在开谈时，双方谈判人员都在密切注视着这些问题的处理，处于十分敏感的状态。这些问题处理不当，将会造成怨气，影响谈判气氛。

3. 开谈控制技巧

下面的技巧将有助于巩固和发展开场形成的良好气氛，有利于确立相互礼让、相互尊重、平等协商的谈判方式，从而推动谈判朝着良好的方向发展。

（1）简明扼要，热情诚挚。在进行立场总陈述时要做到这一点。此时长篇大论的说教一无必要，二是只能引起对方甚至本方人员的反感。另外，立场总陈述不应含有敌意或攻击性，而应该热情诚挚，充分显示我方的诚意和友好态度。敌意、攻击性是商务谈判中需要尽量避免的东西，即使在有些时候不得不采取这种态度，但在开谈阶段采用也为时过早。只有当对方顽固不化且无其他选择时谈判人员才应采取这种态度，而且往往是谈判中后期的事情了。

（2）强调双方的一致性。坐在一起的双方总会有许多一致的地方，例如，双方都希望成交，希望合同顺利执行，都注重企业信誉等。强调一致性能够使双方人员意识到有合作的基础，巩固已形成的合作气氛。

（3）轮流发言，机会均等。双方应轮流发言，发言机会、时间大致均等，以此避免任何一方的谈判人员产生被轻视、处于从属地位的感觉。

（4）东道主应礼让。在开谈之初，东道主应等待或邀请对方先发言。如果对方不想先发言，则东道主应带头发言。在讨论议事日程时，东道主也应主动邀请对方提建议。如果对方表示不想提建议，东道主一方就应提出自己的安排，之后还应主动征询对方的意见。如此礼让，会使对方感受到极大尊重，减轻因作为客方而可能有的不安和紧张。

（5）不要吹毛求疵。在此阶段，只要对方所提建议或意见不存在大的问题，应慨然接受，不可吹毛求疵，或为了多发言和显示自我而横竖挑剔。否则，为了并不涉及实质利益的问题而斤斤计较，不但意义不大，而且还为后面的谈判树立了极坏的先例。

（6）重申双方已经取得的成果。这是一个重要的技巧，不但可以在开谈阶段而且可以在整个谈判过程中运用。强调双方已经取得的成果，可以密切合作，促进谦让，鼓励士气，推动谈判顺利地进行。

在开谈阶段，当双方就议事日程的某个问题达成一致意见后，应适当地重申，以加深双方谈判人员对此成果的印象。这将有利于双方在其他问题上的谦让与合作。因为，双方的一致性和共同点是彼此之间的纽带。一致性和共同点越多，印象越深刻，双方就越感到亲密无间。

在以后的谈判过程中，重申已经取得的成果，还具有鼓舞士气的作用。特别是大型的业务谈判是非常艰苦的，谈判人员难免会产生烦躁情绪，经常重申已经取得的成果，会使谈判人员得到安慰，充满信心。

二、商务谈判的接待工作和公关活动

上一节讨论了如何控制开局以形成良好的谈判气氛。其实谈判气氛的形成与维持不仅仅与开局有关，还受开局前后的接待工作与公关活动的影响。

（一）接待工作

对方谈判人员来到我方所在地时，我方应做好迎接、食宿、交通以及其他方面的安排，并以礼相待，周到服务。这一方面为对方顺利地进行谈判提供了物质条件，另一方面也使对方人员得到了礼遇，心情舒畅，乐于与我方合作，为形成良好的谈判气氛奠定基础。

1. 食宿安排

当对方远道而来时，我方应派人到机场或车站迎接对方，并帮助对方安排好食宿问题。一般来说，远道而来的客人对本地的交通、宾馆不太熟悉，派人接待，可以减少对方人员的许多麻烦，同时，这也是给予对方的礼遇，会使对方获得心理上的满足，对我方产生好感。

住宿条件应干净、整洁、方便，标准可因人有所不同。如外国客人，宾馆档次应高一些。饮食要照顾对方的饮食习惯、性别、年龄等。与食宿有关的，还要考虑到交通、通讯设施等问题。

在国外，也非常重视食宿的安排。例如，一位美国人到日本谈判生意，下飞机后，看到日本东道主派一辆大轿车迎接，大惑不解，“就我一个人，用得着这么大的车吗?”上车以后，经过一阵寒暄，日本人有礼貌地说：“这么长的旅途，您一定十分疲劳了，需要尽快休息一下，车后面有一张床，您可以躺上休息片刻。”原来如此，美国人大为感动。到了宾馆，房间已经预先订好。日本人帮助客人办理了有关手续，送客人进入房间，美国人欲留日本人坐一会，可日本人却说；“不了，我们谈话机会还多着呢！现在您需要休息。至于谈判的事，如果您同意，我们后天再开始，您利用这一段时间充分恢复一下精力。明天晚上，我们为您设宴，接风洗尘。”然后就离开了。美国人又一次为东道主的热情周到而感动。事后，这位美国人在一本书中写道：“日本人真精明!”

2. 参观旅游

每个地方都有本地独特的名胜古迹、现代化设施。它们不仅表现了本地特色，而且代表了本地人民的勤劳智慧。安排对方谈判人员参观游览这些风景古迹，可以使他们对本地产生良好而深刻的印象。爱屋及乌，本企业也将受益，为双方目前及将来的合作奠定基础。另外，参观游览还可以解除紧张，松弛神经，使对方人员以轻松的心情进行谈判。这无疑将促进谈判的顺利进行。

在选择游览地点时应尊重对方的意见，向他们提供多种方案，供其选择。在游览时，要派我方谈判小组的成员陪同，并安排好摄影、交通等问题。陪同人员应对将要参观的名胜有所了解，或预先做好准备，以便向客人进行精彩的介绍。

一位台湾投资家来大陆寻求投资机会。当他来到西安时，西安市政府主要领导亲切地接见了他，并为他精心安排了参观游览的日程。首先，邀请他游览历史古迹，如大雁塔、兵马俑、华清池、博物馆等；然后，又参观了改革开放后西安建设取得的成就，包括新建扩建的街道、通讯设施和一些企业。通过参观游览，这位投资家抚今追昔，民族自豪感油然而生，更对西安的投资环境倍加赞赏，于是决定在西安投资。在对记者谈到投资决定时他说："西安不但有着光辉的过去，而且我深信她的明天将更加灿烂。"

3. 宴请

在对方人员到来时，可以在恰当的时间安排一次宴会，为对方接风洗尘。宴会的场面一般应隆重、热烈，使人得到一种礼遇上的满足，它可以表示欢迎对方的友好感情，可以协调关系，联络感情，消除隔阂，增进友谊，加强团结，求得支持，有利于合作等。

宴会的规格和形式可以视情况而定。常见的有正式宴会、便宴、招待宴（酒会）、茶会、工作宴等。

宴会上劝酒一定要适度。在我国有个习惯，宴请客人时，往往再三劝酒，好像是必须让客人把酒喝够、喝足，甚至喝醉，否则就会失礼丢面子。一位来自雅典的工程师在我国工作多年，回国后在一篇文章中写道："中国是一个美好的国家。那里的人民勤劳、热情、友好，那里的国土辽阔，风景如画。但有一样除外，那就是宴会。我从来不喝白酒，可在中国的宴会上，中国朋友总能让我喝上几大杯，喝得我头昏脑涨，有时不得不中途退场。他们的说词特别多，为了中雅两国人民的友谊干杯！为了我们之间友好合作干杯！为了您的身体健康干杯！戴这么大的帽子，我敢不喝吗?"另一位欧洲朋友也有同感，他说："在中国的宴会上，最后一杯特别多。当中国朋友劝你喝最后一杯时，你必须做好准备喝下一个最后一杯!"其实，我们自己对这种劝酒习惯也颇感不适。在宴会上，喝酒应该适度，恰到好处，不可过量，否则不但损害身体，而且会影响谈判的进程。

4. 娱乐活动

在谈判的过程中，应适当安排娱乐活动，如双方谈判人员一起游泳、玩保龄球、打高尔夫球、跳舞或进行私人拜访。这些活动不但可以解除疲劳，焕发精神，增进友谊，维护良好的谈判气氛，而且为了解对方的真实想法和与对方私下磋商创造了良好的机会。

在正式谈判中，由于人员较多，气氛较为严肃，双方谈判人员都有一定的心理压力，不能够畅所欲言。而私下的接触，气氛轻松自然，警惕性也不高，是沟通、获取对方真实想法和其他信息的良好机会。例如，在一次订购专用设备的谈判中，订购一方的主谈人对制造商一方提出的技术标准表示不满，要求进一步改善，而制造商一方不愿意这样做，谈判在技术标准上进展迟缓。制造商一方面对这种局面非常犹豫：是向对方做些让步还是继续坚持自己的立场呢？在当晚的舞会上，订购商谈判小组中的一位工程师似乎歉疚地说："其实我对你们提出的技术标准没有太大的意见。"据此，制造商的谈判人员推断，本方提出的技术标准能够为对方接受，因为对方的技术权威已同意本方所提标准。对方主谈人之所以要求进一步改善标准，是另有他图，有可能是想迫使本方主动在价格或其他交易条件上作出减让。于是，在第二天的谈判中，制造商一方在技术标准上采取了更为强硬的立场，一再重申所提出的技术标准无法进一步改善了。定购一方的主谈人看捞不到好处，只好放弃原来的要求。

娱乐活动也为私下磋商提供了好机会。有些建议、想法不便在正式谈判中提出来，而在私下场合则容易一些。这是因为私下场合气氛轻松自然，人员较少，也较容易收回或改变所作出的承诺。例如，某位谈判人员有一个建议，但是担心有不妥之处，或不能被对方接受。如果在正式谈判中提出，有可能损害自己的权威或面子。然而，在私下场合，他就不会再有这些担心和顾虑。

（二）公关活动

在谈判前和谈判中，向对方企业和谈判人员展开公关宣传活动，如向对方提供各种资料，邀请对方人员参观本企业厂间、生产设施，或店容店貌，介绍企业发展的历史和取得的成就及未来的规划蓝图等。这样，既能满足对方的求知欲，坚定对方谈判的决心和信心，又能起到对外公关宣传的作用。

1. 向对方提供资料

向对方提供什么样的资料应视情况而定。一般来说，下列资料可以考虑向对方提供：产品说明书、产品报价表、资产负债表及其他财务报表、本企业的经营方针和经营情况、生产规模等。

向对方提供资料是促成谈判的重要手段。做生意或进行合作，是以相互信任为基础的，而相互了解是建立相互信任的第一步。任何一个采购商在不了解供应商的产品情况和资信情况下，都不会贸然与之谈判。任何一家银行在不了解企业的经营情况、资产负债情况的条件下，也不会向其发放贷款。

2. 派员出访

在谈判前还可以派出人员走访对方，以当面介绍本企业产品和经营情况，了解对方的担心顾虑，并开展说服工作。这不但能够坚定对方谈判的决心和信心，而且有助于提高谈判成功的可能性。

某企业产品的技术指标略逊于竞争对手，但价格较为便宜，具有一定的优势。当该企业了解到某一采购商正在为购买本企业的产品还是购买竞争对手的产品而犹豫不决时，便派出一名工程师到采购商那里访问。这名工程师首先介绍了本企业的产品性能、技术标准，然后详细询问和了解了采购商的需要，最后诚恳地告诉对方，本企业产品的某些技术指标虽然赶不上竞争对手，但是完全能够满足贵方的实际需要，并出具有关资料加以证明。

采购商经过认真考虑权衡，决定与该企业进行谈判。

派人出访，尤其适用于制造机器设备的企业。它们的产品结构复杂，技术指标繁多，客户一般难以全面了解，需要供应商的帮助。

3. 实地考察

在对方人员来到本企业所在地进行谈判时，最好安排一次参观本企业生产经营情况的活动。或在谈判前，主动邀请对方前来本企业参观。俗话说，百闻不如一见。让对方看看本企业的生产流程、装备情况，往往会收到良好的效果。

英国伦敦一家大型服装销售公司，在向厂家初次订购服装时，总是预先派人到厂家参观考察服装生产的各个工序、技术水平和生产环境，以确定厂家是否有能力保证产品的质量。在他们看来，光是进行谈判、签订合同还不能完全保证能够得到质量符合要求的产品。这实际上代表了采购商普遍的一种心态和看法。实地参观，要胜过谈判桌上的千言万语。我们要学会用事实来说话。

4. 恳谈会

实地参观有其局限性，它只能让客人看到本企业的现在，而无法看到本企业的过去和未来。为弥补此缺陷，有必要召开一次由双方人员参加的恳谈会，以向客人介绍本企业发展的历史，取得的成就和未来的规划蓝图。一部艰苦奋斗的历史往往能引起对方的同情、敬佩，一幅光明灿烂的未来蓝图能使对方看到双方长期合作的美好前景。看到了长期利益，双方在谈判中就会相互谦让，较为顺利地达成协议。

香港一玩具制造商来到江苏省，寻找合资办厂的机会。江苏数家玩具厂纷纷与该港商接触，希望与其合资经营。但最后该港商决定与一家不起眼的乡镇企业进行合资谈判。该厂虽小，但该厂厂长几乎白手起家，经过艰苦奋斗，不仅在玩具行业站稳了脚跟，而且管理有方，经营有道，发展势头看好，目前正苦于缺乏资金。港商正是在实地参观和听取该厂介绍之后才决心与其进行合资谈判的。在回港后，该港商立即派出了谈判小组前来商谈合资的具体事宜。

三、商务谈判的礼仪

礼仪是社会活动中的润滑剂，是联络人们感情的纽带，人际关系的桥梁。礼仪形式所表示的含义主要是尊重。尊重可以使对方在心理需要上感到满足，产生喜悦，进而产生好感和信任。谈判人员应在整个谈判过程中，通过完备的礼仪，以沟通与对方人员的感情，协调与对方的关系，动员对方人员向自己靠拢，为自己和本企业树立一个良好的形象。谈判中的礼仪可分为衣着服饰、风度举止和谈吐三部分。

（一）衣着服饰

衣着服饰包括服装和饰物两部分。

1. 服装

(1) 着装的基本要求。着装的基本要求是合体、合时、合度、整洁。穿衣首先要合体，这是最基本的要求。谈判人员应根据自己的身体条件，选择合体的服装，既不能肥大无比，也不能短小箍身。有些肥胖的人喜欢穿着短小紧身的衣服，而瘦小的人喜欢宽大的衣服，孰不知这样做刚好适得其反，更加使人显得肥胖或瘦小。

着装的第二个基本要求是合时。谈判人员的着装应根据场合、地点、情景、季节而定，做到与周围的环境协调一致。例如，在正式场合，应着礼服，而在有些娱乐场合，如玩保龄球、旅游等，则应穿便装。

第三个基本要求是合度。着装应符合现代审美观念，合乎服装潮流，但也不宜过于赶时髦，把自己打扮得光怪陆离，总之应做到合度。

最后一个要求是整洁。衣服的整洁、卫生，给人一种干净、利索、精干、文明的印象。如果衣服皱皱巴巴，油渍斑斑，口袋塞得鼓鼓囊囊，就会让人觉得不振作、邋遢、窝囊，影响自己和企业的形象。

（2）服装与季节。在我国，谈判桌上的季节有三季：春秋、夏、冬，在西方发达国家，则只有两季：春秋和夏（在冬天谈判时亦是春秋式着装）。不过，随着我国生活水平的提高，暖气和空调设施正在广泛应用，在谈判时穿着冬季服装的情况越来越少。因此，下面就春秋和夏两季服装为对象进行研究。

在春秋季节，男士可以穿着西服或夹克衫，女士可以穿着西服、毛衣外套、短长风衣、西服套裙。但着长、短风衣可能给人随便的感觉，所以最好只在试探性会谈时穿着。

在夏季，天气炎热，男装多为衬衫（长短袖均可）、长裤。在隆重场合，最好把衬衫扎在长裤内，并打上领带。如果有空调，也可穿单西服。女士可选择的服装有：套裙、连衣裙、长短袖衬衫配裙子或裤子。

（3）服装与年龄。谈判人员在选配服装时还应考虑到自己的年龄。中青年人的着装，在颜色上应暗淡一些，在款式上应正统和保守一些，以弥补自己资历浅的不足，增加稳重感。中老年人的着装，在颜色上可稍鲜艳一些，在款式上可比中青年更随便一些，如男士可以穿着夹克。中老年人阅历丰富，资历深厚，不需要借助服装来增加稳重感，穿着随便一点，反而给人一种精力充沛、斗志不减、和蔼可亲的印象。

2. 饰物

饰物分服饰和首饰两类。属于服饰的是鞋、帽、围巾、腰带、手提包、胸饰等。首饰，原指戴在头上的装饰品，现在广泛指耳环、项链、戒指、手镯等。

（1）服饰。服饰对于男性和女性都是必需的饰品。男性在选择佩戴服饰时应以庄重大方为主要原则，以黑色或深色的为宜，这样可以给人留下稳重、权威的印象。而女性应以清新高雅为原则，不可搞得花枝招展，绚丽夺目。

（2）首饰。男性一般不宜佩戴首饰。在国外，男士有戴戒指的习俗，但在我国最好不要戴，否则容易给人造成素养比较低的印象，因为在我国政界要人、专家学者以及其他正统的人士均不佩戴戒指。至于女性，可以佩戴一两样首饰，但不可多，多则有夸富或故意引人注意之嫌，而且也会掩盖职业女性的干练、洒脱等令人钦佩的气质，可谓得不偿失。

（二）风度举止

谈判人员的风度举止是指在谈判过程中立、坐、行和表情等，它对谈判效果有着重要影响。风度举止是人体语言，可以表现人的思想、情绪和态度，同时也反映了个人的修养和信心。谈判人员应控制和运用自己的举止，表现自己的风度，以塑造美好的自身形象。

1. 立

谈判者的站立可以表现出不同的情绪、心理和形象。昂首挺胸、腹部缩进、肩膀放松下垂的站立姿势可以给人一种充满自信、享有权威、富有说服力的形象。这是谈判者的最佳姿势，应多加采用。

一腿朝前，双手抱肘，头微低，目光在对方眼下方，神色严肃。这种站姿会使对方感到你在认真听取他的谈话，可以激发对方的谈判热情。

双腿并拢，双手合前，腰微弯，目光对着对方眼睛，头微低。这种姿势表示了谦恭、礼貌，希望听取对方的意见，能吸引对方向自己靠拢，鼓励对方把观点和条件说出来。

当然还有其他站姿，不过上述三种在谈判中应用较多，尤其是第一种。

2. 坐

坐的姿态和动作，也可反映谈判者的情绪、心理、态度。深坐，即坐得靠后，表现一定的心理优势和自信；浅坐，表示尊重和谦虚；过分浅坐，则给人自卑、缺乏自信或献媚的感觉。

男士张开双腿而坐，表示个性奔放坦诚，胸怀开阔，且有较强的自信和支配欲，并腿而坐，表示严肃、郑重和认真。女子不宜张开双腿而坐，而应并腿而坐，可以表现出端庄和严肃。不论男士或女士均不宜架腿而坐，即一条腿的足踝架放在另一条腿的膝盖上，因为这样的坐姿带有不严肃、不郑重的味道。但可以取“二郎腿”坐姿，即一条腿的腿弯自然地放在另一条腿的膝部。这样坐显得自然、随和，又不失庄重文雅。

双手放在桌上，挺腰前倾而坐，表示对对方的关注、兴趣和希望谈判取得成功，是一种态度积极的坐姿。

端坐挺直、上身微微向前倾，头高抬，犹如坐在马鞍上，会使你表现出有权威性、富有信心。在阐述自己观点或说服对方的时候，应取这种坐姿。

3. 行

走路的姿势、速度可以表现一个人的心情、态度，对谈判气氛有一定的影响。

轻松的步伐表示心情舒畅，沉重的步伐代表心事重重。步速过快代表紧张、匆忙，过慢使人显得无精打采。在谈判中，也就是走进谈判室的时候，正确的走路姿势应该是抬头挺胸，双手自然摆动，步伐轻松，速度适中。

4. 目光

眼睛是心灵的窗户，有很强的表现力，在谈判中占有重要位置，目光运用是否得当直接影响自己的形象和谈判气氛。

见面时，首先要眼睛睁大，以闪烁光芒的眼睛正视对方片刻，面带微笑，显示出喜悦、热情的心情。

在交谈中，当与对方的目光相对时，不应立即转移自己的目光，否则会给对方躲闪、缺乏自信、不诚实的感觉。正确的做法是与对方对视片刻，然后再自然转向别处。

在谈判时，应当不断通过各种目光与对方交流，调整谈判气氛。长时间回避对方目光而左顾右盼，是不感兴趣的表示。但也不应紧盯住对方的眼睛，这会使对方感到不自在。正确的目光应当自始至终地注视对方，但注视并非紧盯。瞳孔的焦距要呈散射状态，用目光笼罩对方的面部，同时应当辅以真挚、热诚的表情。

5. 握手

握手在风度举止中也占有一定的位置。握手是国际上通行的礼节，代表欢迎、致敬、友好等含义。

握手有许多讲究。首先，要注意握手的先后顺序。应由主人、年长者、身份高者或女士先伸手，客人、年轻者、身份低者见面先问候，待对方伸手时再握。

其次，是握手的时间。一般情况下，握一下即可，不宜握住对方的手不放。熟人之间握手时间可稍长一些。

第三，是握手的力度。在谈判中，握手应适当用力，如果用力过轻，会留给对方草率、不认真、缺乏自信的印象。但也不宜用力过度，用力太大有失礼貌。

第四，男士与女士握手，只需握一下女方的手指部分，过于用力，时间太长可能引起对方误会，容易失礼。

第五，男士在握手前应先脱下手套、摘下帽子，女士则不必。

第六，握手时应双目注视对方，微笑致意，不要看着第三者或与第三者谈话。

第七，在对方人员较多时，不要遗漏对方的某个成员，这表现了谦虚、礼貌、周到、尊重每一个成员。否则，这位成员在谈判时可能不自觉地发挥消极作用。

(三) 谈吐

很多商务谈判是面对面地以口头对话的形式进行的。在这种形式的谈判中，谈吐是双方人员进行思想、感情、意见、信息交流的主要手段，对消除歧见、达成一致、取得谈判成功有着重大影响。但谈吐是一门艺术，要使其发挥良好的效果，就需要了解谈吐的基本原则、掌握一定的技巧。

1. 谈吐的原则

(1) 态度真诚原则。态度对谈吐效果有着重要影响。研究证明，各种感觉器官对刺激的印象程度，视觉占 87%，听觉占 3.5%，味觉占 1%。态度主要是留给对方的视觉和听觉效果，可见态度的重要性。谈吐中的态度主要表现在语气、表情、姿势等方面。正确的态度应该是真挚、平易、稳重而热诚，而虚假、傲慢、慌乱、冷淡则是不良的态度。采取这种态度，对方会产生抵触情绪，不愿意或不认真听取你的意见。

(2) 谦恭适度原则。在谈判中，适当的客套和谦恭既是应当有的礼仪要求，也是推进谈判顺利进行的润滑剂。但如果谦恭过分，开口"久仰大名，如雷贯耳"，闭口"才疏学浅，望多指教"，就显得呆板生硬，诚意不足。诚意是谈判的前提，推心置腹，开诚布公会使人感到和谐、融洽，是打动对方心灵、赢得对方合作的基础。满口客套、假意应酬、曲意逢迎、吹牛拍马，会引起对方的反感。

(3) 语言得体原则。在商务谈判中，说话首先要做到简单明了，抓住关键。用语要准确、概念要清楚，把自己的建议、意见、观点明确无误地表达出来，不能含糊其辞，模棱两可，啰啰嗦嗦，吞吞吐吐，使对方不得要领，产生厌倦。其次，谈判的语言要文雅文明，不带口头语，不带脏字。有些人在说话时常不自觉地带出口头语，如"这个，这个"，"是不是?"，"啊，这个么”，“呃——”，“你知道”等等，这是令人讨厌的，应下决心改正。更为糟糕的是，有些人在开讲一句话前，必然要清一清喉咙。再者，谈判语言应注意分寸。在商务谈判中，该说的话一定要说，不能碍于面子而不讲，但应尽量避免使用刺激对方的字眼，力求婉转，以保证和谐的谈判气氛不被破坏。

（4）精神专注原则。在进行商务谈判时，要做到精力集中，注意倾听，而不能漫不经心，若无其事，东张西望。倾听既是尊重对方的表示，也会有助于对方更好地讲话，因为，倾听会使对方感到他的讲话具有吸引力，从而受到鼓励，精神更为集中地讲下去。另外，倾听还是获得信息甚至机密的重要手段，因为面对专心致志的听众，很少有人会扼制自己的炫耀欲，特别是谈判小组中的专家，更是如此。在对方讲话时，可以用点头、简单的答语以及概括对方讲话要点等方式来表示你在注意倾听。

2. 谈话的距离

在商务谈判时，双方应对面而坐，或成 90°而坐，或平行而坐，或对面而立。双方之间的谈话距离应视情况而定，一般应保持在 30 厘米到 1 米之间。实际上在商务谈判中，双方的距离是处于变动之中的，时近时远；距离远近体现了谈话的投机性、分歧的大小、离结局的远近。如某话题很激烈时，人们总会靠近对方或上身向前倾，来发表自己的见解，似乎想压退对方，而另一方会向后靠，似乎在以此表示不满。当激烈程度高到一定水平，到达剑拔弩张时，双方都向对方逼近。这时应中止谈判，否则不但不会取得任何结果，而且有可能会伤害双方的感情。又如双方意见分歧较大，谈话平淡时，双方会拉开距离或上身靠在椅背上。当双方分歧缩小，出现转机时，双方会情不自禁向一起靠近，以进行“密谋”，小心托出商议的成果。在谈判时，可以主动地运用上述的距离效应，促使谈判的顺利进行。国外有句商业俗语：“等到对方再向前伸伸脖子时才是最好的成交时机。”这是对距离效应的生动总结。

有些人说话嗓门很大，又常溅出唾沫，谈话的距离不宜太近，至少应保持在50厘米以上。如果双方相对而坐，中间的桌子又很窄，最好靠着椅背，以免造成尴尬局面。异性谈判者之间，面对而立时，至少保持一步距，交谈时不宜挨肩而立、而行。对于年轻的谈判者，这么做有利于保持清醒的头脑，避免想入非非，分散注意力。另外，不这么做还可能引发“花边新闻”，题外花絮多了，必然影响谈判。

3. 谈话的手势

人们借助于手势来表达一定的意思或加强说话的语气，食指和中指敲桌子可以表示感谢。食指和拇指做成圆卷，其余三指伸直表示赞同或完成。食指和中指成“V”形表示胜利。拇指竖起表示赞赏。双手搓动可以表示高兴或着急。举手平掌表示“别说了”或拒绝对方的某项邀请。手抬高或双手外拉，掌心向内均能表示：大、小、强、弱、难、易、分、合等意思。握拳表示决心和愿望。上述手势在商务谈判时均可运用，不过手势的幅度不宜过大。

4. 音调

在谈话时音调应定得低一些，做到文雅而低沉。这样能表明你是富有理智、为人正直、满怀自信、天生就有好的鉴赏力和判断力。高声或尖声尖气地说话会令人讨厌、反感，破坏你的形象。

引起高声尖气说话的原因大致有三个。第一个原因是谈话者认为只有这样才能引起别人注意。实际上有许多人持有这种看法，而其身边的人又没有提醒过他们，久而久之养成了这种不良习惯。

第二个原因是恐惧、紧张和兴奋。这些情绪会引起喉咙抽紧，从而造成高声或尖声。克服这种原因造成的高音调的方法是放松，但养成放松这个习惯并不容易。在与陌生人交谈时，一般容易紧张，因为你想给新朋友留下好印象，你想把自己最好的形象展现给对方。在进行商务谈判时，除了紧张，还常常出现恐惧感，因为你有种种顾虑和担心，例如你可能担心完不成任务而受到上级的责怪，担心对方是否会欺骗你等。解除紧张，消除恐惧的办法是在谈判前做深呼吸，或想想轻松愉快的往事。

第三个原因是自卑心理。一个感到自己比周围任何人都差的人总是想以自信和充满信心的样子来塑造一个优势的形象。他们的方法之一是大声讲话，以使他们的声音压过别人，吸引他人的注意。自卑心理不但会造成音调过高，而且还会使自己过于敏感，处于高度的防备状态，妨碍有效地与对方沟通。谈判人员必须克服自己的自卑心理，在必要时可以去接受心理医生的治疗。

第十一章 商务谈判的磋商

磋商阶段是商务谈判的主体阶段，从报盘开始，经过磋商探讨，直到双方看清谈判结果为止。该阶段是非常重要的阶段，双方能不能达成交易，达成什么样的交易都由该阶段决定。为了阐述的方便，我们将磋商阶段进一步细分为摸底、回顾总结、讨价还价、交易明确四个阶段。这四个阶段代表了商务谈判磋商阶段的四类主要工作，通过介绍这四个阶段，基本上能把磋商阶段错综复杂的工作阐述清楚。另外，这四个阶段的上述排列次序也大致反映了磋商阶段的工作程序，不过需要注意的是在实际的商务谈判中，这四个阶段并非泾渭分明，也不一定完全按上述顺序谈判，而可能相互重叠交叉，反复出现。所以，我们不可能从时间上明确划分这四个阶段，但是谈判人员可以根据当前所进行的主要工作来确定谈判处于哪个阶段，以便集中精力解决该阶段的问题。本章将分别介绍这四个阶段的工作及其操作。

一、商务谈判的摸底

从开局进入磋商阶段，谈判双方首先进行的工作是相互摸底，即了解对方的交易条件、态度、真实意图等等，然后才会展开深入的磋商讨论。当然摸底并非一蹴而就，仅局限在磋商阶段的初期，而很可能一直伴随着整个谈判过程。摸底阶段的主要工作可以概括为两项，一是报盘，二是了解试探对方的真实态度和意图。第一项工作比较浅显，容易识别。第二项工作则不易辨认，而且难度较大，需要借助巧妙提问、仔细观察、分析判断和谈前所掌握的信息资料才能完成。本节主要讨论报盘的形式、报盘的先后、报盘的水平和摸底技巧。

（一）报盘

报盘就是应对方邀请或主动提出我方所希望的交易条件。报盘可以是全面完整地提出交易条件，也可以是针对对方谈前已提出的交易条件的答复。报盘是磋商阶段要进行的第一项工作，因为只有通过相互报盘，才能显现双方存在的分歧、差距，才能为后面的谈判指明方向。关于报盘有三个问题值得进一步探讨，一是报盘形式，二是报盘先后的选择，三是报盘水平的确定。

1. 报盘形式

报盘有三种形式，即书面形式、口头形式、书面与口头相结合的形式。在实践中，谈判人员应根据所处的情况加以选择使用。

（1）书面形式的报盘。书面形式的报盘就是以书面方式把我方的交易条件递交给对方。这种形式的优点是：

①完整、有条理、不易出现遗漏和误解；

②对方接到报盘后可以反复阅读，直到读懂为止；

③可以表达复杂的涵义，像形状、图表、计算公式等一类的内容用书面形式很容易表达清楚；

④能够显示我方郑重其事的谈判态度。

但这种形式也有不足的一面，主要是：

①书面报盘是一种永久的记录，我方谈判人员会产生一种必须遵守的义务感，因此，在后面的谈判中我方的言行会受到较强

的约束，要想再改变交易条件就比较困难；

②书面形式不“热情”，难以借此建立双方的友谊；

③对方接到我方的书面报盘后，可能会立即要求休会，使我方失去进一步摸底的机会，而对方在休会期间则可以进行充分的研究和准备，这对于对方缺乏经验的谈判人员有更大的意义，因为如果没有这种研究和准备，经验缺乏的谈判人员往往会显得手足无措。

在商务谈判中，书面报盘适用于两种情况，一是没有其他选择的余地，如对方明确要求我方提出书面报盘，二是我方处于强有力的地位，而且在后面的谈判中不准备作出大的让步，我方企业的实力越强，越能从这种书面报盘和强硬立场的谈判方式中获得好处，不过要做好冒犯对方的思想准备。

（2）口头形式的报盘。这种形式就是在谈判时以口头表达的方式向对方提出我方希望的交易条件。该形式的优点是：

①灵活性大；

②可以先摸底后报盘；

③可以利用感情因素，使对方不好意思提出异议；

④可以赢得对方的好感。

这种形式的报盘也存在一些不足之处，如：

①容易泄漏机密；

②容易失去头绪；

③容易导致误解；

④有些内容难以表达清楚。

口头形式的报盘在商务谈判中可以广为使用。

（3）书面与口头相结合的报盘形式。这种形式就是先以书面形式将我方的交易条件简要地报出，然后再以口头形式作出说明和补充。这种形式可以兼顾书面和口头形式的优点，避免书面和口头形式的不足。预计双方的分歧不会太大时，使用该形式报盘比较合适。如果双方的分歧较大，在报盘之后双方需要作出较大的让步甚至需要寻求其他的解决途径，任何书面形式的报盘都可能成为一种约束，妨碍协议的达成。

2. 报盘先后的选择

关于谁先报盘的问题，众说不一。但有一点可以肯定，先报盘和后报盘各有利弊，不能一概而论，应具体情况具体分析。一般来讲，如果预计谈判会竞争得十分激烈，且我方的报盘水平又比较客观公正，可以先行报盘以规定谈判起点，一开始就占据主动，争取更大的影响力；如果谈判按惯常的例行程序进行，且我方对自己的报盘水平确实并无很大把握，可让对方先报盘，这样可以试探深浅，随机应变；如果对方是老客户，业务往来频繁，关系稳定，谁先报盘，谁后报盘已无所谓，双方都将采用速决型、惯例型报盘，对报盘水平都将尽可能确定的客观些、实际些，较少存在水分和虚头。事实上，多数情况下，往往都由卖方先报盘，由买方进行还盘。

3. 报盘水平的确定

首次报盘的水平决定着本企业从谈判中可获得的最高利益。一旦报盘，就很难再提高报盘水平，如供应商报价为50元/台，在谈判中几乎不可能再把价格提高到50元/台以上，因为这会遭到对方强烈的反对。如果在谈判中报盘水平有所变化，那只能是向下调整，即通常说的让步。

另外，首次报盘水平还直接影响谈判的成败。在对方有许多其他交易机会的情况下，如果我方报盘水平过高，就可能被对方排除在考虑之列。此外，在由于种种原因对方需要迅速作出是否交易的决定时，如果我方的首次报盘水平不能大致令对方满意，对方就可能很快终止进一步谈判。

因此，首次报盘水平的确定是非常关键的，一旦失误，将无法挽回。

报盘水平在总体上取决于市场行情、企业的经营战略和策略，以及谈判目标。但是，报盘水平仍然有一定的可变动范围，即上述三方面因素所允许的变动范围。这就需要谈判人员根据具体情况在允许的范围内确定一个具体的报盘水平。大致上说，谈判人员有两种选择，一是高报盘，也称克制型报盘，即在允许的范围内把报盘水平确定得高一些；二是低报盘，也称速决型报盘，即在允许的范围内把报盘水平定得低一些。到底作何种选择取决于谈判双方的关系、竞争状况、对方作出交易决定的速度以及我方对待这笔交易的态度。一般来说，如果双方关系良好，具有长期稳定的关系，对方需要迅速作出交易决定，竞争激烈或我方对这笔交易比较重视，则应选择低报盘；相反，则应选择高报盘。另外，在对竞争状况和对方情况不甚了解的情况下，应选择高报盘，这时的高报盘具有试探性质。

（二）摸底技巧

在摸底阶段，总的谈判策略是尽可能了解对方的交易条件、真实态度和意图，同时不把话说得过死，不作让步。了解对方的情况越多，越有利于我方把握谈判的主动权。不把话说得过死是为了保持进退的灵活性。不作让步，是因为此时让步必然是盲目的让步，另外也是为了试探对方反对意见的坚定性。下面介绍三种情况下的摸底技巧，这些技巧有助于上述谈判策略的实施。

1. 对方在谈前已向我方报盘

这是指对方在谈判前通过某种方式已向我方提出了他们的交易条件，而我方未作反应。在这种情况下，我方在摸底阶段应进一步搞清对方各个交易条件的真正含义以及对方在各交易条件上的态度，而不应急于报出我方的条件或进行还盘。下面的技巧对于摸底会有帮助：

(1) 查问对方的每一个交易条件。我方已经知道对方的交易条件，此时重要的是搞清楚每一交易条件的含义、制定的依据以及其他的信息和情况。为此，我方应要求对方对其交易条件做详细解释，并对其解释不断地提问。在这里，要注意遵循“只询问，不反驳”的原则。询问只能带来对方的回答，使我方了解更多的情况，而听到不合自己心意的话，就进行反驳，则可能导致对方的反问，把球抛回我方，使我方回答问题。例如，我方问：“贵方定价的依据是什么?”对方答：“参考同类商品的市场价格。”我方可接着问：“同类商品具体指什么?”但是，不能反驳：“你们为什么要这样定价?”这不但阻止了我方了解更实质的问题，而且对方可能提出反问：“你们认为以什么方式制定价格比较合理?”或“这样定价有什么不妥?”这样我方得不到任何信息，反而会给对方提供信息。

（2）大智若愚，装出一无所知的样子，而不是显得聪明伶俐，替对方回答问题。这主要是为了减少对方的戒心，促使其多说话。

（3）记下对方的回答，不发表自己的评论。不管是否同意或满意对方的说辞、解释、答复，都不要作出反应和评论，以免对方从中过早地了解我方的态度、看法。

（4）彻底搞懂对方的意思，不惜一问再问，而不能装懂或想当然。详细地不断地提问，不但可以减少误解，而且能起到表示自己在认真倾听的作用，从而可以鼓励对方的谈兴。

（5）试探对方在各交易条件上的态度。讨价还价必须有针对性，不能盲目地对任何一个交易条件都进行讨价还价，事实上有些交易条件对方是不肯让步的，在这些条件上讨价还价不但得不到任何好处，而且有损本方的坚定性。因而，在讨价还价前要先试探对方在各交易条件上的态度，看有无让步的可能以及让步的大小。试探的方法多种多样，但在摸底阶段应主要通过直接或间接提问来试探。直接提问，如：“这一条件是贵方的最后条件吗?”或“这一条件有无商量的余地?”如果对方有让步的余地，其回答绝不可能是断然否定让步的可能性，因为他担心这样会失去交易。间接提问，如上面讲的各种询问，我方可能从对方的解释和回答中推断对方在各交易条件上所持的态度。

（6）保持冷静。在摸底时保持平静的表情和态度，而不能时而愤怒、时而高兴、时而惊奇。因为这些丰富的表情和态度会明明白白地告诉对方我们的心中所想，使对方及时采取应变的措施和对策，从而置我方于不利之处境。

（7）及时纠正对方的错误。这是为了保持沟通畅通无阻。

2. 本企业在谈前已向对方报盘

这种情况是指本企业在谈判前已向对方报盘，而对方未向我方报盘或还盘。很显然，在这种情况下，我方处于“明处”，极易受到对方的“攻击”，对方会要求我方解释报盘和提出种种问题让我方答复。此时，我方可选用下列技巧应战：

（1）少回答。在对方提问后，我方在不失礼貌的条件下，尽可能少作回答，作简短回答，而不应详尽解释我方的动机、目的、原因、经营状况、生产过程。要知道，说得越多，漏洞、弱点就越多或越暴露无遗，使对方更为容易地提问和发起攻击。

（2）对方多发言。积极倾听，赞扬对方，向对方提问，故意误解或曲解等都能促使对方多发言。这不但可以有效地减少我方回答问题的时间，而且能够多了解对方对我方交易条件的看法和意见。

（3）试探对方反对意见的坚定性。试探的方法有察言观色、促使对方表态或还盘、在对方提出反对意见后暂不让步等。最后一种方法需要做进一步说明。在谈判中故意提出反对意见是一种惯用的手段，其背后未必有真正的需要，甚至对目前的条件已经满心欢喜，只是出于贪心而为之。识破这种手段最好方法就是不让步，以检验反对意见的坚定性。如果对方的反对意见确属虚张声势，当他看到我方坚持不让时，自然会放弃，因为人们不会为无真正利益的事情纠缠不休。

（4）按第一种情况下的第六、第七点去做。

3. 双方在谈前均未报盘

这种情况下的摸底技巧有如下几种：

（1）明确谈判问题，而不应东拉西扯。只有明确谈判内容，才能为后面的谈判指出方向。明确谈判内容的方法就是询盘和报盘。报盘在前面已经讲过，询盘就是邀请对方报盘，或询问对方的交易条件。

（2）将每个问题谈透，而不应集中在一个问题上。一笔交易的价值取决于所有的交易条件，而非某一条件。将所有的问题谈透，有助于全面评价该交易，从而有利于作出通盘考虑和决策。

（3）说话留有余地。由于双方在谈判前均未报盘，对有些问题无法预先进行深思熟虑，而在谈判中，虽然报盘，但时间短暂，对这些问题也不可能作深入分析研究，因此，说话要留有余地，富于弹性，以免说错而造成被动。

（4）按第一种情况下的第六、第七点去做。

二、对摸底阶段的回顾总结

在摸底之后，应对摸底的情况进行回顾总结。回顾总结的内容包括：（1）明确哪些条件可能为对方所接受；（2）判明哪些条件对方不可能接受；（3）推断对方反对意见的坚定性；（4）预测成交范围，并在此基础上制定下一步的行动计划。本节主要介绍如何根据预测结果制定下一步的行动计划。在实践中，预测结果可能千差万别，但大致可归为三类，一是谈判结果可以预见，二是谈判结果有所预见但不太明朗，三是谈判结果无法预见。下面分别就这三种情况讨论介绍下一步行动计划的制定。

（一）谈判结果可以预见

谈判结果可以预见，是指交易条件已经显而易见可为双方所接受，如双方报盘水平很接近，或我方报盘为对方原则上接受，或对方没有提出大的反对意见，等等。面对这种情况，有些谈判人员会欣喜若狂，急于求成，在下一步往往采取错误的行动。常见的错误行动方式有如下几种：

（1）为了早日成交，不经进一步磋商就迅速作出让步。这种行动方式不仅不会缩短谈判时间，反而会使对方认为如果拖延时间，他将从本企业方面得到更多的优惠或让步。结果是谈判时间没有减少，我方利益还会进一步损失。

（2）表现出过分急于成交的愿望。这会使对方再次拖延时间，停步不前，等待我方向其靠拢。

（3）撤回原来的报盘，重新报盘且报盘水平比原来的高。之所以这么做，是因为谈判人员意识到首次报盘水平太低。尽管这种判断是正确的，但为时已晚，因为提高报盘水平会遭到对方的强烈反对而难有成效，并且还可能因此损害双方的关系。

正确的做法是仍然安排一定的时间进行磋商，让谈判按部就班地走完自己的全部过程，并且在谈判中尽可能采取强硬立场，不作或少作让步。在摸底阶段就已看清谈判结果，说明我方的首次报盘水平太低，换而言之，对方有很大可能会接受高于我方首次报盘水平的交易条件。但是，报盘已经报出，无法再撤回，上述可能性已无法变成现实。尽管如此，谈判人员还是应亡羊补牢，在后面的谈判中尽量让对方向我方的首次报盘靠拢，而不应一误再误，再向对方做大的让步。为此，谈判人员要安排一定谈判时间，或更直接地说就是通过拖延时间迫使对方向我方靠近。

（二）谈判结果有所预见，但不太明朗

这种情况是指双方虽然有分歧，但预计双方通过进一步磋商

能够达成交易，只是目前还无法确切知道最后的具体成交条件。例如，双方报盘的差距不是太大或我方报盘后，对方提出一些反对意见，但不是太强烈，或对方的报盘离我方的谈判目标的差距不是太大，等等，都属于这种情况。在这种情况下，双方都需要从自己的首次报盘向后退让，以便能消除分歧达成交易。在这里，关键的问题是我方如何以最小的让步来达成一致。下面介绍一种让步的方法，不妨称之为“防御体系”，可以解决上述问题。该体系有六个要点：

（1）设立最后防线。最后防线应当高于最低谈判目标。例如，卖方的底价是100元/台，其最后防线可设为102元/台。

（2）设立中间防线。中间防线应设在报盘和最后防线之间。例如，卖方的报价是110元/台，最后防线是102元/台，中间防线可设在105元/台。

（3）在中间防线以前，如果能换取对方同等的让步，在退让至中间防线时，不要过分犹豫。

（4）退让至中间防线时应加强火力，即坚持较长的抵抗时间。

（5）在中间防线与最后防线之间，不要轻易退让。

（6）决不退让至最后防线之后，即使有必要这样做，也应坚持到最后一分钟。

该防御体系的特点在于我方的让步，先快后慢，先大后小，先松后紧，使对方感觉到获得我方的让步越来越难。这一特点即可保证达成交易，又可把我方总的让步幅度控制在最小的限度内。对方在未达到其基本目标时，向前推进的力量必然很大，大有不达目的誓不罢休的劲头，而我方的退让正是为了让对方实现其基本目标，否则将不可能成交。当对方随着我方的退让实现了其基本目标后，其向前推进的动力必然下降，而此时，我方的火力正在不断加强，因此必然阻止住对方的进一步推进。这时，客户已实现其最低目标，而进一步获得我方的让步又相当困难，于是只好同意以目前我方坚持的条件成交，不难看出，我方的让步是保证达成交易的最小让步。另外，这一体系也会使对方产生错觉。由于我方在退让至中间防线时，显著地加强了火力，在中间防线与最后防线之间更是不轻易退让，这会使对方认为我方已经退让至底线附近了。有了这种错觉，对方一方面会感到心满意足，因为人人都希望以对方的底价成交，另一方面，也会不忍心再迫使我方退让，因为人总是有同情心的，不愿看到别人不赚钱或赔钱做生意。

（三）谈判结果无法预见

这是指无法预料能否通过进一步谈判达成交易。例如，双方的报盘的差距悬殊，或对方对我方的报盘提出了强烈的反对意见而我方向后退让的余地又有限，因此很难预料能否通过一步磋商达成一致。在这种情况下，下列措施可供选择：

1. 中止谈判。一般来说，谈判人员都不愿意中止谈判，特别是供应商，他们完全明白，一旦自己中止谈判，竞争者就会乘虚而入，取代自己的位置。所以，采取中止谈判的措施之前必须慎重考虑。在下列三种情况下可以考虑采用该措施：

（1）本企业处于强有力的地位，如在市场上处于垄断地位，或自己的产品具有独到之处而对方对此又特别看重。

（2）这是唯一能使对方改变其想法或立场的措施。

（3）我方宁愿交易落空，也不愿勉强成交。

2. 继续谈判，但要设法修改领导所定的交易条件或谈判目标。在原定的谈判目标范围内无法达成交易，但是谈判人员又觉得应该做成这笔交易。在这种情况下，谈判人员往往会继续谈判，同时设法修改原定的谈判目标或交易条件。修改谈判目标已超出谈判人员的权限，因此，谈判人员必须向领导提出修改建议，在得到同意之后方可修改。谈判人员所提修改建议应包括下列内容：

（1）应该进行哪些修正；

（2）如何安排和调整谈判进度和时限；

（3）达成交易与未达成交易之间的得失利弊的比较，以便为领导作出决策提供参考的依据。

这里有一个问题需要进一步讨论，即是应让对方知道本企业的谈判人员正在试图要求修改谈判方案，还是应该瞒住对方。一般来说，最好不要让对方知道。因为，这可能会产生两个明显不利的后果，一是对方会从中了解到我方的谈判原则——宁愿按对方的意愿作出让步，也不愿失去这笔交易，对方因此可能会在后面的谈判中采取强硬的立场，得寸进尺，步步紧逼，使我方彻底惨败；二是可能会激怒对方。谈判人员一般是上级领导委派的，其权力肯定会受到一定的限制，不可能事事都有决策权。老练的谈判人员对此是能够理解的，然而，缺乏经验但权力又很大的谈判人员未必能够理解。如果对方是这种缺乏经验但权力又很大的人，让其知道我方正在要求领导修改谈判方案，可能会使他感到非常愤怒。他会认为我方委派的谈判人员与他的权力、地位不对等，是轻视他，另外，他还可能认为既然事事都要请示上级，还怎么进行谈判，因而可能会拒绝谈判。

3. 设法使对方修改其交易条件。这一措施往往与前两种结合在一起使用，如在中止谈判的同时，一方面我方设法修改谈判方案，另一方面也设法使对方修改其交易条件；或者继续谈判，我方暗中修改谈判方案，同时在谈判中迫使对方也修改其谈判方案。下列几种技巧可以促使对方修改其谈判方案：

（1）在谈判中长时间坚持自己的交易条件。坚持的时间越长越好，因为对方可能也想成交，当其看到我方不退让致使谈判无法取得进展，交易有可能落空时，就会想到有必要修改自己的谈判目标。

（2）努力使对方相信，如果本企业按对方的要求大幅度让步的话，本企业将损失惨重。

(3) 争取对方谈判小组成员理解本企业报盘的合理性和公正性。对方谈判小组中的专业助手或顾问如工程师、律师、财务人员等是比较容易争取的对象。他们都是专业人员，看待问题比较理性和客观，也较富有同情心。如果能争取到他们的理解和支持，他们就会向其主谈人施加压力，或建议修改他们的交易条件。

(4) 说服对方其要求所包含的实际利益并不像他们想像的那么大。私下通过对方主谈人的助手来说服，或者故意丢失“机密”资料，或故意在私下交往中“走漏”机密，效果会更好。

三、商务谈判的讨价还价

在回顾总结之后，谈判就该转入讨价还价阶段了。该阶段是非常复杂和关键的一个阶段，通常谈判双方要在该阶段花费大量的时间和周折，运用各种各样的谈判策略和技巧，展开深入细致的讨论和磋商。在这一节，我们主要介绍讨价还价阶段的特点、主要工作和常见的几种意外情况及其处理。

(一) 讨价还价阶段的特点

讨价还价阶段有如下三个显著的特点：

1. 复杂性

讨价还价有三层意思，一是针对对方的报盘，要求和说服对方调整报盘或让步，这就是讨价；二是在讨价和对方作出让步后，我方还盘，即提出我方的交易条件，俗称还价。还盘是针对对方的报盘或交易条件而言的，如果单从我方的角度看，还盘就是我方的报盘；三是讨价和还价反复多次，直至双方达成一致。

看起来讨价还价非常简单明了，但是实际上远非如此。在讨价还价中，任何一方都在极力说服对方让步，而自己又不肯轻易退让。在这样的竞争中，谈判人员往往使出浑身解数，动用各种策略和技巧，斗智斗勇，甚至不惜进行讹诈和施展阴谋诡计。即使这样，也未必能达到目的。有的时候，经过一番艰苦的讨价还价，双方的交易条件还是存在较大的差距，难以取得最后的一致。此时此刻，谈判人员为避免谈判破裂，需要抛弃原先的立场或交易条件，另辟蹊径，去寻找新的独特的解决问题或进行合作的方式，这是更富于创造性和复杂性的工作。

2. 决战性

在摸底阶段，谈判双方都在试图了解对方的情况，摸清对方的真实意图，同时对自己的情况、打算、用意又讳莫如深，尽量做到不显山不露水，双方既不贸然提出具体要求或反对意见，也不盲目地作出让步。因此，在摸底阶段双方的所作所为带有试探性质。只有到了讨价还价阶段，双方才会根据已了解的情况和自己的分析判断，逐渐地采取和调整攻防策略、变换立场，展开正面的较量。从这一角度看，商务谈判与战争极为类似。在战争中，交战双方总是先进行侦察和一些前哨战，同时极力掩盖自己的战略意图和部署，然后才会展开真正的大规模的决战。

3. 谈判小组内部的分裂性

在讨价还价阶段，谈判小组内部成员之间的统一性也将接受一次严峻的考验。例如，某个谈判人员认为，对方对本企业提出的交易条件极力反对，只不过是一种“讹诈”，因此不应理睬，而另一位谈判人员却认为，从对方的观点来看对方的反对意见完全是正确的，因此应该给予重视。类似的情况在讨价还价阶段会层出不穷，因为，在讨价还价阶段，我方的每一步行动都是根据对谈判形势的估计判断而采取的，既然是估计判断，不同的人必然是各有已见。这种内部分歧如果不能很好地处理和控制，就有可能在双方的私下交往中或谈判桌上表现出来。果真如此的话，无疑将是本方的灾难。

（二）讨价还价阶段的主要工作

讨价还价阶段的具体工作非常多，诸如讨价、还价、说服、辩解、争论、讨论、调整立场、构思新的解决方案、应付阴谋诡计、打破谈判僵局等等。但是概括起来，可以归纳为如下三项：

1. 要求、说服和迫使对方让步

这是任何一方都极力去做的事情，是谈判人员在讨价还价阶段的一项重要工作。为了这项工作，谈判人员除了需要运用各种谈判策略技巧之外，还需要有坚持不懈的精神和坚强的意志，因为对方决不会轻易退让，而是很有可能顽抗到底。

2. 维护和调整自己的立场

所谓立场是指解决问题或谋取利益的方式。在商务谈判中，谈判人员的报盘或作出的交易条件就是其立场。谈判人员在提出自己的立场之后，必然受到对方的猛烈攻击，承受对方要求变更此立场的巨大压力。由于立场代表了或涉及了利益，立场变动就意味着利益的变动，另外轻易变更立场也有损本方的坚定性和信誉，因此，谈判人员必须采取各种措施来防御对方的进攻，顶住对方的压力，极力去维护本方的立场。另一方面，为了表示诚意和消除分歧，在适当的时机调整我方的立场或向对方做些让步，是非常必要的。由此可见，维护和调整立场是谈判人员在讨价还价阶段的又一项主要工作。

3. 构思和提出新的立场

谈判人员一开始提出的立场以及对该立场进行的调整未必能使双方取得一致，达成交易。如果在讨价还价阶段真的出现了这种情况，实际上也会经常出现这种情况，谈判人员不应气馁。因为，一般而言，解决问题或谋取同样利益的方式往往不止一种，前一方式或立场不能使双方取得一致，谈判人员完全可以而且应该构思或寻找其他的方式或立场。

构思或寻找其他替代性立场是极富智慧和十分艰辛的工作。其他立场并非显而易见，要依靠丰富的想像力、创造力和苦苦的思索来挖掘。另外，在构思新的立场之前，必须进行有效的沟通，以对各方的需要、利益有全面透彻的掌握和理解，这样，构思才会有明确的目的和方向，否则只能是胡思乱想，难见成效。可见，构思和提出新立场的重要性和复杂性并不亚于前两项工作。

（三）讨价还价阶段对方的让步行为及其对策

在讨价还价阶段，谈判形势变化多端，经常出现意外的情况，为此，谈判人员必须及时采取相应的对策或策略，以妥善处理意外情况。在这里，我们主要分析介绍讨价还价阶段中最常见的一些意外情况，即对方在让步方面的异常行为，以及我方应采取的对策。在讨价还价阶段，对方出乎我方预料的几种让步行为及其对策分析介绍如下：

1. 对方初期的让步幅度与本企业预计的对方最大让步相等

如果对方在讨价还价阶段的初期所作出的让步与本企业预先估计对方在整个谈判中所可能作出的让步相等或大致相同，这说明本企业和对方都在估计方面出现了错误。首先要分析本企业的错误。一般来说，谈判人员在讨价还价初期所作的让步只是其让步潜力中的一小部分。除非白痴，否则谁也不会在一开始就能够将让步的全部拿出来给对方，而且谈判人员都期望以最小的让步来达成协议，因此，谈判人员在一开始作出的让步必然是他认为的最小的让步。对方在一开始所作的让步，即他的最小让步，就已达到了本企业的估计幅度，这说明本企业过低估计了对方让步的幅度。

再来分析对方的错误。我方对对方的让步幅度作出了估计，而且还坐下来与对方进一步谈判，这表明只要对方在谈判中能够作出我方预计的让步，就会令我方满意，否则我方又何必继续谈判呢？如果对方对我方的这种期望有正确的估计，那么，在初期绝对不会一下子给予满足，而会分几次逐渐地给予满足，甚至只会给予部分的满足。因为，任何人都知道逐渐满足对方期望的好处，都知道人的期望是可以打折扣的。事实上，对方在一开始就作出了符合我方估计、满足我方期望的让步，显然对方是过高估计了我方的期望或要求。

所以，在遇到这种情况时，我方不能沾沾自喜，认为自己的谈判能力很强或威信很高，一下子就使对方就范了，而应马上意识到自己和对方均犯了错误，并调整对对方让步的估计。然后，如果情况允许，就按新的估计要求对方进一步让步。如果情况不允许，也就只能按原定计划行事了。例如，我方明确提出了要求对方让步的幅度（通常，这一幅度比我方的期望要大一些），而对方的让步很快就达到了我方的期望。尽管我方要求对方让步的幅度比我方期望的要大，但是对方初期的让步只是可能让步中的一小部分，所以，我方要求对方让步的幅度还是比对方可能的让步幅度小。我方的错误明显可见，但此时再改变要求为时已晚，因为这会引起对方的强烈不满和采取以牙还牙的行动，结果只能是浪费时间而无任何收获。在实践中，有些谈判人员在遇到这种情形时可能会利用对方的疏忽或经验不足而要一些手腕，如借口还需要向上级请示而中止谈判，之后又以上级不同意目前的条件为理由，要求对方作更大的让步。但这种伎俩在经验丰富的谈判者面前是很难奏效的。

从这里的分析中，也可以看出有些谈判人员总结的经验，即在报盘或还盘时应尽可能“狠”一些，是有其道理的，可以防止或减少一些因估计错误而造成的损失。

2. 对方的让步比我方预计的要快且大

从对方的角度看，即使需要向我方让步，他也会以最小的幅度和最慢的速度来让。如果对方的让步比我方预计的要快且大，这必然意味着对方实际可以作出的让步远比目前作出的还要大。

因此遇到对方的让步比我方预计的要快且大这种情况，我方应调高对于对方让步的估计幅度，并采取更为强硬的立场，以迫使对方作出更大的让步。

对上述结论，有人可能会提出异议，认为尽管对方的让步比本企业预计的要快且大，但并不意味着对方会进一步作出让步。对方可能在这以后会采取强硬态度，不再让步；或许对方由于一时失误，一下子让得太多，以后就不可能再作大的让步；或者对方确实已达到了其最大的让步限度，已经没有再让步的余地了。难道这些情况没有可能发生吗？

一个人不可能突然改变行为模式，除非有明显的外因，否则只能被认为是故作姿态，而其本人也很难自圆其说，让别人理解。因此，在谈判中，如果对方的让步既快且大，即使尔后又突然止住，只要没有明显的外因，我方也不必顾虑太多，而应坚持要求对方作出进一步的让步。只要我方抱定这一信念，而对方又不愿放弃交易，最终我方会如愿以偿，而且我方的这种行为无可指责。

3. 对方的让步比我方预计的要慢且小

造成这种情况，有两种可能的原因，一是本企业原先的估计是正确的，是对方在进行讹诈，故意不让；二是本企业原先的估计出现了错误。对于本企业来说，关键的问题是要判断出对方是否在进行讹诈。要作出这一判断，唯一的方法是坚持既定的估计和方针，以此来检验对方是否在讹诈。如果对方确实在进行讹诈，在我方的这种压力下，对方为达成交易，最终会放弃讹诈行为，转到正常的让步轨道上来。

但是这种方法也有不利的一面，即如果对方并非在进行讹诈，而是我方过高估计了对方的让步，随着谈判的深入，当我方认识到了这一点后，我方为了达成交易，只好放弃因过高估计对方的让步而采取的强硬方针和政策。这种前硬后软的态度转变，会使我方难以重建信誉和坚固的防线。

4. 对方在让步上采取无理行为

有时对方会在让步上采取无理行为，如我方识破并指出了对方的讹诈行为，但对方仍然无所谓地固执己见，故意拒绝面对现实，或用蔑视的态度和花言巧语来回避，这无疑将会使谈判陷于僵局。

面对这种情况，为了促使对方放弃无理行为，转变为认真负责的谈判态度，我方应进行耐心的劝说，并着重指出对方从这种无理行为中不可能获得任何好处，只能给双方带来危害和损失，同时我方可作出某些细小的或象征性的让步，以使对方心平气和地回到正确的轨道上来。但我方务必避免对对方的举止失措进行嘲笑和指责，当对方回心转意后也不要再计前嫌。

在上面四种情况的讨论中，强调了正确分析估计形势的重要性，但需要指出的是，有时尽管本企业的分析估计是正确的，行为也是合理的，但并不一定会为我方带来最好的谈判结果。相反，错误的判断有时可能带来更好的结果，例如，我方过高估计了对方的让步幅度并在谈判中坚持己见，可能会迫使对方向其上级要求“扩权”，以满足我方的要求。

四、商务谈判的交易明确

通过讨价还价阶段双方的沟通、商讨以及相互让步，谈判结果会逐渐趋于明朗，当双方能够清楚地预见到谈判结果时，谈判就应转入交易明确阶段。在交易明确阶段，主要有两项工作，一项是向对方发出成交信号，以使对方意识到该阶段已经来临，另一项是进行最后的协调。

（一）传递成交信号的方式

要使对方意识到交易明确阶段的来临，就必须向对方发出成交信号，表明我方不可能再做让步或做大的让步，从而使对方打消进一步讨价还价的念头。但是这里我们面临的困难之一是难以使对方相信我们所说的话，反过来也一样，如果对方主动向我方发出成交信号，我方也会对之抱怀疑态度。这是因为在实际的商务谈判中，利用假象来达到目的是普遍存在的现象。假作真来真亦假，当在交易明确阶段一方向另一方发出成交信号，表明不想或无法再让步，谈判应到此为止时，尽管说的是真话，但对方未必相信。

在谈判过程中的任何一个阶段，要想判明对方所作所为的真假都是一件困难的事情。不过随着洽谈的深入，双方言行的真实性会逐渐增加，这是因为，第一，随着谈判的深入，谈判人员的动机有所变化，从开始的极力谋取尽可能大的利益慢慢转向实现谈判目标，再到后来甚至变成避免谈判破裂。这种动机的变化实际上表明谈判人员的期望值在开始谈判时很高，而随着谈判的深入则逐渐降低，变得实际起来。显然这种动机的变化会使谈判人员说实话的可能性大为增加。第二，随着谈判的深入，双方都作出了一些让步，这也会使双方说假话的可能性减少。第三，随着谈判深入，谈判人员为保证个人的信誉，也需要说些真话。

尽管如此，仍不能在交易明确阶段排除对方说假话的可能性，但是我们不应为此过分犹豫不决。从理论上讲谈判人员应追求最好的谈判结果，或迫使对方退让至确实不能再退让时为止，但实际上谁也不知道最好的结果是什么。在实际的谈判中，当对方向我方发出成交信号，只要我方的谈判目标能够实现，我方就应当接受，不要再犹豫。

下面介绍几种传递成交信号的方式：

1. 用简练语言简明自己的立场。

2. 所提建议完整、全面，没有不明确之处。

3. 不给自己也不给对方留下退路。

4. 语言坚定，态度严肃认真。为了显得郑重其事，我方在阐明最后立场时应做到语气坚定，态度认真，挺胸抬头，直视对方的眼睛。本方内部也不要再交头接耳。

5. 只用“是”或“否”回答问题。

6. 再重复同一立场。

7. 把企业间的竞争转变为个人间的商讨。

（二）最后的协调

当谈判的一方向另一方发出成交信号，而另一方愿意响应时，双方就正式步入了交易明确阶段。在交易明确阶段，为了达成完全的一致，双方需要进行最后的协调。因为在发出成交信号时双方并未取得完全的一致，还有一定的分歧或差距。需要指出的是，发出成交信号和最后的协调往往需要紧密地联系在一起，一气呵成。下面介绍三种最后协调的方式：

1. 简式协调

简式协调是指谈判人员不打折扣地接受对方提出的最后建议或立场，从而使双方取得一致的协调方式，这是最简单也是最爽快的协调方式。例如，我方一再重复同一立场，而对方由此看到了我方不再让步的决心，于是决定并表示接受这一立场，最后的协调宣告完成。但是，在实践中，很多谈判人员尤其是老练的谈判人员不会如此慷慨大方，他们往往会利用最后的协调为本企业谋取哪怕是很小的利益。因此，简式协调并不常用。

2. 合作型协调

这是指双方采取合作的态度使用公开合理的解决办法对最后的分歧进行的协调。采用这种方式，必须具备两个条件：

（1）双方都必须持有合作的态度。如果有一方不持合作态度，就不可能进行合作型协调，因为不持合作态度的一方是不会接受公平合理的解决办法的，而往往是得寸进尺。

（2）双方对公平合理具有同样的认识。如果双方对公平合理没有同样的认识，双方就会为任何一方提出的公平合理办法进行争执，因此也就不可能有合作型协调。在我国乃至世界上大多数国家，人们对公平合理基本上有大致相同的认识，例如，先例、去掉尾数、双方对等让步等都是商界公认的公平合理的办法。

合作型协调不但效率高，而且显得公平合理，不伤和气，能为谈判带来皆大欢喜的结局。在这种协调方式中，不存在一方向另一方屈服、一方向另一方让步的问题，如果说有让步，那也是向公平让步，因此，任何一方谈判人员的自尊心都不会受到伤害。下面试举一例来说明这种协调方式的具体进行过程：

例如，卖方在价格上让至96元/台而买方坚持在95元/台，此时卖方认为成交的时机已经成熟，于是主动向买方发出了成交信号——不再让步。买方得此信号并认为谈判也该结束了，于是提出了自己的最后建议，即双方各让一半，以95.5元/台成交，此一举动，表明买主采取了合作型协调。如果卖主接受这种协调方式，便会慨然同意买主的最后建议。卖方曾坚持96元/台，并且态度坚决，现在又后退了，这是否会损害卖方的信誉？应该不会，因为对方退让在先，而且所提建议公平合理，卖方表示接受是情理之中的事，相反如果卖方不接受对方的建议，继续固执己见，倒显得不近情理。至于买方从所坚持的95元/台退让至95.5元/台这一行为也没有什么不妥，因为买方在95元/台的地方并未向对方发出成交信号，换而言之，他坚持95元/台的态度并非十分强硬，因此，由此退让至95.5元/台，不会感到难为情。在谈判中，坚持—退让—再坚持—再退让的情况太多了，只要在坚持某一处时态度不是极端强硬，以后再退让于人于己都是能够接受，可以理解的。

3. 对抗型协调

这是指双方在既想成交又想获得尽可能大的利益双重动机支配下而进行的协调。当谈判双方的分歧缩小到某一范围时，如果双方都认为在此范围达成交易总比不成交要好，另一方面双方又都想在最后的协调中尽可能多占利益，这就必然会出现对抗型协调。在这种协调中，双方争强好胜，斤斤计较，紧张激烈，情绪高度对抗，但双方都想成交，所以谈判始终又不会破裂。对抗型协调实际上是一场意志和耐性的较量，双方都是一点一滴地退让，不但费时费劲，而且还有可能影响双方以后的合作。不过，双方为本企业谋利的精神倒是可嘉的。

第十二章　商务谈判的签约

经过磋商阶段，谈判双方对大部分问题取得了一致，当只剩下一两个问题还未完全解决时，谈判即转入最后一个阶段——签约阶段。这一阶段的主要的工作是最后的回顾总结、最后的让步、起草合同、举行签约仪式。本章分三节介绍上述工作。

一、最后的回顾总结和最后的让步

（一）最后的回顾总结

在谈判双方即将全面达成一致之前，我方谈判小组有必要进行最后一次的回顾总结，其主要内容和目的是：

1. 评估我方谈判目标的实现程度；

2. 明确还有哪些问题没有解决；

3. 检查是否有遗忘或疏忽的问题；

4. 决定是否与对方签订合同；

5. 如果决定与对方签约，那么最后的一两个问题如何解决，即制定下一步的行动计划；

6. 安排核实谈判记录事宜。

这种回顾总结的时间和形式取决于商务谈判的规模。对于小型谈判，可以利用谈判即将结束前的一二十分钟休息时间进行。对于大型谈判，应在最后一轮谈判前抽出专门时间安排一次正式的回顾总结会议。不管是小型谈判还是大型谈判，最后的回顾总结都是在还有一两个问题未完全解决之前进行的，而不可望文生义，把最后的回顾总结安排在双方全面取得一致意见之后进行。这是因为，如果把最后的回顾总结安排在双方全面取得一致后进行，不但会使其丧失一部分意义，如制定下一步行动计划，还可能为我方带来一些被动局面。一是如果我方谈判目标的实现程度不理想，决定不签约，我方的信誉将会受到严重损害，因为双方已经取得全面的一致，此时不签约无异于毁约；二是如果在回顾总结中真的发现有遗忘或疏忽的问题，那么我方人员将会感到很难把问题提出来与对方磋商。因为在思想上双方都认为磋商已经结束，下一步是起草合同，此时提出再增加一轮磋商有节外生枝之嫌，对方可能会反对，另外，我方人员还会担心自己的疏忽大意受到对方的嘲笑。即使我方人员有勇气并且在我方的坚持下对方同意再增加一轮磋商，很明显我方会在心理上处于劣势，从而有可能作出较大的让步。

在最后的回顾总结中，谈判人员面临着是否与对方达成交易的最后抉择，在这个问题上要特别注意防止狭隘的部门主义。谈判人员应当以本企业的总体利益为根据，对尚未解决的问题作慎重考虑，看看我方是否应该宁可失去这笔交易而不作让步。此时，务必防止狭隘的部门利益占优势，这并非提倡让步政策，而是关系到本企业整个交易目标的一个现实主义政策。合同的风险可能使律师不快，而他也曾尽了一切努力以避免更大的风险，但最后，只有在对风险的估计表明它对整个合同和本企业整个的业务情况来说，仍然是不接受的，才能作出拒绝此笔交易的决定。

(二) 最后的让步

如果在最后的回顾总结中，决定与对方达成交易，那么在最后的回顾总结之后，还需要举行最后一轮谈判，以消除最后的分歧。在最后一轮谈判中，我方可能要作出一些让步，我们可称之为最后的让步。在这里，我们讨论介绍最后让步的作用和最后让步的战术两个问题。

1. 最后让步的作用

最后让步的作用有四个方面：

(1) 消除最后的分歧。因为最后的回顾总结是在双方还有一两个问题未达成一致时进行的，所以如果我方在最后的回顾总结中决定与对方达成交易，我方就需要在这一两个问题上设法与对方消除分歧，取得一致，其中包括向对方让步。

(2) 换取对方的让步。相互让步是谈判的惯例，也是为了尽量扩大谈判双方的利益，因为在不同的交易条件上双方的利益各有侧重，因此，以某一交易条件上的让步换取对方在另一交易条件上的让步，能够扩大双方的利益。在作最后让步时，同样应从增进双方利益的目的出发，以让步换让步。需要注意的是，以最后的让步换取对方的让步时，不一定局限在还未取得一致的问题上，其他已经取得一致的交易条件同样可以提出来要求对方让步。

(3) 强调谈判的结束。最后的让步带有终结性，是我方为达成交易进行的最后努力，在此之后我方就不再打算作任何让步，因此，最后让步具有强调谈判结束的作用。为了发挥这个作用，谈判人员在作最后让步时往往语气坚定，态度坚决，不留进一步讨价还价的任何余地。

(4) 表示友好。在谈判过程中双方为了各自的利益唇枪舌剑，斤斤计较，但到了最后时刻，双方均已基本实现自己的谈判目标，心情豁然开朗，对最后的一点利益往往不太过于计较。另外，此时双方会更加强烈地意识到今后密切合作的重要性，因此，在作最后的让步时一般会比较慷慨大度，借以缓和紧张气氛，改善关系，表示友好情谊，为谈判划上一个皆大欢喜的句号。特别是在最后一轮谈判中有对方高级官员列席时，最后的让步更带有礼让性质。

2. 最后让步的战术

要使最后的让步充分发挥上述四个方面的作用，谈判人员必须把握最后让步的战术。具体来说，有下列几个问题和技巧需要注意：

（1）最后让步的时间选择。最后的让步如果让得过早，对方将会误认为这是“顺带”的小让步，这将使对方得寸进尺，如果时间太晚，在最后时刻才作出让步，它将失去应有的作用，对方将没有时间作出评估和回报。

为了选好时间，最好把最后的让步分成两步走。主要部分在最后期限之前提出，让对方有回顾和考虑的时间。次要让步，如果有必要的话，应作为最后的“甜头”，安排在最后时刻作出。

（2）最后让步的幅度掌握。最后让步幅度的大小，应以恰好促成交易为度。既不能过大，也不能过小。过大，会引起对方的怀疑，对方可能认为我方在前面的谈判中有欺诈、有隐瞒，现在的让步是早就应该让的步，甚至对方会认为我方还有隐瞒。过小，对方会认为微不足道，因此可能难以促成交易。

在决定最后让步幅度时，另一个主要考虑因素是对方接受这一让步的人员在对方组织中的级别高低。为了表示对此笔交易的重视或出于其他原因，谈判人员的上级官员会出席最后的谈判。我方应预计到对方谈判人员的上级官员出席最后谈判的可能性，并根据该官员的职位高低，预先留出相应的让步幅度。一般来说，对方出席最后谈判的官员的职位越高，向其让步的幅度应越大，以满足其自尊需要。如果让步幅度太小，难以与其地位相称，就会使其在下属面前丢面子，这有可能对谈判和以后双方的合作带来不利影响。

但是，我方也不能为了讨好对方的高级官员而作过大的让步。过大的让步，实际上是出卖了对方的谈判人员，对方的高级官员会由此得出结论，认为自己的谈判人员无能，以至于我方还有这么大的让步没有被挤出来，这样对方的谈判人员可能会受到其上级的责难，这对于双方今后的合作亦不会带来什么好处。总之，如果对方的上级官员出席最后的谈判，我方应根据其职位的高低，给予恰好能满足其地位和自尊心的让步。

(3) 在作了最后让步之后，我方必须坚定立场，不再让步。对方在我方作了最后让步之后，可能会用特殊的战术来验证，例如，对方可能会说："你这算什么让步，简直是哄小孩子。我原以为你会作出更大的让步来结束谈判。"甚至对方会以不打算成交来威胁我方。此时，我方必须坚定立场，顶住对方压力，以免上当。

(4) 让步与要求同时并提。我方在作出最后让步之后，对方可能不但不作回报性的让步，而且可能得寸进尺，继续坚持他的要求甚至提出新的要求。为防止这种情况，我方在作最后让步的同时可以提出此项让步的交换条件。

(5) 明示最后的让步是违背上级指示的。为防止对方得寸进尺，我方还可以告诉对方：我方的最后让步是违背上级指示的，这样做可能受到上级的责备，因此，对方必须作出回报，以使我方回去后可以向上级有个交代。

二、起草合同

在商务谈判中如果谈判双方达成了全面的口头一致意见，接下来的工作就是起草书面形式的经济合同，即用文字表述双方协商一致而确定的合同内容。书面形式的经济合同具有内容明确、权利义务清楚、便于履行、便于处理合同纠纷、便于国家监督等优点。因此，谈判双方在取得一致意见之后，一般要起草和签订书面形式的合同。本节主要讨论介绍核实谈判记录，起草经济合同以及经济合同中的误区防范等内容。

（一）核实谈判记录

谈判记录是起草合同的依据，如果出现差错，起草合同时就会引起争议，不能及时签约。另外，谈判记录是处理日后合同纠纷的依据之一。因此，在谈判过程中要安排专门人员作好记录并认真核实。核实谈判记录的工作要把握下列三个要点：

1. 通读谈判记录或双方同意的条款，以使双方明确已经达成了哪些一致意见，并以此检查谈判记录是否有错误、有遗漏，如果发现问题应及时协商解决。

2. 对于时间较短的谈判，例如只有两三天时间的谈判，核实谈判记录可以在起草合同前进行。由一方整理通读，在对方同意后，由双方草签。

3. 对于时间较长的谈判，应由一方在每天的谈判结束后整理记录，在第二天开始谈判新内容之前通读，并草签。只有在这个记录通过后才继续进行新内容的磋商。这样做虽然很费时间，但是对于较长时间的谈判来说是非常可取的。

（二）起草合同

要想正确起草商务谈判中的书面合同，就需要了解和掌握书面形式经济合同的内容、格式、结构及写作要求。

1. 经济合同的内容

经济合同的内容就是谈判双方达成一致意见的各项交易条件或经济合同的主要条款。根据《中华人民共和国经济合同法》第十二条第一款的规定，经济合同应具备下列五项主要条款：

（1）标的。标的是合同双方权利和义务所共同指向的对象，如货物、劳务、工程项目等。它反映双方当事人的经济目的和要求，是确立相互之间权利和义务的基础，并决定着合同的性质和类别。

（2）数量和质量。所谓数量，就是标的的具体计量，如产品的数量、建筑工程的项目及其工作量、借款的金额等；所谓质量，就是标的的优劣程度。故数量和质量决定着双方权利和义务的大小和程度。

（3）价款或酬金。价款或酬金是根据国家政策和有关规定，合同双方对标的议定的价格，如甲方取得乙方的产品或接受乙方的劳务，所交付给乙方的价款或酬金。

（4）履行的期限、地点、方式。履行期限是指交付标的和支付价款或酬金的日期。履行地点，就是合同双方议定的当事人履行义务、完成标的任务的地点。履行方式，是指当事人采取什么方式履行合同规定的义务。

（5）违约责任。这是指双方当事人不履行或不完全履行合同时，分别所应承付违约金、赔偿金及所应承担的其他责任。对责任范围、法律没有规定的由双方约定。

另外，《中华人民共和国经济合同法》第十二条第二款规定，根据法律规定的或按经济合同性质必须具备的条款，以及当事人一方要求必须规定的条款，也是经济合同的主要条款。因此，这三项条款也属经济合同的内容。

2. 经济合同的格式

书面经济合同的格式主要有两种，即条款式和表格式。

（1）条款式。条款式的格式，就是把合同的内容分成若干条款，用文字逐款地、系统地叙述。这种写作格式，适用于比较复杂的经济合同。

（2）表格式。表格式，主要是采用表格的形式来表达经济合同的主要内容，也用少量的文字作些说明。这种格式适用于内容不太复杂的经济合同，比较简洁、明快、清楚。

在实践中，常常把条款式和表格式结合起来。

3. 经济合同的结构

经济合同不管采用何种格式起草，它的结构都由如下几个部分构成：

（1）经济合同的名称。当事人所签合同如是列名合同，自然应遵守有关规定写明名称；即使是无名合同，当事人也应根据所订合同的内容而确定并写明名称。经济合同名称的结构比较简单，直接标明合同种类或性质即可，如“工矿产品购销合同”、“财产租赁合同”、“货物运输合同”等。但有的建筑工程承包合同，还常常把工程的名称标示在经济合同的名称中。如“河北省职工财经学院建设工程总承包合同”。经济合同名称通常标写在合同的首页上方第一行中间的位置。

（2）当事人名称。当事人名称即合同关系主体的称谓，必须在合同中明确写出。如是法人，除写清单位名称以外，还应写明法定代表人以及代理人的姓名。为了说明问题的方便，根据习惯，当事人可分别称为“甲方”、“乙方”。如有第三方参加，应简为“丙方”。

当事人名称通常并列平行写在合同名称之下，正文之上的左方，或单行连写。而在当事人名称左边或上边写“立合同单位”。

（3）正文。合同的正文，是合同的主体部分，即合同双方议定的合同条款和签订合同的根据、目的等，反映了当事人双方的权利和义务。

合同正文的具体写法，常常是把订立合同的目的和依据写成一小段作为正文的开头，这个部分，可以写在标题之下，也可以写在合同当事人名称之下。接下来写合同的条款。

由于经济合同的种类不同，基本条款和书面格式各有差异。有些经济合同，例如建筑工程承包合同、联营合同等只能用条款式，当事人的权利和义务都具体反映在合同上。而有些合同，例如运输、保险合同等，一般采用表格式。这类合同，一般并不写明合同当事人全部的权利与义务及责任，而注明按主管部门制定的合同基本条款执行，这并不影响当事人的有关权利义务的存在。

(4) 结尾。结尾部分是经济合同不可缺少的一部分，其内容一般包括：合同正本、副本的份数，正本保管何处、副本发往哪里；合同的有效期限，起止年、月、日；合同签订的地点及时间；注明附件及其他应注明的事项；合同当事人的签名盖章。

4. 合同写作的要求

经济合同对于发展国民经济有积极的推动作用，并直接关系到合同当事人的法律责任、权利、义务和经济利益，因此合同的写作是一件非常严肃的工作，必须注意以下几个问题：

(1) 合同的内容必须明确具体。经济合同的内容规定了签约双方的权利和义务，因此，每项条款的内容都必须具体、详细、准确，不能有任何疏漏或错误，要逐条、逐句、逐字地推敲，反复修改。

(2) 合同的语言必须通畅准确。经济合同的内容非常复杂，涉及了许多经济问题。因此，在实际写作中，遣词造句和语言的运用，都必须畅通、简洁、准确，并要掌握和运用好行业性的专用术语。这样，才能准确表达合同的内容，避免发生歧义，引起不必要的纠纷，贻误工作。

(3) 合同书写的要求。①合同的书写，一律自左至右横写，应该用钢笔、毛笔书写，禁止用铅笔、圆珠笔书写。字迹要求清楚，字体要规范化，不得潦草，严禁涂改模糊。②合同中数字的写法，凡文件号码、表格中的数字、或百分比、电话号码、银行账号和个别专业用语的符号等，均可写阿拉伯数字；凡款项价格、材料物品数目，建设项目数和年月日等，一律用汉字大写。③合同正文的标点符号必须准确无误。

（三）合同起草中的误区防范

商务谈判的成果需要以书面形式的合同作保证，但由于商务谈判和经济活动的复杂性，双方协商的意见不一定就能完整准确地反映在经济合同上，经济合同履行中就会出现问题和纠纷。为了消除产生纠纷的内在因素，在起草合同时，要特别注意防范下列几种误区：

1. 主体不明确或不合格

经济合同双方当事人必须具备特定的法律资格。我国《经济合同法》第二条规定，经济合同的各当事人必须是法人、其他经济组织、个体工商户、农村承包经营户。该规定的立法意图在于将经济合同主体限制在从事市场经营活动的私人范围内。这一范围内的私人均具有共同的法律特征，即其均以营利为目的，从事营业活动，可将之统一概括为营业人。据此，《经济合同法》所具体规定的 9 种有名合同，其合同主体必须符合《经济合同法》第二条关于合同主体资格的限制规定。至于《经济合同法》所规定的 9 种有名合同以外的其他经济合同，《经济合同法》原则上也要求适用其主体资格方面的限制规定。然而目前一部分经济合同中的主体却不是营业人。

有的合同主体混乱不明，如在某份大蒜购销合同中，开始出现了四个当事人，即甲方的“××粮油公司”、“××贸易公司”；乙方的“××开发公司”、“××农业技术公司”。而在合同最后签章的却是甲方的“××粮油公司”，乙方的“××开发公司”。这样从合同文本上，就难以弄清这四者之间的关系，就难以辨明谁是该合同真正的主体。因为，如果甲乙双方的两个单位是联营关系，那么他们之间的联营关系是否经过工商行政管理部门核准？如果未被核准，那么他们之间的联营关系就是非法的，他们签订的这份合同也会因主体不合格而无效。如果说甲乙双方的两个单位是代理关系，那么按法律规定代理人应该以被代理人的名义进行活动，不能以自己的名义进行活动，更不能把代理人和被代理人的名称都写上。这样做一不符合法律规定，二不易辨清谁是合同真正的当事人。因此，应当注意避免。

尤为严重的是，由于在谈判中对对方的法律资格审查不严，而使不法之徒欺诈得逞，受骗上当，造成重大经济损失。比如1989年9月河北省沧县破获一起诈骗案。案犯龚立正等人谎称与北京海关签订了购买聚丙烯合同，胡说这批聚丙烯是某企业从日本进口因夹带海洛因被北京海关扣留的。他们以“河北沧县工商综合公司”的名义流窜到辽宁、北京、山西、保定、华北油田、宁波等地，进行诈骗活动。可是某些单位不对这个所谓“工商综合公司”进行资信调查和资格审查，就轻率地签订合同，结果让龚立正等人诈骗预交款项2073万元。

有的合同对方虽是营业人，双方所签订的合同还经过当地工商局的鉴证和司法部门的公证，手续齐备，可是执行中，对方不交货或不付款。经银行查询后方发现，对方经营不善，资信不佳，所以，在谈判中和签约时，不仅要严格审查对方的法律资格，还要认真审查对方的资信度。

2. 主要条款疏漏和条款概念含糊

经济合同的各项条款，就是经济合同的内容。它确定了双方当事人的权利和义务。合同的主要条款决定合同是否合适、有效无效、能否履行。然而，在经济合同的起草中往往容易犯主要条款不全和条款概念暧昧不清的毛病。这主要表现在：

（1）标的含混、不肯定。经济合同的标的必须准确、具体、肯定。如果标的不明，就可能引起经济合同纠纷。例如，1983年湖北沔阳长当口鄂区多种经营办公室与福建省某单位签订了三份价值达27万元的定购“黄花苗”合同。黄花苗运回后，湖北种了一千亩，但长出来的却是一种不能食用、开红花，与本地黄花苗截然不同的所谓“黄花菜”。当时贷款已付出24万元，还剩3万元，则拒付。对方提出申诉，工商部门处理这起纠纷，了解到这种开红花的植物，在福建当地叫“黄花”，是一种供观赏的花，供货单位发来的货与合同标的物的名称是一致的，都是黄花苗。所以，责任在需方，供方不负担责任，需方拒付货款是不对的。这个例子，提醒我们要注意合同的准确性。

（2）数量表达不准确。数量，是指以一定的度量衡表示出标的重量、个数、长度、面积、容积等的量。数量是衡量标的的指标，是确立双方当事人权利义务的大小的标准。数量要清楚，计量单位要明确，不可含混不清，切忌用“一堆”、“一车”、“一套”等含糊不清的计量办法。计量方法按主管部门规定执行；没有规定的，按供需双方协议执行。计量重量的，必须明确是毛重还是净重。如果不对数量概念进行限制，就会上当受骗。

例如，广东省的某单位与港商签订了一份买卖废矿渣的协议。数量条款是这样写的：“港方每天拉一次，每次拉一车，共拉十天。”开始港商是用翻斗拉废矿渣，第二天改用小卡车拉，第三天改用大卡车拉，每车的运量增加了5倍。这个单位的谈判人员发现不对劲，去和港商交涉，说你们怎么车子越来越大？我们受不了。可港商拿出了协议，说这个协议明明白白写着“每天拉一车”，我们是每天拉一车呀，没有违反协议！说得这个单位谈判人员哑口无言。结果仅此一项，该单位就损失了90万元。此例说明，如果数量不清，计量单位不明，就可能被对方钻空子，蒙受经济损失。

（3）质量要求笼统。质量，是指产品或劳务的优劣程度。质量的标准就是规格（包括成分、含量、纯度、尺寸、色泽、合格率、精密度、性能等）。质量条款的制订，应注意用词清楚、明确、具体，避免用“大约”、“左右”等含糊字眼。

我国《经济合同法》规定，对产品质量和包装质量，有国家强制性标准或行业强制性标准，不得低于国家强制性标准或行业强制性标准签订；没有国家强制性标准或者行业强制性标准的，由双方协商签订。在合同中，必须写明执行的标准代号、编号和标准名称。对成套产品，应对附件的质量要求作出明确的规定。有些特殊商品。国家还规定有特殊的质量要求。可有些合同或缺乏质量要求与标准，或对质量要求笼而统之，造成纠纷。例如，某机械厂与外商订立的出口机床合同，关于噪音标准按外商意见定为“悦耳为标准”，交货时正逢国际市场滞销，外商便以“噪音过大”为理由退货，我方却拿不出理直气壮的理由来反驳。因为合同中关于出口机床的质量标准没有具体规定，“悦耳”是一个非常笼统、含糊的概念，不是质量条款中的术语。外商就是利用了合同中质量要求不具体的错误，随意解释，单方面撕毁合同。

（4）价款缺少或规定不科学。有的人认为，有些产品的价格国家有规定，对方又是客户，所以合同中不把价款规定写进去。有的因为是新产品处于试制阶段，成本一时无法计算，价格难以确定，而在合同中略去价格条款，这些情况，常带来不少的麻烦和争执，影响合同的履行。因此，我们一定要避免这种现象发生，对标的，有国家定价的，按国家定价执行；应由国家定价的产品而尚无定价的，其价格应报请物价主管部门批准，不属于国家定价的产品，由谈判双方协商定价。

有些合同规定了价格，但规定不科学，明显偏低或偏高，造成拒付。例如，有两个公司，谈判购销 10 台精密仪器，由于没有经过周密的成本核算，在合同上规定价格为每台 13 万元，事后核价每台为 34 万元，如果按照所立合同价格付款，供方每台设备要损失 21 万元。供方拒付，双方由此而引起纠纷。

（5）履行期限不明确。合同的履行期限，是指享有权利的一方，要求对方履行义务的请求权发生的时间。

一切经济活动都是有期限的，违背期限的要求会给生产造成损失，或使经济活动根本丧失原来的意义。合同的一方提前履行（如提前交货），必须取得对方的同意，否则对方有权拒绝。履行期限应起到准确制约双方履约行为的作用，履行期限不明确很容易导致纠纷。例如，某农用公司同某化肥厂订立了一份化肥购销合同。在合同交货期一栏里，只写了“整个年度10吨”。结果化肥厂在年初就把10吨化肥全部运来，弄得农用公司不知所措，因为农用公司仓库太小，最多只能存放3吨化肥。于是，农用公司拒付货款，理由是：不是要对方一下子送来10吨，而是每月3吨。但化肥厂说，这是按合同办事：“全年度10吨。”合同上并无每月送3吨的条款。双方争执不下，诉诸法院，经法院审查，认为合同是有效的，农用公司不能拒收、拒付。有的合同或者只写上“×年×月×日前交货”，使人难辨明是“×年×月×日”前开始交货，还是“×年×月×日”前分批交完全部货物。有的合同只写上“按需方使用情况均衡发货”，至于如何个均衡法，没有具体规定。如此等等，都会给日后带来争执。

（6）履行地点、方式不确切或不清楚。履行地点，是指交货、提货、付款、提供劳务或建设的地点。履行地点不确切，就容易发生误解，延误接货时间。如履行地点写“广州交货”，就很笼统。因为广州如此之大，到哪里去接货呢？如果改为“广州火车站”或“广州某单位仓库”，履行地点才为恰当。

履行方式，是指采取什么方法来实现合同所规定的双方当事人的义务。比如，货物的交付方法、运输方法、计量方法、验收方法、结算方法、开户银行，账户名称、账号、结算单位等。当事人应当按照法律规定或合同规定的履行方式履行，不得擅自变更。可是，如果履行方式不清楚，当事人就无法履行，如验收方法在合同中，只简单地写成“以样品为准”，当事人就会感到茫然。因为当事人既不知道何时开始验收，也不清楚用何种方式进行验收。正确的做法应该是谈判双方共同验证质量标准，进行详细记录后，由双方共同封存。验收时，应首先共同检查封存情况，然后开封。如果发现拆封现象，则该封存样品作废。

3. 合同条款互不衔接，甚至相互抵触

一份完整、有效的合同，一般要求各主要条款完整相互衔接，如果出现其中一项条款与另一项条款相抵触的现象，实际上就是两项条款相互否定，一旦发生纠纷，就会各执一词，互相扯皮。因此，在起草合同时，不仅各条款要完备，不可疏漏，而且要保证各条款之间互不矛盾。比如，品质的规定要与检验方法的规定相一致，运费计算的规定要与售价的规定相一致等等。

三、举行签约仪式

人们有一个共同的习性，那就是在某事圆满结束时要举行一个仪式以示庆贺。商务谈判亦不例外，当谈判双方取得一致意见，签订合同时，通常要举行某种形式的仪式。签订合约和举行签约仪式是商务谈判的最后一个环节。这一节我们分析签约仪式的作用，介绍签约仪式中的礼仪以及应该注意的有关问题。

（一）签约仪式的作用

商务谈判中的签约仪式有下列三个方面的作用：

1. 表达愉快的心情

人们不管是痛苦、愤怒，还是庆幸、快乐，总要把它们宣泄出来，痛苦时呻吟、愤怒时粗暴、高兴快乐时满面春风。谈判即将圆满结束，双方人员都非常高兴。这是因为，第一，他们的谈判目标实现了，专业技能经受住了考验；第二，在谈判过程中，谈判人员为谈判可能破裂而担心，为可能被对方欺骗而紧张，现在这些担心紧张全得以解除；第三，为自己的谈判策略运用成功而高兴。因此，谈判双方人员都迫切需要以某种方式来表达自己的愉快心情。

2. 修复维持谈判双方良好的关系

在商务谈判中，不管双方采取什么样的指导思想、原则、策略、技巧，话题总离不开双方各自的利益、交易条件，在这些方面双方总是有一定冲突的，因此，在谈判过程中始终有一种对抗的基调，双方的关系难免不受到一定的损害。而在签约仪式上，话题轻松有趣，讲话热情洋溢，气氛热烈祥和，这对于修复和维持双方良好关系必然起到促进作用。如果在谈判中，双方关系紧张、情绪严重对立，那么在最后就更有必要举行一个轻松愉快的签约仪式，来消除双方关系上的阴影，以最后的愉快心情和气氛来抵消或替代以前的不痛快，为双方留下一个美好的回忆而不是痛苦的回忆。

3. 扩大影响

这是举行签约仪式的另一用意。在这种情况下，谈判双方往往邀请新闻媒介、政府官员，以及其他知名人士参加，借助并通过新闻媒介扩大企业的知名度和本次所签合同的影响。例如目前有很多国内企业当与外商做成一笔大生意时，通常要举行隆重的签约仪式，这在很大程度上是为了展示企业的能力、产品质量、信誉等。这样做的结果可能是获得巨大的好处，该企业因此可能得到政府的扶持、银行的贷款，赢得更多客户的信赖。

（二）签约仪式中的礼仪

关于签约仪式中的礼仪可分为两种情况，一种是一般合同的签约礼仪，一种是重大合同的签约礼仪。

1. 一般合同的签约礼仪

一般合同对于企业来讲，数量多，涉及的价款少，无什么特别之处，因此这种合同的签约仪式较为简单，礼仪也较随便，一般不邀请其他人士参加，无特定的仪式程序。这种签约仪式只需注意下列几个问题：

（1）签约地点。签约地点可选择在谈判室、办公室或宴请的饭店。

（2）签约时间。签约时间应视是否在签约后宴请而定。如果准备宴请，签约时间应选择在午饭或晚饭时间前半个小时至1小时这段时间，这样在签约之后，双方寒暄一阵即可赴宴。如果不准备宴请，签约时间应安排在远离吃饭的时间，如此，在签约后由于离吃饭的时间还早，双方寒暄之后就可自然而然地离去，不会因没有邀请对方用餐而感到难堪。

（3）是否宴请。这主要取决于生意的大小以及今后双方有无长期合作。如果生意较大，今后双方还需长期合作和交往，最好在签约后举行一个庆祝宴会。

（4）宴会出资问题。按道理或我国的风俗习惯，应由东道主一方出资宴请客方，但目前在我国商界并不一定遵循这一规则，而往往是由有求于对方的一方出资宴请。

2. 重大合同的签约礼仪

重大合同涉及企业的长远和重大利益，企业通常会举行隆重的签约仪式，以示庆贺和重视，并借此扩大影响。隆重的签约仪式场面大、参加人员多、讲究礼仪，需要精心地组织和准备。这种仪式有下列问题需要注意：

（1）签约地点。签约地点，一般应选择在高级饭店，签字在一个厅，宴会在另一个厅。签字厅应预先进行布置，设签字台、拉横幅，准备好录像和照相器材以及祝酒用具等。

（2）参加的宾客。应邀请双方企业的高级领导人、政府官员、新闻界的朋友，以及与该企业有关的其他企业、社会组织的领导参加。高级领导在签约前应会见对方谈判代表团的成员。

（3）宴会。宴会前，双方代表致词，席间要相互祝酒。宴会桌次、座位应严格按来宾身份排列。

（4）秩序和安全。重大合同的签字仪式，参加人员较多，秩序和安全问题要抓好，交通调度、车辆停放、入场引导、安全警卫均要关照到。

（5）注意对送发的新闻稿慎重审查。

第十三章 商务谈判合同

商务谈判的最终结果是产生一个谈判合同，可以说，谈判的过程就是订立合同的过程，合同与商务谈判有着密不可分的关系。因此，商务谈判人员必须了解和具备有关合同的知识。从实践情况看，商务谈判中达成的合同大多数属于经济合同，所以本章将着重介绍经济合同的知识。

一、经济合同的概念和特征

（一）合同的概念和法律特征

经济合同是合同的一种，具有合同的一般性质和特征。要明确经济合同的定义，应首先对合同的一般概念和特征有所认识。

合同，又称契约，是指当事人之间订立的确认一定权利义务关系的协议。合同制度的产生，与人类社会自出现国家以来的历史一样古老和悠久，它是商品经济发展到一定阶段的产物，是商品交换的法律形式。

合同的概念有广狭两义。广义合同泛指一切能发生某种权利义务关系的协议，包括民事合同、劳动合同、行政合同等；狭义合同则专指"当事人之间设立、变更、终止民事关系的协议"，即民法合同，包括民事合同以及各类经济合同。无论是广义还是狭义的合同，都具有以下法律特征：

1. 合同是一种法律行为

这是从动态角度来认识合同的特征。所谓法律行为，即当事人之间确立、变更、终止法律关系的合法行为。合同作为一种法律行为，包括如下几层涵义：

（1）合同是一种合法行为。首先，合同行为是具有法律意义的行为，对当事人双方都具有法律约束力，能产生一定的法律后果，并且这种后果正是当事人双方所都希望的。其次，合同行为的形式和内容还必须合法。否则，双方当事人所都希望的后果不但不会产生，相反，过错者还要受到法律制裁。

（2）合同是双方或多方的法律行为。这意味着合同的订立必须至少有两方以上的当事人参加，而且各方当事人要相互表达自己的意志，相互作为行为的对象。

（3）合同是两方或多方当事人意思表示一致的法律行为。意思表示一致，是指一方提出订立合同的建议，另一方完全同意对方所提建议，双方或多方就合同所有条款达成协议。合同行为的这一特征提出以下要求：第一，当事人必须有意思表示；第二，必须有两方以上当事人的意思表示；第三，两方以上当事人的意思表示必须一致。

2. 合同是当事人之间设立、变更、终止相互权利义务关系的协议

这是从静态角度来认识合同的特征。无论什么合同，其内容都是关于当事人之间权利义务关系或者说法律关系的确定。有三种情况：一是在当事人之间设立某种权利义务关系；二是变更当事人之间的权利义务关系；三是终止当事人之间的权利义务关系。

合同所确定的当事人之间的权利义务，大多数情况下都是既

相对应，又相对等的，即一方当事人享有的权利恰好是另一方当事人应当承担的义务。并且，当事人之间又还是相互享受权利、承担义务的，也就是说一方当事人既享受一定的权利，同时又应承担一定的义务，但是，在有些情况下，合同当事人之间的权利和义务也可以仅仅对应，而不对等，即一方只享受权利，而另一方只承担义务。例如民事合同中的赠予合同就是如此。

3. 合同当事人的法律地位平等

这是从合同主体的地位来认识合同的特征。合同当事人法律地位平等是合同制度的基本要求，它是由商品交换关系的本质决定的。合同当事人法律地位平等是当事人自由表达意志的前提和保障。只有自由表达意志，才能真正做到意思表示一致。

（二）经济合同的概念和特征

经济合同是指平等民事主体的法人、其他经济组织以及个体工商户、农村承包经营户相互之间，为实现一定经济目的，明确相互权利义务关系而订立的合同。经济合同是合同中的一种类型，它除了具备一般合同所共有的法律特征外，还具有自身的一些特点，这主要表现在下列几个方面：

1. 经济合同对主体资格有特定要求

在我国，一般合同的当事人，可以是法人，也可以是公民，还可以是非法人的其他社会组织。但是，按照《经济合同法》的规定，作为经济合同的主体或当事人，必须是法人、其他经济组织、个体工商户和农村承包经营户。

法人有自己的必要财产，能够独立对外承担民事责任，因此，都具有经济合同的主体资格，可以签订经济合同。

我国《经济合同法》规定非法人经济组织可以成为经济合同的主体。对此可以作这样的理解：非法人经济组织在章程范围内签订合同的行为，是为其出资者或开办者进行的职务行为。出资者或开办者为其制定的章程及办理营业登记时所出具的证明即是一种授权，所以在每笔具体的业务中就不需要再进行特别授权。非法人经济组织可以自己的名义签订经济合同，但在法律上应当然地视为出资者或开办者的缔约行为；当这些非法人经济组织丧失偿债能力时，出资者或开办者应承担责任。实际生活中，非法人的经济组织主要有以下几种：

（1）非法人联营企业；

（2）企业法人所属的领有《营业执照》的分支机构；

（3）从事经营活动的非法人事业单位和科技性社会团体；

（4）事业单位和科技性社会团体设立的经营团体；

（5）外商投资企业设立的从事经营活动的分支机构；

（6）注册资金未达到法人标准的乡镇企业和街道企业；

（7）有限公司以外的其他私营企业；

（8）其他从事经营活动的单位。

个体工商户、农村承包经营户也可以成为经济合同的主体。随着我国社会主义市场经济的发展，“两户”在国民经济中发挥了越来越重要的作用，它们之间以及同其他经济合同主体之间签订的经济合同也越来越多。面对这种情况，《经济合同法》对“两户”的合同主体资格予以正式确认，明确规定它们相互之间或与其他经济合同主体签订的合同，适用该法调整。至于“两户”以外的没有生产经营资格的公民个人，由于其不能以自己名义参与生产经营活动，因而不能成为经济合同的一方当事人。

2. 经济合同必须具有经济目的

经济合同确认的是一定范围内的商品经济关系，而不是所有的商品经济关系。具体讲就是社会生产和再生产过程中的商品经济关系，是双方当事人在生产经营活动中所发生的商品经济关系，这种关系既不同于消费领域里的商品经济关系，也不同于联结生产和消费的商品经济关系。因此，国家对其法律调整的手段和管理方式也就不同，表现在要求订立合同的当事人都有一定的经济目的。这种经济目的对企业等经济主体来讲就是为了营利或实现经营计划，对其他主体来讲则是为了实现工作职能。例如，一个学校与一个企业订立电子计算机购销合同，其中一方当事人是为了完成工作职责，另一方当事人则是为了营利。总之，在经济合同中，没有任何一方当事人在订立合同时的直接目的是为了满足自身生活消费的需要。

3. 经济合同是双方有偿合同

在一般合同中，既有有偿合同，也有无偿合同。而经济合同确认的是商品经济关系，商品交换的重要原则是等价交换，反映在经济合同关系上就是必须等价有偿，即每一方当事人都要为自己所得到的财产或其他经济利益，向对方偿付相应的代价。

（三）经济合同与其他主要合同的区别

1. 经济合同与民事合同的区别

（1）两者的主体不同。民事合同的主体比经济合同主体的范围宽。一切民事主体，包括公民、法人、其他经济组织、个体工商户和农村承包经营户等，只要其具有相应的行为能力，均可成为民事合同的当事人；而经济合同主体不等于全部民事主体，公民（自然人）被排除在外。

（2）两者所确认的社会关系不同。经济合同确认的社会关系是发生于生产（包括生产性消费）领域里的商品交换关系，而民事合同确认的社会关系是非商品货币关系和发生在消费领域里的商品货币关系。

（3）两者发生争议纠纷时的解决方式不尽相同。发生民事合同争议纠纷时，可按有关规定由调解组织解决，如果进行诉讼，则由法院民事庭负责处理。而经济合同争议纠纷发生后，当事人自行协商及调解不成时，则依据仲裁协议向仲裁机构申请仲裁。如果进行诉讼，则由法院经济庭负责解决。另外，对于经济合同，国家还规定了各种管理监督和检查制度，如合同的工商管理、银行管理等，而对民事合同则无此规定。

2. 经济合同与行政合同的区别

行政合同，是指国家行政机关之间，或国家行政机关与相对人之间，为实现国家行政管理的某些目标而达成的协议。行政合同与经济合同相比有以下几个不同点：

（1）行政合同的当事一方必须是国家行政机关或被授予国家行政权的组织；而经济合同的主体是法人、其他经济组织、个体工商户或农村承包经营户。

（2）订立行政合同的目的在于实现国家行政，双方当事人权利和义务的设定均以此为指向；而经济合同的目的则是为了实现从事经营活动所带来的经济利益。

（3）行政合同与经济合同的成立都必须遵循平等自愿和权利义务对等原则，但是行政合同与经济合同的不同之处在于它是在国家某项行政要求的前提下来坚持这一原则。

3. 经济合同与劳动合同的区别

劳动合同，是指劳动者同企业、事业单位等订立的有关劳动权利和义务的协议。劳动合同与经济合同主要不同之处有：

（1）劳动合同的当事人一方是劳动者个人，另一方是企事业单位、机关、团体（根据国务院规定，国家机关、事业单位和社会团体招用工人，也应订立劳动合同）。劳动合同订立后，劳动者成为所在单位成员，在单位的领导下工作，领取劳动报酬，按法规和合同规定享受劳保和福利待遇。而经济合同则不具这一特点。

（2）劳动合同的变更、终止和解除原因由《劳动法》规定；而经济合同的变更、解除，只要合同双方当事人协商一致即可生效。

（3）解决劳动合同和经济合同争议纠纷的途径都包括调解、仲裁及诉讼，但是处理组织不一样。劳动合同纠纷是由企业劳动争议委员会调解，由当地劳动争议委员会仲裁，而且，未经仲裁的，当事人不得直接向法院提起诉讼。

二、经济合同的种类

对经济合同进行合理分类，不仅有助于人们正确认识各种经济合同的特点，而且也有助于当事人正确签订和履行经济合同，有助于合同仲裁机构和人民法院正确适用法律，合理地解决经济合同纠纷。我国的经济合同，可作如下划分：

（一）按照经济合同所反映的经济关系的性质，可将经济合同分为十种类型：

1. 购销合同

购销合同，是当事人一方（供方）将其产品或商品出售给当事人另一方（需方），需方接受产品或商品并按规定支付价款的协议。购销合同是我国《经济合同法》所列 9 种合同中的第一种。在经济合同中数量最多，是我国最主要、最普遍的一种经济合同。

按购销的产品性质，购销合同可分为工矿产品购销合同和农村产品购销合同两大类。对于这两类合同，国家还分别制定了《工矿产品购销合同条例》和《农村产品购销合同条例》予以规范。

2. 建设工程承包合同

建设工程承包合同是指由承包方（勘察、设计、建筑、安装单位）按期完成发包方（建设单位）交付的特定工程项目，发包方按期验收，并支付价款的协议。建设工程承包合同是一个总概念，包括勘察、设计、建筑、安装四种合同。

建设工程承包合同在形式上可以由建设单位与一个总包单位订立总合同，然后由总包单位与各分包单位订立各种分合同。总包单位对建设单位负责，分包单位对总包单位负责；也可以由建设单位与一些勘察、设计、建筑、安装单位分别签订合同。

3. 加工承揽合同

加工承揽合同是当事人双方约定一方必须完成一定工作并交付工作成果，另一方应接受该工作成果并支付相应报酬的协议。在加工承揽合同中，完成工作并交付工作成果的一方称为承揽人；接受工作成果并支付报酬的一方称为定作人；完成的工作成果称为定作物。

加工承揽合同的种类很多，适用范围相当广泛，包括加工、定作、修缮、修理、印刷、广告、测绘等。这种合同具有如下一些特点：

（1）合同的标的不是承揽人的劳动本身，而是承揽人的劳动成果；

（2）合同的标的具有特殊性。承揽人是按照定作人的特殊要求完成一定工作成果的，因此，这种工作成果具有特殊性；

（3）承揽人以自己的设备、技术和劳动独立完成工作；

（4）承揽人在工作中自己承担风险；

（5）加工承揽合同采用留量定作物的方式担保。根据《加工承揽合同条例》规定，定作人超过领取期限 6 个月不领取定作物的，承揽人有权将定作物变卖。所得价款在扣除报酬、保管费用后，用定作人的名义存入银行。

4. 货物运输合同

货物运输合同，是指承运人和托运人、收货人之间为实现一定的货物运输计划，明确相互权利义务关系的协议。货物运输合同具有以下几个特点：

（1）货物运输合同的标的是运送货物的行为；

（2）货物运输合同，大多是为第三人利益订立的合同。货物运输合同中的收货人，可能是托运人，但大多是托运之外的第三人。当收货人与托运人不一致时，该运输合同就是为第三人

（收货人）利益订立的合同。此时，收货人虽然不是合同当事人，但在合同中也享有一定权利、承担一定义务，主要是按时验收和提取货物；

（3）货物运输合同大多具有标准合同的性质。例如，承运方是运输企业时，一般都由其提供统一格式表，表格均根据国家运输主管部门规定制定。这种货物运输合同就是标准合同。同时，货物运输合同的形式往往就是货运单，承运方在托运方提出的货物运单上加盖日期戳后，合同即告成立，这种情况下货运单就是货物运输合同；

（4）货物运输合同的履行以货物交付收货人为终点。

5. 供用电合同

供用电合同是供电方按规定标准将电力输送给用电方，用电方接受电力并付给电费的协议。供用电合同按其内容分为计划供用电合同，电压、频率质量合同，供电可靠性合同三种，实际生活中最常用的是第一种。供用电合同具有以下法律特征：

（1）供用电合同是一种特殊的买卖合同，因为当事人双方买卖的是一种特殊物质——电；

（2）供用电合同是一种计划性较强的合同，当事人签订这种合同时，必须以“三电”（计划用电、节约用电、安全用电）办公室下达的电力分配方案为据；

（3）供电方只能是具有法人资格的供电部门。

6. 仓储保管合同

仓储保管合同是存货人和保管人之间订立的由保管人保管存货人货物，存货人支付保管人一定款项的协议。仓储保管合同是一种特殊的保管合同，它随着商品经济的发展、分工的深化、专营仓库业务的出现而产生。它除了具有保管合同的一般特征之外，还具有以下特点：

（1）仓储保管合同的保管人必须是专门从事经营仓储保管业务的经济组织或个体工商户；

（2）仓储保管合同的标的仅限于动产，不动产（如房屋、土地等）不能作为仓储保管合同的标的物；

（3）仓储保管合同中的保管义务，是合同的主要义务。这不同于购销合同、加工承揽合同中有时也可以产生的保管义务，如供方对需方逾期提取的货物，承揽方对定作方交付的加工定作物的原材料，也要妥善保管，但那只是从属性的义务。

7. 财产租赁合同

财产租赁合同，是当事人约定一方将财产租给另一方临时使用，另一方给付租金并于租赁关系终止时归还原租赁财产的协议。其中，出租财产的一方为出租人，租赁财产的一方为承租人。财产租赁合同具有以下特点：

（1）财产租赁合同只转移标的物的使用权。在财产租赁关系中，出租人不转移财产所有权，承租人在合同的有效期内只取得财产的占有、使用以及有限制的收益权；

（2）财产租赁合同的标的物只能是特定的非消耗物；

（3）在合同的有效期内，承租人对租赁物的占有、使用和收益的权利受到法律的保护。即使出租人将租赁物的所有权转移给第三人，租赁关系依然有效，只是关系主体变更而已。

8. 借款合同

借款合同又称贷款合同，是出借人（贷款方）将一定数额的货币交付给借用人（借款方），借用人在约定的期限内将同数额的货币返还给出借人，并向出借人支付利息的协议。借款合同的基本特点是：

（1）出借人必须是国有金融机构、集体所有制的金融机构或国家允许经营金融业务的其他机构，其他组织和个人都不得擅自开设金融机构，办理借款贷款事务；

（2）借款合同的标的仅限于货币，而不能用其他标的物代替。

9. 财产保险合同

财产保险合同是投保人与保险人之间关于支付保险费和承担

风险的协议。依此合同，投保人支付规定的保险费，保险人则对投保标的因保险事故所造成的损失，在保险金额范围内承担补偿责任或在保险期满时，承担给付保险金责任。财产保险合同具有如下特点：

（1）保险合同是附和合同。即保险合同的条款是保险人事先拟定的，并将这些条款印在保险单的背后。虽然这些条款是保险人单方面的意思表示，但如果投保人一旦表示同意签订这些合同，就必须全部接受这些条款，既不能要求取消这些条款，也不能要求增加或减少或变更某些条款，而只能附和保险人的意志；

（2）保险合同是射幸合同。“射幸”的本意是碰运气的意思。保险合同订立时，对于未来保险事故是否发生无法确定，保险人的保险赔偿金是对付基于不确定的偶然事故；

（3）保险合同是最大诚信合同。保险合同要求的诚实信用比其他合同更为严格。因为保险标的在投保前后均在被保险人控制之下，而保险人对于事故发生的危险程度的预测和估计又主要靠投保人投保时的陈述和保证。假使其陈述不真实，不仅使保险人无法正确估计风险，也不利于防除救灾及采取安全防护措施。因此，投保人在订立合同时，有义务将有关保险标的重要事实告知保险人。投保人未告知或不实告知，保险人有权解除合同，并且不负赔偿责任，这比一般合同要求严格得多。

10. 其他经济合同

上述 9 种合同在我国《经济合同法》中有明文规定。除此之外，随着近年来经济体制改革的深化发展，实践中还不断涌现出一些新的经济合同种类和形式，例如商事居间、信托、联营、旅游、劳务、土地使用权有偿转让、融资租赁等，下面就其中的两种主要合同略述如下：

（1）联营合同。联营合同是指企业之间或企业与事业单位之间，为了共同的经济目的所达成的共同投资、相互协作、联合经营的协议。联营合同是企业事业单位联合经营的基础。联营合同具有以下特点：

①联营合同的主体一般是法人；

②联营合同的标的是联营行为；

③联营合同的当事人具有共同的经济目的和共同的利害关系，联营各方当事人的权利义务关系具有平行性，体现为分享权利、分担义务、分担风险等；

④联营合同的内容较为独特，且十分复杂。

（2）融资租赁合同。融资租赁合同是出租人（一般为专业租赁公司），根据承租人的需要融通资金，出资购买承租人选定的租赁物，然后出租给承租人使用的协议。融资租赁是金融信贷和物质信贷相结合的一种方式，租赁期满，承租人可以“名义货价”或双方商定的价格购买租赁物，从而使租赁物的所有权转移到承租人。承租人也可以续租或退还租物。融资租赁合同具有以下特点：

①融资租赁合同的承租人既借钱，又借物，用分期返还租金的方法予以补偿；

②租赁合同的标的物只能是动产，即承租人选定的设备、机器、技术等；

③融资租赁合同的期限一般较长。由于租赁物是出租人专门购进的，因此，一般租赁期限较长，有的数年甚至10年以上；

④承租人对于租赁物不享有所有权，租赁物不计入其固定资产，租金可以计入承租人产品成本，可以享受税务的优惠。承租人支付租金，并不同于分期付款。

（二）按照经济合同的表现形式，可将经济合同分为口头经济合同和书面经济合同

1. 口头经济合同

口头经济合同是指合同当事人以口头形式达成的约定相互之间权利义务的协议。口头形式的经济合同必须是能够即时清结的

合同，否则，经济合同不能采用这一形式。

2. 书面经济合同

书面经济合同是指合同当事人以书面文字达成的约定相互之间权利义务的协议，商务谈判中达成的经济合同绝大多数必须采取这一形式。书面经济合同还可以进一步分为一般的书面合同和特殊的书面合同两类。前者是指当事人各方依法就合同的主要条款协商一致，达成书面协议，合同即告成立；后者是指书面协议达成以后，还必须履行一定的手续才能成立。特殊的书面合同，依照需履行的不同手续，还可以再分为如下几种：

（1）公证的书面合同。这是指依照国家有关法律、法规及当事人之间的约定，需经国家公证机关对其真实性、合法性进行审查证明方能成立生效的合同。按照经济合同法的规定，合同的公证采取自愿原则，不经公证也能生效。但是，如有当事人约定或者法律规定必须公证的合同，不经公证便不能生效。

（2）签证的书面合同。这是指根据国家规定或当事人约定，由工商行政管理机关对合同的真实性、合法性予以审查签证，才能生效的书面合同。在我国，除法律另有规定外，对于合同的签证一般也是实行自愿原则。即只有经过双方当事人申请，工商行政管理机关才依法证明合同的真实性及合法性。

（3）见证的书面合同。指根据双方当事人的约定，经与双方当事人均无利害关系的第三人加以证明，才能生效的书面合同。对此，法律尚未明确规定，实践中一般由律师作为合同的见证人。

（4）审批的书面合同。指根据国家有关法律、法规规定，经有关主管机关或部门审核批准以后才能生效的合同。一般的经济合同无需经过审批手续，法律、法规另有规定的除外。

（5）登记的书面合同。这是指根据国家有关法律、法规规定，经有关主管机关办理有关手续以后，才能生效的合同。

（三）按照合同的标的，可将经济合同分为如下三种类型

1. 转移财产的经济合同

转移财产的经济合同是指一方将一定的财产转给对方，由对方给付价金的合同。转移财产有 3 种情况：财产所有权的转移、财产经营管理权的转移和财产使用权一定期限内的转移。此外，还有转让无形财产的合同，例如注册商标的使用许可合同等等。

2. 完成工作的经济合同

指当事人一方将某项工作交给另一方当事人完成，另一方当事人自己承担风险完成该项工作并取得相应报酬的合同。例如，加工承揽合同、建设工程承包合同等。

3. 提供劳务的经济合同

指当事人一方用自己的工具和劳动向另一方当事人提供服务，另一方当事人支付相应的报酬的合同。例如仓储保管合同、货物运输合同等。

4. 保证利益的经济合同

这是指当事人一方向另一方提供物质利益或其他利益的保证，当法律规定和当事人约定的情况发生时，由提供保证的当事人向另一方当事人履行一定的行为或提供赔偿或补偿，以保证另一方当事人利益的实现或赔偿其损失的合同。如财产保险合同等。

5. 混合型合同

指多种法律关系相结合的合同。如补偿贸易合同、融资租赁合同等。

（四）根据经济合同的名称在法律上有无规定，经济合同可以分为有名合同和无名合同

1. 有名合同

有名合同又称列名合同、典型合同，是指法律上已确定了一

定名称，而特别作出规定的合同。我国《经济合同法》所规定的购销合同、加工承揽合同、建设工程承包合同、货物运输合同、供用电合同、仓储保管合同、财产租赁合同、借款合同、财产保险合同等9类合同便属于这类有名合同。

2. 无名合同

无名合同是指法律上没有确定一定名称，也没有对其作出特别规定的合同，即有名合同之外的其他合同。我国《经济合同法》只规定了9种有名合同，但近年来实践中出现了不少新的经济合同，例如联营、融资租赁、土地使用权转让等经济合同，均属于无名合同。

区分有名合同与无名合同的意义在于：处理合同纠纷时适用法律不同。有名合同的纠纷应按照有关该合同的法律规定处理。无名合同的纠纷，可参照与该合同类似的有名合同的有关法律规定，或根据《经济合同法》的一般规定及民法的基本原则进行处理。

三、经济合同的变更和解除

依法订立的经济合同，具有法律约束力，受法律保护，双方当事人都必须全面、严格履行合同，任何一方都不得擅自变更和解除合同，否则要受到法律制裁。但是，在社会经济活动中，人的主观愿望和客观情况是经常发生变化的，原来签订的合同有可能与现实情况发生冲突，当事人继续履行经济合同已成为不必要或不可能，此时，经济合同也应随之变化，双方当事人应对原合同进行修改、补充，甚至解除经济合伺，这样才能避免不必要或更大的经济损失。本节将介绍经济合同变更和解除的含义、条件、法定程序以及赔偿责任等问题。

（一）经济合同变更和解除的含义

经济合同的变更是经济合同签订后尚未履行或者未完全履行时，签约双方当事人依照法律规定的条件和程序，对原经济合同条款进行修改或补充。

经济合同的解除是在经济合同没有履行或没有完全履行之前，签约双方当事人依照法律规定的条件和程序，解除合同当事人的权利义务关系，终止合同的法律效力。

经济合同的变更和解除是一种法律行为，它是在符合一定的法定条件下按法定程序进行的，而且合同变更后的权利义务关系以及合同解除的事实仍受法律的承认和保护。

（二）经济合同变更和解除的条件

变更和解除经济合同必须满足一定的法定条件，才能使这项法律行为有效成立。我国《经济合同法》第二十六条列举规定了下列三种变更和解除经济合同的条件。凡符合条件之一者，允许变更或解除合同。

1. 当事人双方经过协商同意，并且不因此损害国家利益和社会公共利益的，允许变更或解除经济合同

这一条件包含两层含义：

第一，变更或解除经济合同必须经过当事人双方协商同意，任何一方都不能把自己的意见强加给对方，单方对合同进行变更或解除；

第二，变更或解除经济合同不能损害国家和社会公共利益，否则变更或解除经济合同的行为就不发生法律效力。这一规定是为了维护和保障国家及社会公共利益，为了使社会经济秩序正常运行。

2. 由于不可抗力致使经济合同的全部义务无法履行，允许变更或解除合同

不可抗力是指人们无法预料和无法抗拒的客观事实，即当事人在订立合同时，不能预见对其发生和结果不能避免并不能克服的事件。不可抗力包括：（1）自然现象中不可抗拒的事实，如水灾、旱灾、雹灾、地震、海啸、台风等；（2）社会因素中不可抗拒的事实，如战争、动乱、紧急行动等。

经济合同签订后，当发生了不可抗力后，当事人应当积极主动设法挽救不利局面，尽可能减少损失。提出变更或解除合同的一方负有举证责任，要及时向对方提供有关部门出具的证明材料，双方对证明材料出现异议时，应将有争议的证明材料提交检测机关或者合同仲裁机构，国家审判机关解决。

3. 由于另一方在合同约定的期限内没有履行合同，允许变更和解除经济合同

经济合同双方当事人订立合同，是为了获取经济利益，如果一方不履行合同，无过错方可以提出变更合同的要求，也可以直接通知不履行合同的一方解除合同。这一条件包含两层含义：

第一，经济合同当事人一方变更或解除合同的权利，是以另一方违反合同的事实为前提的，如果没有违反合同的事实，就不能产生变更或解除合同的权利；

第二，变更或解除经济合同的权利，只有无过错方才能享有。而违约方没有变更或解除经济合同的权利，仅有接受对方决定的义务。这样规定是为了保护无过错方的经济利益，避免遭受更大的损失。

以上法律规定的变更或解除经济合同的条件适用于各种典型合同。此外，《经济合同法》对某些典型合同还规定有特殊的解除条件，主要包括《经济合同法》第三十九条规定，财产租赁合同的承租方擅自将租赁财产转租或进行非法活动，出租方有权解除合同；第四十条规定，投保方如隐瞒被保险财产的真实情况，保险方有权解除合同。这些特殊的解除条件仅适用于法律所具体规定的经济合同，其他经济合同不适用于这些条款。

与上述规定相应，我国《经济合同法》还规定了不允许变更或解除经济合同的三种情况：

1. 当事人一方法定代表人或承办人的变动，不能作为变更或解除经济合同的理由；

2. 当事人一方发生合并、分立，不能作为变更或解除经济合同的理由；

3. 已承担违约责任，不能作为变更或解除经济合同的理由。

（三）经济合同变更和解除的法定程序

变更和解除经济合同的程序是指变更和解除经济合同的方式和步骤。变更和解除经济合同是重新确立当事人双方的权利义务关系，废止原合同，达成新协议或单独完成有关行为的过程。《经济合同法》第二十七条规定“变更或解除经济合同的通知或协议，应当采取书面形式（包括文书、电报等）。除由于不可抗力致使经济合同的全部义务不能履行或者由于另一方在合同约定的期限内没有履行合同的情况以外，协议未达成之前，原经济合同仍然有效。”据此，变更或解除经济合同的程序如下：

1. 提出或发出变更或解除经济合同的书面建议或书面通知

在符合变更或解除经济合同的条件下，要求或决定变更或解除经济合同的一方，以书面形式向对方提出建议或发出通知，建议和通知的内容包括：变更或解除经济合同的理由；赔偿责任；善后处理意见；答复期限。

2. 对变更或解除经济合同的答复

当事人一方接到对方变更或解除经济合同的书面要求后，要在法定或约定的期限内以书面形式予以答复，答复的内容可以是肯定的；或部分肯定，部分否定；也可以是否定的。

3. 协商签订变更或解除合同的协议

当事人经协商意见一致后，制作协议书。协议书包括有关文书、电报等。

4. 合同当事人双方对变更或解除合同的协议发生纠纷时，可向合同仲裁机构申请仲裁，或向人民法院起诉，由合同仲裁机构或人民法院依据合同法律、法规的规定，予以裁决。

（四）变更和解除经济合同的赔偿责任

经济合同双方当事人依法变更或解除经济合同，会受到法律保护。但是为了维护合同当事人的合法权益，维护正常的社会经济秩序，《经济合同法》规定，凡因变更或解除经济合同使一方遭受损失的，除依法免除责任的，应一律由责任方负赔偿责任。

1. 变更或解除经济合同的赔偿责任

变更或解除经济合同的赔偿责任，是指因变更或解除经济合同使一方遭受损失，除依法可以免除责任者的以外，责任方所承担的赔偿责任。由于造成变更或解除合同的原因很多，在确定赔偿责任时，要区别具体情况具体对待：

（1）合同双方当事人自行协商同意变更或解除或由有解除权的一方当事人单方面决定解除经济合同的，如果造成经济损失，应由责任方负担赔偿责任。

（2）经济合同的变更或解除如果属于双方当事人的责任，要根据实际情况，由双方分别承担各自应负的责任。

（3）在发生不可抗力后，当事人一方应当立即通知对方，否则要承担一定的经济责任。

2. 变更或解除经济合同依法可免除责任的情况

因变更或解除经济合同带来的损失，一般由责任方负责赔偿。与此同时，《经济合同法》又规定了可以免除赔偿责任的条款：

（1）由于另一方在合同约定的期限内没有履行合同，无过错的一方变更或解除经济合同，不负赔偿责任，但可以追究对方的违约责任。

（2）法律明确规定变更或解除经济合同可以免除责任的，

在变更或解除合同时，可以不承担责任。

(3) 由于不可抗力的原因造成变更或解除合同的，除双方另有约定的外，不承担赔偿责任。另有约定，指当事人双方在原合同中有不因发生不可抗力而免除赔偿责任的约定条款。

(4) 当事人双方约定变更或解除经济合同可以免责的，在不违背法律规定的情况下，当一方当事人提出变更或解除合同时，可以不负赔偿责任，他方不得以违反合同规定而追究赔偿责任。

四、违反经济合同的责任

我国《经济合同法》对违反经济合同的责任作了专门规定。追究违反经济合同的责任，有助于当事人双方严肃、认真地签订合同，有助于促使合同双方全面地履行经济合同，有利于维护合同当事人的合法权益。如果违反经济合同后不追究其法律责任，经济合同就失去了严肃性和法律约束力，也就失去了存在的意义。

（一）违反经济合同责任的概念

违反经济合同责任是指经济合同当事人，因自己的过错造成经济合同不能履行或不能完全履行时所应当承担的责任，简称违约责任。违约责任分为：法定违约责任；约定违约责任及法律和合同共同确定的违约责任。

法定违约责任，是指当事人根据法律规定的具体数目或百分比所承担的违约责任。

约定违约责任，是指在现行法律中没有具体规定违约责任的情况下，经济合同当事人双方根据有关法律的基本原则和实际情况，共同确定的经济合同违约责任。

法律和合同共同确定的违约责任，是指现行法律对违约责任只规定了一个浮动幅度（具体数目或百分比），然后由当事人双方在法定浮动幅度之内，具体确定一个数目或百分比。

（二）承担违反经济合同责任的基本原则

承担违反经济合同责任的基本原则，是各类经济合同必须贯彻执行的具有普遍指导意义的共同原则。主要有下列内容：

1. 过错责任原则

过错责任是指由于当事人主观上的故意或过失而引起的经济合同的违约责任。过错责任原则的含义是：经济合同当事人只要有不履行或不完全履行合同的主观过错，就必须承担违约责任；谁有过错，谁承担责任，谁无过错就免除责任；一方的过错，一方承担责任；双方的过错，由双方分别承担各自应负的责任。

2. 赔偿实际损失原则

实际损失是指违约方因自己的违约行为而在事实上给对方造成的财物的减少、损坏和灭失。实际损失包括两部分：一是直接损失；二是间接损失。直接损失是指已给对方造成的财物的减少、损坏和灭失。间接损失是指在合同履行以后，可以得到的预期利益，即经营损失。

应当注意的是：如果违约方已将不能履行或不能完全履行的情况通知了受害方，受害方也有义务采取合理的有效的措施避免、减轻或防止损失扩大。如果受害方有能力防止或使其减少损失而不积极采取措施，任其扩大损失范围时，扩大的部分由受害方自己承担。

3. 违约必究的原则

违约必究是指受害方对过错方所造成的经济损失必须依法追究其违约责任的一种制裁。违约必究的内容包括以下几点：

（1）经济合同当事人违约后，违约方应主动向受害方承担违约责任；

(2) 在违约方未能主动承担违约责任的情况下，受害方应积极主动地追究违约方的责任；

(3) 当事人双方不能协商一致解决争议时，受害方应及时诉请合同管理机关或人民法院处理；

(4) 在过错方未能主动承担违约责任，而受害方又未及时追究过错方的责任时，合同管理机关有权行使监督、检查的职能，由合同管理机关动议代表受害方追究过错方的违约责任。同时，还应当追究受害方无故拒不追究违约方责任的责任；

(5) 仲裁机构或人民法院的调解书、仲裁决定书、判决书生效后，过错方必须自觉地如期执行，否则予以强制执行。

(三) 经济合同当事人承担违约责任的前提和条件

1. 经济合同的有效性，是违约责任产生的前提

经济合同违约责任发生以后，首先应该确认当事人之间签订的经济合同是否有效，只有有效的经济合同，才对双方当事人产生法律约束力，如果确认经济合同为无效合同，则不产生承担违约责任的问题，双方既不享受权利也不承担责任。因此，经济合同的有效性是违约责任产生的前提条件。

2. 经济合同当事人必须有不履行或不完全履行合同的违约行为

经济合同违约行为大致可分为两类：

(1) 经济合同完全没有履行。完全没有履行是指当事人达到履行期限届满时，对经济合同中所约定的义务完全没有兑现的行为。完全没有履行合同，也是一种毁约行为。

(2) 经济合同没有完全履行。没有完全履行是指经济合同当事人没有完全按照合同约定而是部分地或不适当地履行了合同的义务。具体包括以下 3 种情况：①当事人只承担了合同中规定的部分义务；②当事人履行过高，擅自超过了合同规定的标准，

如当事人多交货、超质量标准、提前交货等等；③当事人虽然作了一定的履行，但是在标的数量、质量、履行期限、地点、方式等方面不完全符合合同的要求。

3. 要有主观上的过错

当事人主观上的过错是指违约方不履行或不完全履行合同的主观心理状态；主观心理状态又分为故意和过失两种情况。所谓故意，是指当事人明知自己违反经济合同后会发生有损于对方经济权益的后果，但是又希望或者放任这种结果的发生。所谓过失，是指当事人应当预见或者能够预见到自己违反经济合同可能会发生有损于对方权益的后果，但因疏忽大意而没有预见或者已经预见而轻信能够避免，以致发生了有损于对方权益的结果。

经济合同当事人在合同有效的前提下，只要有不履行或不完全履行合同的行为和主观上的过错，不管是否已经给对方造成了经济损失，违约人必须承担违约责任。

（四）经济合同当事人承担赔偿损失责任的条件

经济合同当事人违约后，如果给对方造成了经济损失，还应当承担赔偿经济损失的责任，当事人承担赔偿损失责任的条件是：

1. 当事人要有不履行或不完全履行合同的行为；

2. 要有主观上的过错；

3. 要有损害事实。损害事实是指由于一方的过错而给对方所造成的财产上的减少、损坏或灭失。如果没有损害事实，就不赔偿损失；如果损害事实没有超过所支付的违约金，也不再赔偿经济损失；只有在既有损害事实，又超过了所支付的违约金的数额时，才承担支付违约金和违约金的不足部分的经济损失；

4. 损害事实和不履行或不完全履行合同的行为必须存在因果关系。因果关系是损害事实和不履行或不完全履行合同之间的必然联系，两者之间只要存在着必然的原因和结果的关系，就应承担赔偿损失的责任。如果两者之间不存在因果关系，就不应该承担赔偿责任。

经济合同当事人只有在同时具备上述四个条件的情况下，才承担赔偿损失的责任。否则，可以不承担赔偿责任。

(五) 承担违约责任的方式

承担经济合同违约责任的方式有以下几种：

1. 支付违约金

我国《经济合同法》第三十一条规定："当事人一方违反经济合同时，应向对方支付违约金。"只要造成经济合同违约，不论是否给对方造成经济损失，都应承担违约责任，支付违约金。

违约金一般按不履行合同部分价款或酬金的一定比例支付。违约金比例是根据法律的规定和双方约定共同确定的。违约金计算方法是：

应支付的违约金 = 违约价款 × 违约比例

或 = 违约金额 × 每天提取比例 × 迟交天数

2. 支付赔偿金

我国《经济合同法》第三十一条规定："如果由于违约已给对方造成的损失超过违约金的，还应进行赔偿，补偿违约金不足的部分。"例如，违约金为 1000 元，经济损失为 1500 元，在这种情况下，违约方应再向对方支付 500 元，以补偿违约金的不足部分，500 元即为赔偿金。

3. 返还定金

我国《经济合同法》第十四条规定："预付定金的一方不履行合同的，无权请求返还定金。接受定金的一方不履行合同的，应加倍返还定金。"如果不履行合同是双方的责任，接受定金的一方，只返还其接受的定金。

4. 继续履行经济合同

违约方在承担经济责任后，无论是支付违约金还是支付赔偿金，都不能代替经济合同的履行。我国《经济合同法》第三十一条规定，违约方在支付违约金、赔偿金以后，如果对方要求继续履行合同的，应继续履行。如果违约方不履行，可请求有关国家机关强制其履行。

5. 支付保管费、保养费

在购销合同中，需方逾期提货，供方提前交货；在加工承揽合同中，定作方超期领取定作物或修理物品等，应向对方支付保管费、保养费。

6. 偿付多支的运杂费用

在购销合同中，供方错发到货地点或需方错填或临时变更收货地点，均属违约行为，应承担多支付的运杂费用。

7. 价格制裁

由于一方违约造成经济合同不能履行或不能完全履行时，应按照我国《经济合同法》第十七条规定："执行国家定价的，在合同规定的交付期限内国家价格调整时，按交付时的价格计价。逾期交货的，遇价格上涨时，按原价格执行；价格下降时，按新价格执行。逾期提货或逾期付款的，遇价格上涨时，按新价格执行，价格下降时，按原价格执行。"

这里所指的"逾期交货"、"逾期付款"都是由当事人的主观故意或过失所致。如果不是由于当事人的主观过错，而是由于不可抗力的外因所致，则不应采用价格制裁的方法。

参考文献

[1] 尼尔伦伯格．谈判的艺术．曹景行，陈延译．上海：上海翻译出版公司，1986

[2] 斯科特．贸易洽谈技巧．叶志杰等译．北京：中国对外经济贸易出版社，1987

[3] 科恩．人生与谈判．王佩玺译．北京：旅游教育出版社，1989

[4] 温克勒．讨价还价技巧．光积昌，胡庄君译．北京：机械工业出版社，1988

[5] 雷法．谈判艺术与科学．宋欣，孙小霞．北京：北京航空学院出版社，1987

[6] 弗希尔，尤瑞．谈判技巧——利益、选择与标准．郭序，张秦译．北京：北京大学出版社，1987

[7] 赫恩．商业合同谈判指南．上海财经大学财经研究所译．上海：上海翻译出版公司，1987

[8] 丁建忠．国际贸易合同的谈判与缔约．北京：中国对外经济贸易出版社，1987

[9] 柴茂．西方商业谈判技巧．北京：中国展望出版社，1987

[10] 杜玉成．国内经济谈判协议正误评判．北京：北京出版社，1988

[11] 周秉成，吴百福，严福声．出口销售合同的磋商和签订．上海：上海人民出版社，1988

[12] 刘文广，许铁志，关晓丽．行销谈判策略与技巧．北京：中国商业出版社，1989

[13] 张强．谈判学导论——谈判的理论与实践．成都：四川大学出版社，1998

[14] 卢书愚，陈明慧．进占国际市场的策略与措施．北京：世界知识出版社，2000

[15] 李鸿彬，靳广华．对外经贸实用谈判技术．北京：对外贸易教育出版社，2001

[16] 林昌忠．对外经济谈判．北京：中国对外经济贸易出版社，2002

[17] 曹厚昌．商务谈判指导．北京：人民日报出版社，2000

[18] 刘长林．国际营销策略．长沙：湖南教育出版社，2003

后 记

中国自改革开放以来，尤其是加入 WTO 后，经济活动日趋活跃，与世界各国的经济、技术、文化交流日益频繁。越来越多的企业跻身国际国内市场，参与国际国内分工和国际竞争；越来越多的商务人员跨出区域，走向世界，进行经济、技术、贸易等方面的谈判。为了适应经济的发展，学术界翻译、出版了不少国外有关商务谈判的著作，国内同仁也相继撰写了一些谈判专著。这些著述的出版、问世，为企业的商务谈判提供了有益的参考，也为我们研究商务谈判这门学科奠定了坚实的基础。作者结合多年的教学实践，博采诸家之长，潜心研究与探讨，形成了这本小册子。

作者写这本书的初衷与设想有四：一是作为高校经济管理类专业学生的参考用书；二是为国内从事实际工作的同志提供借鉴；三是在重视理论阐述的同时，注重实例的分析；四是试图构建中国特色的商务谈判理论体系。

呈现在读者面前的这本小册子就是依据上述设想而写的。然而，由于作者才疏学浅，设想与事实或实践仍可能有一段距离。书中错误与缺点在所难免，敬请读者批评指正。

本书在写作过程中，得到欧绍华先生的热情帮助，并参阅和选用了一些报刊、书籍的资料，限于体例，未能一一标明出处，特致歉意和谢忱。

作 者

2006 年 1 月于火把冲